U0524695

"三区三州"深度贫困地区教育扶贫调查研究

刘苏荣 著

中国社会科学出版社

图书在版编目（CIP）数据

"三区三州"深度贫困地区教育扶贫调查研究／刘苏荣著 . —北京：中国社会科学出版社，2021.6
　ISBN 978 – 7 – 5203 – 8373 – 8

　Ⅰ.①三…　Ⅱ.①刘…　Ⅲ.①教育—扶贫—研究—中国　Ⅳ.①G527

中国版本图书馆 CIP 数据核字（2021）第 082819 号

出 版 人	赵剑英
责任编辑	周晓慧
责任校对	刘　念
责任印制	戴　宽

出　　版	中国社会科学出版社
社　　址	北京鼓楼西大街甲 158 号
邮　　编	100720
网　　址	http://www.csspw.cn
发 行 部	010 – 84083685
门 市 部	010 – 84029450
经　　销	新华书店及其他书店
印刷装订	三河弘翰印务有限公司
版　　次	2021 年 6 月第 1 版
印　　次	2021 年 6 月第 1 次印刷
开　　本	710×1000　1/16
印　　张	22.5
插　　页	2
字　　数	335 千字
定　　价	128.00 元

凡购买中国社会科学出版社图书，如有质量问题请与本社营销中心联系调换
电话：010 – 84083683
版权所有　侵权必究

目 录

导论 ……………………………………………………………（1）

第一章 怒江州教育扶贫工作现状调查 ……………………（23）
 第一节 怒江州教育事业的基本现状 ……………………（23）
  一 怒江州教育事业的基本数据 …………………………（23）
  二 "十三五"期间怒江州教育事业的发展概况 ………（25）
  三 "十三五"期间怒江州各个教育阶段的发展情况 ……（27）
 第二节 怒江州教育扶贫工作开展情况 …………………（30）
  一 怒江州教育脱贫攻坚计划 …………………………（30）
  二 怒江州教育扶贫工作的基本现状 …………………（32）
  三 14年免费教育政策实施情况 ………………………（37）
  四 怒江州历年学生资助情况 …………………………（39）
  五 怒江州农村劳动力转移培训情况 …………………（46）
 第三节 怒江州4个县（市）的教育扶贫工作现状 ………（49）
  一 泸水市教育扶贫工作现状 …………………………（49）
  二 兰坪县教育扶贫工作现状 …………………………（55）
  三 福贡县教育扶贫工作现状 …………………………（61）
  四 贡山县教育扶贫工作现状 …………………………（66）

第二章 怒江州教育扶贫政策实施效果的田野调查 ………（72）
 第一节 少数民族学生家庭的问卷调查情况 ……………（73）
  一 少数民族学生家庭的基本情况 ……………………（73）

二　少数民族学生家庭的教育支出情况 …………………… (76)
　　三　少数民族学生家庭对当地教育扶贫工作的评价 ……… (78)
第二节　县城普通学校教师的问卷调查情况 ………………… (86)
　　一　县城普通学校教师的基本情况 …………………………… (86)
　　二　县城学校教师对当地教育扶贫政策实施效果的评价 … (89)
　　三　对完善当地教育扶贫工作的建议 ………………………… (96)
第三节　乡镇学校教师的问卷调查情况 ………………………… (99)
　　一　乡镇学校教师的基本情况 ………………………………… (99)
　　二　对于当地教育扶贫政策实施效果的评价 …………………(103)
　　三　对于完善当地教育扶贫工作的建议 ………………………(112)
第四节　农村学校教师的问卷调查情况 …………………………(116)
　　一　农村学校教师的基本情况 …………………………………(116)
　　二　农村学校教师的工作环境及工作状态 ……………………(120)
　　三　教师所面临的工作和生活压力 ……………………………(124)
　　四　对当地教育扶贫政策实施效果的评价 ……………………(127)
　　五　对完善当地的教育扶贫工作的建议 ………………………(130)
第五节　职业技术学校教师的问卷调查情况 ……………………(133)
　　一　职业技术学校教师的基本情况 ……………………………(133)
　　二　对当地的教育扶贫的评价 …………………………………(134)
　　三　对完善当地的教育扶贫工作的建议 ………………………(137)
第六节　普通中学学生的问卷调查情况 …………………………(138)
　　一　普通中学生的基本情况 ……………………………………(139)
　　二　家庭教育支出状况 …………………………………………(140)
　　三　学生对所在学校教育质量的评价 …………………………(142)
　　四　学生在学习中面临的困难 …………………………………(147)
　　五　学生对于当地教育信息化的评价 …………………………(148)
　　六　少数民族文化进校园工作的状况及评价 …………………(149)
　　七　学生对于当地教育扶贫工作的评价 ………………………(155)
　　八　学生对于完善当地教育扶贫工作的建议 …………………(159)
第七节　职业技术学校学生的问卷调查情况 ……………………(162)

一　职业技术学校学生的基本情况 …………………………（162）
　二　家庭教育支出状况 ………………………………………（163）
　三　学生对于所在学校教育质量的评价 ……………………（164）
　四　学生在学习中面临的困难 ………………………………（167）
　五　学生对于当地教育信息化的评价 ………………………（167）
　六　关于少数民族文化进校园工作的状况及评价 …………（168）
　七　学生对当地教育扶贫工作的评价 ………………………（170）
　八　学生对于完善当地教育扶贫工作的建议 ………………（173）

第三章　怒江州教育扶贫工作存在的问题 ……………………（175）
第一节　工作理念和工作机制滞后 …………………………（175）
　一　在工作理念上重"硬件"轻"软件" ……………………（175）
　二　部门之间的协同机制不健全 ……………………………（181）
　三　教育扶贫工作不够精细化 ………………………………（182）
　四　考核评价机制不健全 ……………………………………（184）

第二节　当地群众的满意度不高 ……………………………（185）
　一　学生家长的满意度不高 …………………………………（185）
　二　教师的满意度偏低 ………………………………………（186）
　三　学生的满意度低 …………………………………………（189）

第三节　教育质量低下且校际差异大 ………………………（191）
　一　家长和学生的评价比较低 ………………………………（191）
　二　高中教育质量问题 ………………………………………（193）
　三　义务教育质量问题 ………………………………………（199）
　四　怒江州教育质量低下的原因分析 ………………………（203）

第四节　教育扶贫资金严重短缺 ……………………………（209）
　一　教育基础设施建设资金经常不到位 ……………………（210）
　二　易地扶贫搬迁教育配套项目经费短缺 …………………（213）
　三　学校的后勤保障资金严重不足 …………………………（213）
　四　学生资助经费不足 ………………………………………（214）

第五节　乡村学校的师资队伍比较薄弱 ……………………（217）

一　乡村学校教师的招聘难度大 …………………………… (217)
二　乡村学校师资队伍的总体质量不高 ………………… (219)
三　乡村学校教师的待遇较低 …………………………… (220)
四　农村学校周边环境恶劣导致难以留住人才 ………… (222)
五　农村学校教师编制缺口很大 ………………………… (223)
六　教师的工作任务重 …………………………………… (226)

第六节　学校在传承当地少数民族文化方面缺乏作为 ……… (227)
一　怒江州少数民族非物质文化传承面临的危机 ……… (228)
二　教育行政管理部门缺乏对少数民族文化的敏感性 … (233)
三　民族文化进校园工作缺乏长效机制 ………………… (234)
四　学校教师的民族文化意识比较淡薄 ………………… (237)
五　学生对待少数民族文化的态度不够积极 …………… (239)

第七节　职业教育发展滞后且缺乏地方民族特色 …………… (240)
一　学历职业教育存在的问题 …………………………… (241)
二　非学历职业教育存在的问题 ………………………… (248)

第四章　怒江州教育扶贫工作的完善策略 ……………………… (255)

第一节　转变教育扶贫工作的理念并完善工作机制 ………… (256)
一　树立"以教育质量为核心"的教育扶贫理念 ……… (256)
二　完善教育扶贫工作的协同机制 ……………………… (257)
三　教育扶贫工作要更加精细化 ………………………… (257)
四　完善考核评价机制 …………………………………… (259)

第二节　对怒江州实施一定的教育倾斜政策 ………………… (260)
一　优先发展农村学前教育 ……………………………… (261)
二　在学生资助方面实施一定的倾斜政策 ……………… (264)
三　在教师队伍建设方面给予一定的政策倾斜 ………… (266)
四　在高考招生政策方面给予更多的政策倾斜 ………… (267)
五　在教育经费方面给予一定的政策倾斜 ……………… (268)

第三节　把提升教育质量作为教育扶贫工作的重点 ………… (269)
一　建立严格的课堂教学质量管理体系 ………………… (270)

二　消除师资培训的"两张皮"现象……………………（272）
　　三　加强师资队伍尤其是数学等学科师资队伍的建设……（273）
　　四　帮助学生养成良好的学习习惯……………………（275）
　　五　加快教育信息化进程………………………………（278）
　　六　加大发达地区对口教育帮扶的力度…………………（282）
第四节　加强乡村学校的师资队伍建设…………………（283）
　　一　积极推进"特岗计划"………………………………（283）
　　二　提高乡村教师工资和福利待遇……………………（285）
　　三　解决乡村教师尤其是农村学前教育教师的编制
　　　　问题……………………………………………………（287）
　　四　适当减轻乡村学校教师的工作负担………………（288）
　　五　加强乡村学校教师的本土化培养工作……………（289）
　　六　对农村学校教师实施特殊照顾政策………………（291）
第五节　通过学校积极培养少数民族文化传承人…………（292）
　　一　教育行政管理部门要增强对少数民族文化的
　　　　敏感性…………………………………………………（293）
　　二　积极开展双语教育…………………………………（294）
　　三　开设地方少数民族文化课程………………………（296）
　　四　建立少数民族文化进校园工作的长效机制………（297）
　　五　加强相关师资的培训和培养………………………（300）
第六节　职业教育与当地的产业扶贫相互衔接……………（302）
　　一　学历职业教育的发展建议…………………………（302）
　　二　非学历职业教育的发展建议………………………（306）
第七节　教育扶贫与当地的就业扶贫相互衔接……………（311）
　　一　多渠道开发农村劳动力的就业岗位………………（312）
　　二　加强劳务输出工作…………………………………（313）
　　三　加强农民工创业工作………………………………（314）
　　四　完善残疾人就业创业的扶持工作…………………（316）
　　五　完善大中专毕业生的就业创业工作………………（318）

参考文献 ……………………………………………………………（324）

附录一　少数民族学生家庭调查问卷 ……………………………（333）
附录二　县城及乡镇学校（含职校）教师调查问卷 ……………（335）
附录三　农村学校教师调查问卷 …………………………………（338）
附录四　普通中学学生调查问卷 …………………………………（344）
附录五　职业技术学校学生调查问卷 ……………………………（349）

导　论

2017年6月23日，习近平总书记在太原主持召开了深度贫困地区脱贫攻坚座谈会，他在会上明确提出："脱贫攻坚进入目前阶段，要重点研究解决深度贫困问题。"习近平总书记指出，当前我国深度贫困的区域"集革命老区、民族地区和边疆地区于一体"，主要是一些连片的深度贫困地区，包括西藏、四省藏区、南疆四地州、四川省凉山州、云南省怒江州、甘肃省临夏州等地区（简称"三区三州"），以及一些深度贫困县和贫困村。2017年11月，中共中央办公厅、国务院办公厅印发的《关于支持深度贫困地区脱贫攻坚的实施意见》明确提出：中央统筹，重点支持"三区三州"，新增脱贫攻坚资金、新增脱贫攻坚项目、新增脱贫攻坚举措主要用于深度贫困地区，要加强教育扶贫、就业扶贫和基础设施建设等工作，打出政策组合拳。

习近平总书记在党的十九大报告中明确指出："建设教育强国是中华民族伟大复兴的基础工程，必须把教育事业放在优先位置，通过'扶教育之贫'来推动贫困地区教育事业优先与快速发展，办好人民满意的教育。"① 因此，"三区三州"深度贫困地区的教育扶贫工作是党和国家的重大战略，从短期来看，教育扶贫能帮助"三区三州"深度贫困地区在2020年底以前实现教育脱贫攻坚的目标；从长期来看，教育扶贫能帮助"三区三州"深度贫困地区早日实现教育现代化的目标，从而为当地在2035年以前基本实现社会主义现代化（这

---

① 习近平：《决胜全面建成小康社会　夺取新时代中国特色社会主义伟大胜利——在中国共产党第十九次全国代表大会上的报告》，人民出版社2017年版，第48页。

是习近平总书记在党的十九大报告中明确提出的我国中长期发展目标）奠定坚实的基础。

本书选择"三区三州"深度贫困地区之一的云南省怒江州作为研究对象，鉴于教育扶贫是阻断贫困代际传递的重要手段，因此本书主要就教育扶贫问题展开相关的研究。

一　国内相关研究成果的梳理

在国内，林乘东于1997年最早提出了教育扶贫论，他认为，教育可以切断贫困的恶性循环链，应该使公共教育资源向贫困地区倾斜。国内学术界关于教育扶贫问题的研究主要从教育学、经济学和社会学等视角展开，并且很多时候是与教育公平问题联系在一起的。在21世纪特别是2015年以后，国内学术界关于教育扶贫问题的研究成果大量地涌现出来。

（一）关于教育扶贫含义的研究

张琦、史志乐认为，教育扶贫不仅包括区域间和城乡间教育公平性，还包括依靠教育达到脱贫的目的。也就是说，仅仅依靠教育公平性，是不能实现教育脱贫目标的，而必须在此基础上对贫困地区采取更加优先、更加倾斜和更加优惠的政策，这样才能达到教育脱贫的目的。[①]

李兴洲认为，教育扶贫包含两个层面的意涵：一是扶教育之贫，即解决贫困地区教育基础设施和教育实施过程的匮乏和贫弱，为贫困人口提供接受教育的机会和条件；二是通过教育扶贫，即通过办好贫困地区的教育事业，为贫困地区人口提供优质和高水平的教育服务，使他们获得必要的知识与技能，具备自我发展和参与经济社会发展的

[①] 张琦、史志乐：《我国教育扶贫政策创新及实践研究》，《贵州社会科学》2017年第4期，第155页。

能力，从而为推进贫困地区减贫脱贫和经济社会发展奠定良好基础。①

刘军豪、许华锋认为，教育在扶贫过程中兼具目标与手段、任务与工具的双重属性，这两种属性互相依存、密不可分。一方面，教育扶贫功能的有效施展奠基于不断发展的教育事业；另一方面，教育领域的扶贫开发也隐含着对教育扶贫功能的预设和期待，其关系可概括为：通过扶教育之贫实现依靠教育来扶贫，基于教育的扶贫功能施展以证实扶教育之贫政策的有效性。②

（二）教育学视角下的教育扶贫问题研究

1. 教育公平问题

顾明远认为，教育公平与教育质量问题相互交织将是未来很长一段时间内我国教育发展面临的一个基本格局。公平和质量本来就是一个事物的两个方面，没有质量的公平不是真正意义上的公平，没有公平的质量也不可能持续发展。③

褚宏启认为，促进教育公平，要求办好每一所学校、教好每一个学生。区域、城乡、校际的教育差距，都可以归结为校际差距。不同区域的或者同一区域的校际差距，主要不是硬件条件的差距，而是培养质量、课程内容、教学方式、评价考试方式、教师素质的差距，因此，可以把促进教育公平理解为"缩小教育质量差距"④。

杨东平认为，政府是维护和促进教育公平的社会主体，承担着主要责任。政府应贯彻教育均衡化的方针，对中小学实行公平的财政政策，在资源配置上向弱势学校倾斜，努力缩小学校差距。⑤

---

① 李兴洲：《新中国70年教育扶贫的实践逻辑嬗变研究》，《教育与经济》2019年第5期，第3—4页。
② 刘军豪、许华锋：《教育扶贫：从"扶教育之贫"到"依靠教育扶贫"》，《中国人民大学教育学刊》2016年第2期，第45—46页。
③ 顾明远：《让每个孩子都享有公平而有质量的教育》，《教育研究》2017年第11期，第5页。
④ 褚宏启：《〈中国教育现代化2035〉的关键词与问题域》，《中小学管理》2019年第4期，第24页。
⑤ 杨东平：《教育公平是一个独立的发展目标——辨析教育的公平与效率》，《教育研究》2004年第7期，第31页。

余秀兰认为，我国教育发展的矛盾从量的需求转向质的需求，教育公平已从起点平等转入关注质量和结果平等的阶段，从"一个不能少"到"不让一个孩子掉队"。因而，今后政策关注的重点不仅是入学率等量上的平等，而且要关注优质教育资源的共享问题。学校间教育（特别是基础教育）的质量差距是当前我国教育不公的主要表现，也是造成教育结果差距的主要原因之一。①

2. 教育扶贫的理念问题

曾天山认为，要把技能培训作为教育扶贫的首要措施，秉承终身学习、学用结合的发展理念，健全职业培训与农民就业相衔接的机制，实施弹性开放多元培训模式，围绕旅游、现代物流、电子商务、商贸服务、高原特色农业和加工制造业等产业发展，加强农村劳动力转移就业培训，加强贫困家庭劳动力职业教育和培训。②

李兴洲认为，"有"教育，并不一定意味着有"好的"教育，低质量的教育、低水平的教育虽然比没有教育要强一些，但从根本上讲它仍然无力帮助贫困地区和贫困人口摆脱贫困状态。在努力推进教育起点公平和机会均等的扶贫过程中，关注教育过程，追求教育的过程公平和过程效益，也日益成为我国教育扶贫新的战略转向。③

郝文武、李明认为，虽然教育贫困直接表现在办学经费投入不足、办学条件不好、学校数量少、质量不高等方面，其根源可能主要是经济问题，但又可能不仅仅是经济问题。教育贫困有不同层面和原因，解决教育贫困问题应对症下药。④

3. 教育扶贫面临的问题

代蕊华、于璇认为，当前在推进教育精准扶贫工作中存在着粗放

---

① 余秀兰：《关注质量与结果：我国教育公平的新追求》，《南京师大学报》（社会科学版）2019年第1期，第37页。
② 曾天山：《以新理念新机制精准提升教育扶贫成效——以教育部滇西扶贫实践为例》，《教育研究》2016年第12期，第38页。
③ 李兴洲：《新中国70年教育扶贫的实践逻辑嬗变研究》，《教育与经济》2019年第5期，第4—5页。
④ 郝文武、李明：《教育扶贫必须杜绝因学致贫》，《教育与经济》2017年第5期，第61—62页。

式的问题：一是教育扶贫对象识别存在偏差，留守儿童群体被"边缘化"。二是帮扶环节与帮扶对象的致贫原因和实际需求相脱节，导致措施针对性不强。①

吴霓认为，从整体上看，我国中西部省份特别是连片贫困地区的农村学前教育入园率较低，而且财政支持不足，学前教育的成本分担和有效的运行保障机制还不健全，贫困地区的农村幼儿园运转普遍非常困难；学前教育尤其是农村学前教育师资数量严重不足，学前保教师资的专业素质亟待提高。②

付卫东、曾新认为，当前的教育扶贫工作高度关注对贫困生群体的帮扶，但对贫困地区教师群体的重视依然不够。目前我国贫困地区农村教师队伍建设还存在不少突出的问题：一是农村教师补充数量不足且质量难以满足实际需要。二是农村教师对工资收入的满意度不高。三是农村学校教师编制供需矛盾尖锐。四是农村教师职称评聘问题突出。③

姚松认为，教育精准扶贫作为系统工程，需要各部门、各领域间的协作。然而，在现实中，部分地方政府部门缺乏协同性，致使形成碎片化、条块化的治理格局。在这样的格局下，扶贫主体之间在教育精准扶贫的目标定位、资源配置与多方合作方面协同乏力。各部门自成一体，各自为战，降低了教育精准扶贫的效率。④

4. 完善教育扶贫的策略

张琦、史志乐认为，针对不同地区，要设立和制定不同的项目和资金投入标准。一方面要提高教育扶贫的精准性，包括教育扶贫的区

---

① 代蕊华、于璇：《教育精准扶贫：困境与治理路径》，《教育发展研究》2017年第7期，第11—12页。

② 吴霓：《教育扶贫是实现民族地区精准扶贫的根本措施》，《当代教育与文化》2017年第6期，第2页。

③ 付卫东、曾新：《十八大以来我国教育扶贫实施的成效、问题及展望——基于中西部6省18个扶贫开发重点县（区）的调查》，《华中师范大学学报》（人文社会科学版）2019年第5期，第52页。

④ 姚松：《教育精准扶贫中的政策阻滞问题及其治理策略》，《中国教育学刊》2018年第4期，第39页。

域范围、扶贫对象和教育扶贫的内容等要更加精准和科学;另一方面,教育扶贫的资金投入标准应该根据我国目前的物价上涨和区域特点适时提高。①

王嘉毅等人认为,要采取特殊措施、精准发力,着力扩大农村教育资源,在贫困地区普及学前教育,推动义务教育优质均衡发展,推动普通高中教育有特色的发展,依托职业教育拔除穷根。②

邬志辉、王海英认为,在我国政府的积极努力下,农村义务教育取得了非常显著的进展。随着农村"两免一补"政策的全面实施和农村教育投入"公共财政"机制的确立,农村儿童"有学上"的问题基本得到解决,但是"上好学"的矛盾依然突出。因此,农村义务教育需要战略转型——从数量关注转向质量关注。③

任友群等人认为,教育信息化可有效缩小数字鸿沟,从根本上阻断造成贫困的生存观念和生活方式的代际传递,并最终帮助贫困人口实现脱贫。④

何志魁认为,传统教育扶贫的"帮扶"和"资助"特征以及教育评估主体、评估方式与绩效认定的单一性极易造成贫困对象事实上的文化弱势地位与实践被动局面,因而需要从弱势方的获得感和满意度出发,重构教育扶贫的绩效评估体系。⑤

(三) 经济学视角下的教育扶贫问题研究

许长青、周丽萍认为,教育公平对于经济增长的作用是多方面的。从短期来看,在资源有限的情况下,教育政策向弱势群体倾斜,

---

① 张琦、史志乐:《我国教育扶贫政策创新及实践研究》,《贵州社会科学》2017年第4期,第160页。
② 王嘉毅、封清云、张金:《教育与精准扶贫精准脱贫》,《教育研究》2016年第7期,第12页。
③ 邬志辉、王海英:《农村义务教育的战略转型:由数量关注走向质量关注》,《教育理论与实践》2008年第1期,第31页。
④ 任友群、郑旭东、冯仰存:《教育信息化:推进贫困县域教育精准扶贫的一种有效途径》,《中国远程教育》2017年第5期,第54页。
⑤ 何志魁:《主客位视角下民族地区教育扶贫的对策研究》,《民族教育研究》2020年第1期,第41页。

会在一定程度上削弱优势群体获得优质教育资源的机会，降低资源配置效率，影响当前的经济增长。但从长期来看，教育公平的实现会大大促进阶层流动，提高社会公平程度，进而提高社会成员尤其是弱势社会阶层的劳动积极性和社会满意度，这对经济可持续发展具有极大的促进作用。①

周丽莎认为，对于贫困人口要增强其自身的造血功能，而不是简单地进行输血。在对少数民族地区的扶贫政策由"输血"式向"造血"式转化的过程中，最具有持久性和后继性的方式在于教育投入的增加。②

邹薇、郑浩通过构建人力资本代际传递的模型，发现在低收入家庭中，个体进行人力资本投资的意愿与其收入水平呈正相关，这意味着越是贫穷的农户选择接受教育进行人力资本投资的意愿就越低。③

何家理等人通过对陕西省18个贫困县教育扶贫的调查，对舒尔茨的人力资本理论进行了实证研究，发现教育为家庭收入由单一来源向多元化来源转变提供了条件，农民工外出务工收入与其受教育程度呈正相关。物质扶贫只能解决贫困山区短期的困难，而教育扶贫才是长远之策。④

（四）社会学视角下的教育扶贫问题研究

吴愈晓认为，中国社会各阶层之间相对的教育偏好或需求结构比较稳定。真正对教育政策或宏观经济环境敏感的是户口、家庭文化资本和兄弟姐妹人数等因素。当教育成本增加和教育的预期收益（相对于进入劳动力市场）下降时，农村居民、低受教育家庭或子女数量较

---

① 许长青、周丽萍：《教育公平与经济增长的关系研究——基于中国1978—2014年数据的经验分析》，《经济问题探索》2017年第10期，第30页。

② 周丽莎：《基于阿玛蒂亚·森理论下的少数民族地区教育扶贫模式研究——以新疆克孜勒苏柯尔克孜自治州为例》，《民族教育研究》2011年第2期，第100页。

③ 邹薇、郑浩：《贫困家庭的孩子为什么不读书：风险、人力资本代际传递和贫困陷阱》，《经济学动态》2014年第6期，第29页。

④ 何家理、查芳、陈绪敖：《人力资本理论教育扶贫效果实证分析——基于陕西7地市18个贫困县教育扶贫效果调查》，《唐都学刊》2015年第3期，第127—128页。

多的家庭由于教育资源限制或缺乏文化资本机制，更容易作出放弃教育的"理性"决策。①

刘精明、杨江华指出，社会学研究表明，在个体突破阶层壁垒向上流动的过程中，教育是最为重要的促进机制。通过改进贫困阶层后代的受教育状况，进而使他们在未来的劳动力市场上找到一个合适的职业位置、获得较好的社会生活机会，是改变贫困阶层代际世袭模式的主要方式。②

单丽卿认为，在中央持续加大对贫困地区义务教育投入的背景下，城乡、区域间教育差距仍然是一个不争的事实，并且农村教育内部也存在着巨大的差距。当前农村教育的状况使得"就近入学"和"优质教育"成为一种两难选择，农村儿童的教育权利没有得到充分的保障。教育系统本身的不平等阻碍着它成为一种社会平等机制。③

李梦鸽认为，通过教育，出身贫困家庭的孩子虽然一开始拥有的家庭给予的物质资本较少，但是，在学校他们可以逐渐完成社会化的过程。因为教育也是一种资本，是一种知识与技能的传授与习得，这会减少劣势的累积。贫困人群在获得求职能力后，创造财富、摆脱贫困便容易得多，这样贫困的代际传递便会受到阻隔。④

郭晓娜认为，我国教育公共服务的城乡差距、区域差距仍然很大，教育公共资源的配置也有一定的差别。我们要在政策层面调整和完善保障贫困人口的子女接受更好的教育，拓展贫困家庭子女纵向流动的通道。⑤

---

① 吴愈晓：《中国城乡居民的教育机会不平等及其演变（1978—2008）》，《中国社会科学》2013年第3期，第21页。
② 刘精明、杨江华：《关注贫困儿童的教育公平问题》，《华中师范大学学报》（人文社会科学版）2007年第2期，第120页。
③ 单丽卿：《教育差距与权利贫困——基于连片特困地区扶贫开发实践困境的讨论》，《中共福建省委党校学报》2015年第3期，第27页。
④ 李梦鸽：《浅析贫困的代际传递与教育扶贫》，《新西部》2016年第18期，第117页。
⑤ 郭晓娜：《教育阻隔代际贫困传递的价值和机制研究——基于可行能力理论的分析框架》，《西南民族大学学报》（人文社会科学版）2017年第3期，第10页。

(五) 民族地区的教育扶贫问题研究

1. 民族地区教育扶贫面临的问题

陈立鹏等人认为，我国民族贫困地区教育资源紧缺，师资不足，很大的原因就在于教育管理机制不合理，管理不到位和统得太死，落后于我国发达地区和国内许多优秀学校。①

普丽春、袁飞认为，我国少数民族非物质文化遗产保护和传承工作中存在的问题之一，就是整个社会对少数民族非物质文化遗产认识不够，传承缺乏自觉性，渠道不畅。而更重要的是教育领域对非物质文化遗产缺乏重视和价值认识，学校教育和少数民族非物质文化遗产的保护和传承脱节。②

王艳玲、荀顺明认为，西南少数民族地区一些县级教育主管部门或者教师培训负责人的观念比较滞后，对民族地区教师专业发展的特殊性认识不足、关注不够，认为民族文化传承与学科教学无关，与升学率无关，因而并不重视它。③

李祥等人认为，在民族地区教育发展进程中，最大的问题就是城乡教育差距的不断扩大，虽然近些年来随着政府部门对民族地区教育发展扶持力度的不断加大，民族地区与非民族地区教育差距逐渐缩小，但是在民族地区内部，城乡教育差距问题并没有得到根本解决。④

李孝川认为，在云南边境少数民族聚居区，由于学校教育的"大一统"设置以及教师缺少对民族传统文化的传承意识，致使少数民族学生很难从学校教育中习得有关民族语言、宗教信仰、生活习俗的地方性知识。长此以往，当地少数民族的传统文化将在教育同质化的倾

---

① 陈立鹏、马挺、羌洲：《我国民族地区教育扶贫的主要模式、存在问题与对策建议——以内蒙古、广西为例》，《民族教育研究》2017年第6期，第40页。
② 普丽春、袁飞：《少数民族非物质文化遗产教育传承的主体及其作用》，《民族教育研究》2012年第1期，第117页。
③ 王艳玲、荀顺明：《多元文化背景下的教师能力——以中国西南少数民族地区为例》，人民出版社2013年版，第260页。
④ 李祥、曾瑜、宋璞：《民族地区教育精准扶贫：内在机理与机制创新》，《广西社会科学》2017年第2期，第202页。

向中面临消亡的危险。①

2. 民族地区的教育扶贫策略

哈经雄、腾星等人认为，一个多民族国家的教育，不仅要承载传递本国主体优秀传统文化的功能，而且要承载传递本国各少数民族优秀传统文化的功能。多元文化整合教育的内容，除了包括主体民族文化之外，还包含少数民族文化的内容。②

苏德认为，在少数民族地区实施教育政策，政策执行者文化敏感性的强弱直接影响其政策实施的成效。政策执行者的文化敏感性主要是指，政策执行者了解少数民族地区的自然、历史和人文环境的特殊性，准确认识当地少数民族文化，准确看待少数民族育儿方式、风俗习惯对儿童接受学校教育的影响。③

王鉴认为，我国民族地区类型多样，各民族和各地区的发展水平与文化传统均有较大的差异，因此民族地区教育的发展不能靠移植发达省份的教育模式来解决，更不能坚持现行的"追赶汉族"的发展模式，只能从各民族地区和各民族的特殊性出发，建立一个多层次、多结构、多类型、多功能、适应性强、特色突出的民族教育体系。④

董云川、林苗羽认为，作为民族地区最具特色的教育资源，非物质文化遗产是民族教育成就自我的重要契机，现代化带来的冲击有利于促进民族教育的革新，将教育资源运用到位就能够促进民族文化的振兴与发展。对于本土学校而言，教育不仅要开启并紧随现代化的发展进程，还要善于利用丰富的本土文化资源实现多元化的文化教育目标。⑤

李慧勤、李孝轩认为，边疆民族地区政府部门要充分发挥其宏观

---

① 李孝川：《云南边境地区民族教育考察》，人民出版社2017年版，第5页。
② 哈经雄、腾星等：《民族教育学通论》，教育科学出版社2001年版，第7页。
③ 苏德：《民族教育政策：行动反思与理论分析》，教育科学出版社2013年版，第162—163页。
④ 王鉴：《我国少数民族教育跨越式发展战略研究》，《西北师大学报》2004年第1期，第106—107页。
⑤ 董云川、林苗羽：《非物质文化遗产的教育传承责任探究——以"坡芽歌书"为例》，《教育科学》2020年第1期，第13页。

管理作用，在立足于教育实践的基础上，调整教育资源配置的政策取向，合理进行资源配置，从而逐步缩小城乡、校际、班际的差距，推进教育均衡的实现。①

曹能秀、王凌认为，民族文化传承是教育的一个目标。教育是承传社会文化、传递生产经验和社会生活经验的基本途径。传承包括民族文化在内的社会文化本身就是教育的目标之一。民族文化传承又服务于教育的目标。教育的最终目标是培养人，民族文化传承能够增加人们的知识和技能，影响智力和非智力因素，培养民族意识和民族精神，是教育的重要手段之一。②

羌洲、曹宇新认为，我国民族地区由于历史发展水平低且生态环境脆弱，单单通过经济投入难以改善民族地区现有的教育水平，需要更多的优惠政策将优质物质文化资源带到民族地区，需要有相关的政策倾斜来保障、推动民族教育扶贫政策的实施，需要通过优惠政策吸引更多的优秀教育人才来民族地区引领其进步。③

（六）"三区三州"深度贫困地区的教育扶贫问题研究

李俊杰、宋来胜认为，恶劣的外部环境和脆弱的主观因素多重叠加造成"三区三州"贫困人口收入低、自我发展能力弱，容易陷入贫困陷阱。在采用钱、财、物扶持具备直接效应却缺少持久、长远功效的情境下，加强贫困人口的能力、知识、技能和精神建设，通过实行教育扶贫助推"三区三州"跨越贫困陷阱就显得至关重要。④

李玲等人建议，要在深度贫困地区探索教师编制单列管理制度，坚持本地化和全科化师资培养，并有序推进义务教育学校标准化建

---

① 李慧勤、李孝轩：《教育治理能力现代化》，社会科学文献出版社2019年版，第198页。
② 曹能秀、王凌：《论民族文化传承与教育的关系》，《云南民族大学学报》（哲学社会科学版）2009年第5期，第141页。
③ 羌洲、曹宇新：《民族地区教育扶贫的经验启示》，《甘肃社会科学》2019年第3期，第149—150页。
④ 李俊杰、宋来胜：《教育助推"三区三州"跨越贫困陷阱的对策研究》，《民族教育研究》2020年第1期，第30页。

设，注重信息化基础设施建设。此外，国家和省级财政要兜底保障教育经费。①

郑长德认为，目前"三区三州"农村基础教育和职业教育硬件有了较大改善，但幼儿教育严重滞后，缺地方、缺设备、缺合格老师；即使是基础教育和职业教育，也存在教育水平不高，教育效果不佳的问题。制约"三区三州"农村教育的主要因素在于教师收入低，职称晋升难。②

吴本健等人通过对四川省凉山州的考察，认为应当基于深度贫困民族地区及其贫困群体的特征，推广"主体多元化、对象全覆盖、方式多样化"的教育扶贫创新模式，在提高贫困人口知识技能的同时提升其思想意识，根除其落后观念，助推深度贫困民族地区实现高效、高质量脱贫。③

（七）对国内相关研究成果的评价

国内学术界对于教育扶贫问题从教育学、社会学和经济学等多个学科角度进行了较为深入的探讨，对我国贫困地区的城乡义务教育均衡发展、教育公平、贫困学生资助、控辍保学、学前教育、高中教育等方面展开了广泛的研究，无论是理论型研究，还是应用型研究，均取得了比较丰硕的成果。

尽管研究成果颇丰，但是目前国内学术界在教育扶贫研究领域还存在以下两点不足：

第一，一般性研究多，专门性研究少。国内学者大多站在全国的视角进行一般性的教育扶贫理论研究，对民族地区教育扶贫特殊性的关注度略显不足，导致与民族地区教育扶贫有关的研究成果相对较

---

① 李玲、余麒麟、李璧初：《深度贫困地区小学教育脱贫攻坚与教育现代化面临的挑战——以M地区资源配置为例》，《中国电化教育》2019年第9期，第52—53页。
② 郑长德：《"三区""三州"深度贫困地区脱贫奔康与可持续发展研究》，《民族学刊》2017年第6期，第6页。
③ 吴本健、罗玲、王蕾：《深度贫困民族地区的教育扶贫：机理与路径》，《西北民族研究》2019年第3期，第107页。

少，而专门针对"三区三州"深度贫困地区教育扶贫的研究成果就更少了。

第二，思辨性的"自上而下"宏观研究多，实证性的"自下而上"微观研究少。国内现有的很多研究成果偏重于从政府部门的角度进行"自上而下"的宏观理论研究，而很少从贫困学生、学生家长和教师这些教育扶贫政策直接受益人的角度进行"自下而上"的微观实证研究。

二 国外相关研究成果的梳理

国外学术界大多从经济学的角度来研究教育与贫困之间的关系，重视人力资本的作用，主张通过加大教育投入来消除贫困。与此同时，也有部分学者和社会组织是从教育学和社会学的角度进行研究的，重点关注教育公平问题。

（一）经济学视角

美国经济学家舒尔茨注重通过人力资本的投资来有效缓解贫困的产生，认为贫困产生的重要影响因素是以知识和技能为代表的人力资本，而人力资本的关键性投资又在于教育。[①]

印度著名经济学家阿马蒂亚·森指出，低收入可以既是饥饿和营养不足，又是文盲和健康不良产生的一个主要原因；反之，更好的教育与健康有助于获取更高的收入。[②]

当代新马克思主义学者、美国经济学家鲍尔斯和金蒂斯对发达资本主义国家的教育不公平现象进行了深刻批判，认为美国的教育制度是高度不平等的，接受学校教育的可能性实际上取决于一个人的种族

[①] ［美］西奥多·舒尔茨：《教育的经济价值》，曹延亭译，吉林人民出版社1982年版，第5页。
[②] ［印］阿马蒂亚·森：《以自由看待发展》，中国人民大学出版社2013年版，第14页。

背景和父母的经济水平。①

联合国开发计划署（UNDP）在其 1997 年的《人类发展报告》中明确提出一个新的贫困指标，即"人文贫困"。"人文贫困"主要由三个部分构成：寿命的剥夺、知识的剥夺和体面生活的剥夺。②2003 年，其《人类发展报告》明确提出了六条摆脱贫困陷阱的政策组合思路，而其中的核心思想在于提高人们的可行能力和改善社会发展环境，比如通过投资卫生保健、教育、饮水等设施来培育一支社会参与性强、劳动生产率高的劳动力队伍。③

世界银行在其发布的《2006 年世界发展报告：公平与发展》中指出，"因为经济、政治和社会不平等往往存在长期的代际自我复制，因此机会和政治权力不平等对发展带来的负面影响的伤害性更大。我们把这种现象称为'不平等陷阱'。来自财富分配底端家庭的弱势儿童与来自较富裕家庭的儿童相比，接受高质量教育的机会也不相同"，而"精英阶层会将这种不平等固定化、边缘化，而被压迫群体则往往将这种不平等内部化，从而导致穷人难以找到摆脱贫困的道路"④。

世界银行在其 2011 年发布的研究报告《中国儿童的早期发展与教育：打破贫困的代际传递和提高未来的竞争力》中指出，投资于儿童的早期发展和教育可能是提高中国下一代人生活水平的最具成本效益的方式，但农村学前教育却是当前中国教育体制的最薄弱环节。⑤

（二）教育学和社会学视角

美国教育评论家古德曼主张建立一种能更好地促进学生成长的教育体制，向学生提供多样化和小型化的学校教育，因为他认为，只有

---

① 鲍尔斯、金蒂斯：《美国：经济生活与教育改革》，王佩雄等译，上海教育出版社 1990 年版，第 52 页。
② UNDP, *Human Development Report 1997*, New York: Oxford University Press, 1997: 60.
③ UNDP, *Human Development Report 2003*, New York: Oxford University Press, 2003: 75.
④ 世界银行：《2006 年世界发展报告：公平与发展》，清华大学出版社 2006 年版，第 2 页。
⑤ World Bank, Early Childhood Development and Education in China: Breaking the Cycle of Poverty and Improving Future Competitiveness, 2011, No. 53746 - CN.

导　论

这种学校教育才能保护那些处于家庭困境的儿童的自身发展。古德曼明确指出：教育机会应该是多方面的和多样性的，必须减少而不是扩大固定不变的和单一的学校教育制度。①

美国教育学家达林·哈蒙德认为，美国少数民族学生学业成绩低的关键因素是他们不能平等地获得教育资源，尤其是富有教学技能的教师和平等的课程，而远非阶级或种族本身。②

英国伯明翰大学教授 Stephen Gorard 和 Emma Smith 指出，现代社会对于学校的要求在不断提高，从要求入学平等发展到要求待遇平等。入学平等是指每个人，无论其出身怎样，都有上学的权利；待遇平等是指学校为所有学生提供相同的服务。而如今，社会希望基本学习成果也能更加平等。③

联合国教科文组织在其于 1972 年发布的研究报告《学会生存——教育世界的今天和明天》中提出，如果一个国家内部区域性的差别和国与国之间的差距阻碍着世界的发展，那么唯一合理的解决办法就是竭尽全力去教育条件较差的人们，教育农村地区和条件较差国家的人民。④

联合国教科文组织在其于 2015 年发布的研究报告《反思教育：向"全球共同利益"的理念转变？》中指出：经济全球化程度的加深减少了全球的贫穷现象，但同时也造成了就业增长率低、青年失业率不断攀升和就业形势脆弱等现象。此外，经济全球化正在加深不同国家之间以及各国内部的不平等现象。假如教育系统忽视弱势学生以及生活在贫穷国家的众多学生的教育需要，将教育机会集中在富裕阶

---

① Paul Goodman, *Growing up Absurd*, New York: Random House, Inc., 1960: 224.
② Linda Darling-Hammond, "Unequal Opportunity: Race and Education," *The Brookings Review*, 1998, 16 (1): 32.
③ [英] Stephen Gorard, Emma Smith：《教育公平——基于学生视角的国际比较研究》，窦卫霖等译，华东师范大学出版社 2018 年版，第 4 页。
④ 联合国教科文组织编著：《学会生存——教育世界的今天和明天》，教育科学出版社 1996 年版，第 131 页。

层，使得高质量的培训和教育高不可攀，那么就会加剧这种不平等。①

美国教育学家苏珊·纽曼非常重视优质的学前教育对于改变贫困儿童命运的重要作用，她认为，家庭经济条件不好的儿童和家庭经济条件良好的同龄人一样渴望学习，但是贫困儿童缺少必要的技能和知识。这种缺陷将他们设定在了低学业成就的人生轨迹上，表现出消极的个人成就。我们能够预防这种消极的影响，在它开始前就帮助处于困境中的儿童有效率且有效果地发展必要的技能。②

美国社会学家科尔曼对教育不均等作了五种界定：第一种是以社区对学校的投入差异来界定，表现为对生均费用、学校的教学设施及教学设备、师资队伍水平、图书资源等方面投入的差距；第二种是根据学校的种族构成所带来的教育不均等来界定；第三种是以学校的无形特点和隐蔽性特征所造成的差异来界定；第四种是根据学校对背景相同和能力相同的个人所产生的教育结果来界定；第五种是根据学校对具有不同背景和不同能力的个人产生的教育结果来界定。③ 他认为，不仅要关注教育过程的公平，还要关注教育结果的公平。

三 本书的研究对象

本书是 2018 年度国家社会科学基金项目"教育扶贫促进'三区三洲'深度贫困地区短期脱贫和长期发展的调查研究"的最终成果。本书选择了"三区三州"深度贫困地区之一的云南省怒江州作为研究对象。怒江州的全称是怒江傈僳族自治州，位于云南省西部，与缅甸接壤，其境内有担当力卡山、高黎贡山、碧罗雪山、云岭四座大山，以及独龙江、怒江、澜沧江三条大江。域内最高海拔 5128 米，最低海拔

---

① 联合国教科文组织编：《反思教育：向"全球共同利益"的理念转变?》，联合国教科文组织总部中文科译，教育科学出版社 2017 年版，第 7—8 页。
② ［美］苏珊·纽曼：《学前教育改革与国家反贫困战略——美国的经验》，李敏谊、霍力岩等译，教育科学出版社 2011 年版，第 30—31 页。
③ James S. Coleman, *Equality and Achievement in Education*, Boulder: Westview Press, 1990: 25.

◆ 导　论 ◆

738 米，高山峡谷占国土面积的 98% 以上，可耕地面积少，垦殖系数不足 5%，几乎没有一块可利用的平地。怒江州 60% 以上的国土面积属天然林、公益林、自然保护区、世界自然遗产等保护地，全州地质灾害隐患点达 1400 多处，滑坡、泥石流灾害频发。极其有限的发展空间和脆弱的生态环境严重制约了怒江州经济社会的发展，截至 2019 年底，怒江州的贫困发生率高达 10.09%。因此，怒江州无论是在 2020 年底以前实现脱贫攻坚的目标，还是在 2035 年以前基本实现社会主义现代化，其面临的困难都远远大于我国的绝大多数地区。

四　本书的指导思想

习近平总书记曾经明确指出，经济靠科技，科技靠人才，人才靠教育。教育发达—科技进步—经济振兴是一个相辅相成、循序渐进的统一过程，其基础在于教育。[①] 基于此，本书既着眼于 2020 年底之前怒江州的教育脱贫攻坚，又着眼于 2020 年底以后怒江州教育事业的长期发展，以求尽快实现教育现代化的目标，从而为当地在 2035 年以前基本实现社会主义现代化奠定基础。

本书的主要指导思想是两个纲领性文件，即中共中央、国务院于 2019 年 2 月印发的《中国教育现代化 2035》，以及教育部、国务院扶贫办于 2018 年 2 月印发的《深度贫困地区教育脱贫攻坚实施方案（2018—2020 年）》。

从短期来看，本书着眼于《深度贫困地区教育脱贫攻坚实施方案（2018—2020 年）》所提出的目标：到 2020 年，"三区三州"等深度贫困地区教育总体发展水平显著提升，实现建档立卡贫困人口教育基本公共服务全覆盖。保障各教育阶段建档立卡学生从入学到毕业的全程全部资助，保障贫困家庭孩子都可以上学，不让一个学生因家庭经济困难而失学；使更多建档立卡贫困学生能接受更好更高层次的教育，都有机会通过职业教育、高等教育或职业培训实现家庭脱贫，教育服

---

① 习近平：《摆脱贫困》，福建人民出版社 1992 年版，第 173 页。

务区域经济社会发展和脱贫攻坚的能力显著增强。同时，本书还着眼于怒江州在2020年底之前改善城乡教育基础设施，补齐学前教育、高中教育和职业教育的短板，实现贫困人口教育基本公共服务的全覆盖。

从长期来看，本书着眼于《中国教育现代化2035》所提出的奋斗目标。《中国教育现代化2035》是首个以教育现代化为主题的中长期战略规划，它聚焦我国教育发展的突出问题和薄弱环节，立足当前，着眼长远，重点部署了面向教育现代化的十大战略任务：一是学习习近平新时代中国特色社会主义思想。二是发展中国特色世界先进水平的优质教育。三是推动各级教育高水平高质量普及。四是实现基本公共教育服务均等化，努力让全体人民享有更公平的教育。五是构建服务全民的终身学习体系，加快建设学习型社会。六是提升一流人才培养与创新能力。七是建设高素质专业化创新型教师队伍。八是加快信息化时代教育变革。九是开创教育对外开放新格局。十是推进教育治理体系和治理能力现代化。其中，教育优质化、普及化、公平化、终身化和创新服务能力反映了教育现代化的主要内涵，教师队伍专业化、治理现代化、信息化、国际化则是教育现代化的重要支撑。同时，本书还着眼于怒江州尽快实现教育现代化的目标，从而为当地经济社会在2035年之前基本实现社会主义现代化奠定基础。基于怒江州教育事业的发展现状，本书重点关注的是教育质量和教育公平这两大核心问题。

五 本书的研究内容

（一）怒江州教育扶贫工作现状调查

本部分主要内容包括：（1）怒江州教育事业的基本现状调查，具体包括怒江州各层级学校数量、师资队伍整体状况、各个教育阶段的学生状况、教学基础设施、教学配套设施、教育经费投入等的调查情况。（2）怒江州的教育扶贫工作现状调查，具体包括控辍保学、教育基础设施建设、贫困生资助、14年免费教育政策、师资队伍建设、易地扶贫搬迁教育配套设施建设等方面的内容。（3）怒江州4个县（市）的教育扶贫工作现状调查，即对兰坪县、福贡县、贡山县和泸水市的教育扶贫工作现状进行调查。

（二）怒江州教育扶贫政策实施效果的田野调查

本部分主要内容包括：（1）对怒江州4个县（市）的19个村委会的259户少数民族学生家庭进行问卷调查，重点了解他们对于当地教育扶贫政策的评价和建议。（2）对4个县（市）的204名县城学校及幼儿园教师进行问卷调查，重点了解其对于当地教育扶贫政策的实施效果、存在问题和完善策略的意见和建议。（3）对4个县（市）的151名乡镇学校及幼儿园教师进行问卷调查，重点了解其对于当地教育扶贫政策的实施效果、存在问题和完善策略的意见和建议。（4）对4个县（市）的110名农村学校（含教学点）及幼儿园教师进行问卷调查，重点了解其工作生活状态，及其对于当地教育扶贫政策的实施效果、存在问题和完善策略的意见及建议。（5）对怒江州两所职业技术学校的53名教师进行问卷调查，重点了解其对于当地教育扶贫政策的实施效果和完善策略的意见和建议。（6）对4个县（市）的68名城乡普通中学学生进行问卷调查，重点了解其学习状态，及其对于学校教学基础设施、师资队伍和教育质量等方面的评价。（7）对怒江州165名职业技术学校的学生进行问卷调查，重点了解其学习状态和本人的就业意向，及其对于学校教学基础设施、师资队伍和职业教育质量等方面的评价。

（三）怒江州教育扶贫工作存在的问题

本部分主要内容包括：（1）工作理念和工作机制滞后。具体包括在教育扶贫的工作理念上重硬件轻软件、协同机制不完善、工作不够精细化和考核评价机制不健全等问题。（2）当地群众的满意度不高。作为教育扶贫的直接受益者，怒江州的家长、学生和教师对当地教育扶贫政策实施效果的满意度并不高。（3）教育质量问题突出且校际差异大。怒江州教育事业的整体发展水平非常低，无论是高中教育，还是义务教育，都存在教育质量低下且校际差异大的问题。（4）教育扶贫资金严重短缺。怒江州的地方财政自给率极低，因此包括教育基础设施建设资金、易地扶贫搬迁教育配套项目经费、学生资助经费等在内的教育扶贫资金都是严重短缺的。(5)乡村学校的师资队伍比较薄弱。怒江州的乡村学校存在教师招聘难、师资的总体质量不高、教师的待遇较低、农村学校教师的编制缺口大等问题。(6)学校在传承当地少数民族文化方面缺乏作为。主要表现为当地的教育行政管理部门缺乏对少数民族文化的敏感性、民族文化进校园工作急功近利且缺乏长效机制、学校教师的民族文化意识淡薄等。(7)职业教育发展滞后且缺乏地方民族特色。主要表现为怒江州职业技术学校的专业设置与地方民族特色产业不匹配、当地群众对职业教育的认可度很低、农村劳动力转移培训层次较低、创业培训的效果不佳等。

(四)怒江州教育扶贫工作的完善策略

本部分主要内容包括:(1)转变教育扶贫的工作理念并完善工作机制。主要包括:树立"以教育质量为核心"的教育扶贫观念,教育扶贫工作要更加精细化,完善教育扶贫工作的考核评价机制等。(2)对怒江州实施一定的教育倾斜政策。主要包括:优先发展农村学前教育、完善学生资助政策、在教师队伍建设和高考招生等方面给予一定的政策倾斜。(3)把提升教育质量作为教育扶贫工作的重点。主要包括:建立严格的教学质量管理体系,消除师资培训的"两张皮"现象,加快教育信息化进程等。(4)加强乡村学校的师资队伍建设。主要包括:积极推进"特岗计划",提高乡村教师的工资和福利待遇,解决乡村教师尤其是农村学前教育教师的编制问题等。(5)通过学校积极培养少数民族文化传承人。主要包括:教育行政管理部门要增强对少数民族文化的敏感性,开设少数民族文化课程,建立民族文化进校园工作的长效机制等。(6)教育扶贫与当地的产业扶贫相互衔接。主要包括:紧扣地方民族特色产业发展职业教育,通过职业教育培养少数民族文化传承人,优化整合农村劳动力转移培训的资源等。(7)教育扶贫与就业扶贫相互衔接。主要包括:多渠道开发农村劳动力的就业岗位,加强劳务输出工作,完善残疾人就业创业的扶持工作,完善大中专毕业生的就业创业工作等。

六 基本概念界定

教育作为一项特殊的社会公共服务,尤其是贫困地区的教育工作,牵涉面广、周期长、见效慢,这决定了教育扶贫必然是一项长期性、艰巨性的工作。[①] 特别是对于像怒江州这样的"三区三州"深度贫困地区来说,由于教育事业的底子太薄,历史欠账太多,注定了当地的教育扶贫是一项相当耗时耗力的长期工程,需要在人、财、物等方面进行不断投入,要经过很长一段时间,方有可能取得较为理想的效果。2020年以后,"三区三州"深度贫困地区的绝对贫困人口基本上会被消除,但是大量的低收入群体(即相对贫困人口)必将长期存在。此外,怒江州现行的很多教育扶贫政策,比如人口较少民族学生的资助政策、14年免费教育政策、"直过"民族学生的资助政策等,在2020年以后仍将长期存在。

鉴于怒江州当前教育事业的发展水平与《中国教育现代化2035》所提出的奋斗目标存在非常大的差距,因此本书所指的"教育扶贫",包括了"通过教育实现脱贫"的含义,但其更重要的含义是指"扶教育之贫",即主要研究如何从教育基础设施建设、乡村学校师资队伍建设、教育质量提升、实施一定的教育倾斜政策、完善学生资助政策等方面改变怒江州教育事业的极端落后局面,以求早日实现教育现代化,从而为当地经济社会在2035年之前基本实现社会主义现代化奠定坚实的基础。

七 本书的研究方法

第一,文献研究法。通过收集和整理国内外关于教育扶贫、教育公平和少数民族教育的相关研究成果,充分了解当前的学术研究动

[①] 付卫东、曾新:《十八大以来我国教育扶贫实施的成效、问题及展望——基于中西部6省18个扶贫开发重点县(区)的调查》,《华中师范大学学报》(人文社会科学版)2019年第5期,第48页。

态，以求准确把握本书的切入点和突破口。

第二，田野调查法。在怒江州的4个县（市）展开广泛的田野调查，通过对259户少数民族学生家庭、204名县城普通学校教师、151名乡镇学校教师、110名农村学校教师、53名职业技术学校教师、681名普通中学生和165名职业技术学校学生进行问卷调查，全面了解他们对于当地教育扶贫工作的相关意见和建议。

第三，实证分析法。立足于大量的田野调查数据（1623份调查问卷和一些个案访谈资料），通过相应的数理统计分析，深入研究怒江州的教育扶贫工作所取得的成效、存在的问题和完善的策略。

八　本书的创新之处

第一，本书主要立足于大量的田野调查数据，从家长、学生和教师的视角"自下而上"地进行微观实证研究，而不是从政府部门的视角"自上而下"地进行宏观理论研究。也就是说，本书的主要论证依据是课题组通过田野调查所获得的大量第一手数据，即1623份调查问卷和一些个案访谈资料，而不是相关政府部门的统计数据。

第二，把田野调查的对象进行细化，为此作者设计了5套内容各不相同的调查问卷。本书把教师群体细化为县城普通学校教师、乡镇学校教师、农村学校教师和职业技术学校教师，把学生群体细化为普通中学生和职业技术学校学生。通过5套调查问卷，以求对怒江州的教育扶贫工作作出全面而客观的评价。

第三，把通过学校教育培养当地少数民族文化传承人视为教育扶贫的一项重要内容，把教育扶贫工作与怒江州当地的少数民族非物质文化遗产保护工作联系起来进行研究，有着鲜明的地方民族特色。

第四，把怒江州农村劳动力的职业技能培训（非学历职业教育）纳入了研究范围，同时还特别关注了当地残疾少年儿童的教育扶贫工作，而不是只关注全日制普通在校学生。

第一章　怒江州教育扶贫工作现状调查

第一节　怒江州教育事业的基本现状

一　怒江州教育事业的基本数据

截至2019年底，怒江州共有各级各类学校568所，其中，幼儿园366所，小学167所（含教学点90个），初级中学18所，九年一贯制学校3所，高完中9所，中等职业技术学校2所，特殊教育学校1所，教师进修学校2所。2019年怒江州共有各级各类学校在校学生102844人，比2018年增加了4099人。

（一）学前教育

截至2019年底，怒江州共有幼儿园366所，比2018年增加了76所；共有在园儿童17277人，比2018年增加了2234人；学前一年入园率为126.85%，比2018年提高了20.45个百分点；学前三年儿童毛入园率为74.43%，比2018年提高了8.74个百分点。

（二）义务教育

1. 小学教育

截至2019年底，怒江州共有小学（含教学点）167所，其中学校77所、教学点90个；共有小学在校学生50435人，比2018年增加了2053人；小学适龄儿童入学率为99.60%，比2018年下降了0.20个百分点；小学辍学率为0.25%，比2018年下降了0.02个百分点。

2. 初中教育

截至2019年底，怒江州共有初级中学18所、九年一贯制学校3

所；共有初中在校学生22098人，比2018年增加了18人；初中毛入学率为105.85%，比2018年提高了3.53个百分点；初中辍学率为0.48%，比2018年下降了0.24个百分点。

3. 特殊教育

截至2019年底，怒江州共有特殊教育学校1所，在校聋哑学生164人，比2018年增加了14人；小学阶段残疾儿童在校生658人，其中，特殊学校124人，随班就读356人，送教上门178人；残疾儿童入学率为96.76%，比2018年提高了1.96个百分点。

（三）高中阶段教育

1. 普通高中教育

截至2019年底，怒江州共有高完中9所（民办2所），高中在校学生10904人，比2018年增加了982人。高中阶段毛入学率为73.35%，比2018年提高了2.94个百分点。

2. 中等职业教育

截至2019年底，怒江州共有中等职业技术学校2所，在校学生2320人，其中，怒江州民族中等专业学校2093人，兰坪县中等职业技术学校227人。

（四）教师队伍

截至2019年底，怒江州的各级各类学校共有教职工7396人，其中专任教师6746人；幼儿园共有教职工836人，其中专任教师671人；中小学教职工共有6269人，其中，小学专任教师3335人，初中专任教师1740人，高中专任教师762人；中等职业技术学校共有教职工272人，其中专任教师223人；怒江州特殊教育学校有教职工19人，其中专任教师15人。

（五）校舍建筑

截至2019年底，怒江州各级各类学校的校舍建筑面积共计1560156.12平方米，其中，幼儿园校舍面积为166151.28平方米，小学校舍面积为655388.3平方米，中学校舍面积为563602.42平方米，特殊教育学校校舍面积为5661平方米，中等职业技术学校校舍面积为169353.12平方米。

（六）教学设施设备

截至2019年底，在怒江州的77所小学当中，体育器械配备、音乐器材配备、美术器材配备、数学自然实验设备仪器配备均已经全部达标，体育运动场（馆）面积达标的有68所，尚有9所没有达标；77所小学共有教学用计算机5649台、网络多媒体教室1532间，图书1334050册，运动场地面积为309514.32平方米。

截至2019年底，在怒江州的30所普通中学当中，体育运动场（馆）面积达标的有22所，体育器械配备达标的有27所，音乐器材配备达标的有27所，美术器材配备达标的有27所，理科仪器达标的有28所，建立校园网的有24所。30所普通中学共有教学用计算机4289台、网络多媒体教室769间、图书1221527册，运动场地面积为298575.08平方米。

二 "十三五"期间怒江州教育事业的发展概况

（一）在办学规模上有所扩大

截至2019年底，怒江州共有各级各类学校568所，比2015年增加了210所；在校生102844人，比2015年增加了16500人。总体来看，"十三五"期间怒江州的办学规模有所扩大。

2019年怒江州共有幼儿园366所，比2015年增加了290所；共有在园儿童17277人，比2015年增加了6599人；学前一年入园率为126.85%，比2015年提升了49.23个百分点；学前三年毛入园率为74.43%，比2015年提升了38.52个百分点。

2019年怒江州共有小学167所（含教学点），比2015年减少了83所；共有小学在校学生50435人，比2015年增加了4423人；小学适龄儿童入学率为99.60%，比2015年提升了0.11个百分点；小学辍学率为0.25%，比2015年降低了8.84个百分点。

2019年怒江州共有初级中学18所、九年一贯制学校3所，初中在校学生22098人，比2015年增加了2262人；初中毛入学率为105.85%，比2015提高了7.68个百分点；初中辍学率为0.48%，比2015年降低了10.61个百分点；九年义务教育巩固率为90.78%，比

2015年提高了24.96个百分点。

2019年怒江州有特殊教育学校1所,在校残疾学生164人,比2015年增加了100人;共有小学阶段残疾儿童在校生658人,残疾儿童入学率为96.76%,比2015年提高了24.06个百分点。

2019年怒江州共有高完中9所,在校学生10904人,比2015年增加了3322人;高中阶段毛入学率为73.35%,比2015年提升了27.15个百分点。

2019年怒江州共有职业技术学校2所,全日制在校学生有2320人,比2015年增加了183人。

(二)办学条件有一定的改善

在"十三五"期间,怒江州累计投入教育专项建设资金83936.68万元,截至2018年底,全州各级各类学校校舍建筑面积达149.8749万平方米,比2015年增加了51.71983万平方米,中小学体育运动场(馆)面积达到了59.6412万平方米;共计拆除D级危房校舍29.3万平方米,全面完成C级不安全校舍加固改造工程12.57万平方米;累计投入"全面改薄"信息化建设资金4214万元,小学生机比为11∶1,初中生机比为6∶1;中小学计算机网络教室覆盖率达到了40%,多媒体教室覆盖率达到了80%。

(三)在师资队伍建设上有一定的成绩

首先,2016—2019年,怒江州面向省内外招聘了高中阶段紧缺学科教师175人,订单式培养免费师范生60人,招聘特岗教师500人,招募学前志愿者356人。

其次,实施了新一轮中小学教师培训计划。怒江州下辖的4个县(市)均被列入云南省"国培计划"项目县,2016—2019年通过多种形式共培训各级各类教师超过33000人次。

最后,加强与东部发达地区的合作交流。2017—2019年,怒江州共有100名中小学幼儿园校(园)长、300名骨干教师赴广东省珠海市参加培训,105名怒江州义务教育阶段校长赴江苏省参加了相关培训。与此同时,"十三五"期间怒江州还建立了3个省级"名师工作室",并和珠海市共建了10个州级"名师工作室"。

(四)办学经费投入稳定增长

在"十三五"期间,怒江州的办学经费投入一直呈稳步增长,以下是2015—2019年怒江州教育专项经费的收支情况。

表1—1　　2015—2019年怒江州教育专项经费来源情况　　(万元)

年份	总金额	中央资金	省级资金	州级资金	县级配套资金
2015	43804.01	30808.03	11968.5	1027.48	
2016	52915.55	35433.69	14574.86	834	2073
2017	47123.25	27645.78	16937.47	568	1972
2018	70063.898	45244.6	23381.55	808.121	629.627
2019	78725.345	44815.47	31549.37	2360.505	

表1—2　　2015—2019年怒江州教育专项经费使用情况　　(万元)

年份	义务教育保障经费	营养改善计划资金	校舍建设资金及薄弱学校改造资金	学生资助资金	其他支出
2015	11345.36	4656.6	23106	1540.92	2640.57
2016	12099.51	4882.32	30076.17	3906.58	1920.97
2017	12554.27	5061.52	20486	6612.85	2408.61
2018	13016.80	5193.87	40290.68	9405.47	2157.08
2019	12355.74	5346.48	43320.10	10193.66	5148.86

从表1-1、表1-2可以看出,"十三五"期间怒江州的教育专项经费主要用在了校舍建设及薄弱学校改造方面。另外,义务教育保障和学生资助经费也占有一定的比重。

三　"十三五"期间怒江州各个教育阶段的发展情况

(一)学前教育

2015年,怒江州共有幼儿园76所,在园儿童10678人,学前一年入园(班)率为77.62%,学前三年入园率为36.28%。到了2019

年，怒江州共有幼儿园 366 所，在园儿童 17277 人，学前一年入园（班）率为 126.85%，学前三年毛入园率为 74.43%（见表 1—3）。在"十三五"期间，怒江州幼儿园数量的快速增长得益于当地"一村一幼"计划的实施。

表 1—3　　　　2015—2019 年怒江州学前教育发展情况

	幼儿园数量（所）	在园儿童数量（人）	学前一年入园（班）率（%）	学前三年儿童毛入园率（%）
2015	76	10678	77.62	36.28
2016	147	12293	85.45	51.72
2017	218	14217	102.14	58.90
2018	290	15043	106.40	66.06
2019	366	17277	126.85	74.43

（二）义务教育

2015 年，怒江州共有小学（含教学点）250 所，其中学校 124 所、教学点 126 个，有小学在校学生 45994 人，小学适龄儿童入学率为 99.49%，辍学率为 1.64%。到了 2019 年，怒江州共有小学（含教学点）167 所，其中学校 77 所、教学点 90 个，有小学在校学生 50435 人，小学适龄儿童入学率为 99.60%，辍学率为 0.25%（见表 1—4）。

表 1—4　　　　2015—2019 年怒江州小学教育基本情况

	学校（所）	教学点（个）	在校学生（人）	适龄儿童入学率（%）	辍学率（%）
2015	124	126	45994	99.49	1.64
2016	102	122	46330	99.55	0.70
2017	83	137	47595	99.74	0.51
2018	77	96	48382	99.80	0.27
2019	77	90	50435	99.60	0.25

2015年,怒江州共有初级中学19所、九年一贯制学校2所,初中在校学生19836人,初中毛入学率为98.17%,辍学率为9.09%,九年义务教育巩固率为65.82%。到了2019年,怒江州共有初级中学18所、九年一贯制学校3所,初中在校学生22098人,初中毛入学率为105.85%,辍学率为0.48%,九年义务教育巩固率提升至90.78%,"控辍保学"工作的成效比较明显(见表1—5)。

表1—5　　　　2015—2019年怒江州初中教育发展情况

	初级中学（所）	九年一贯制学校（所）	在校学生（人）	初中毛入学率（%）	辍学率（%）	九年义务教育巩固率（%）
2015	19	2	19836	98.17	9.09	65.82
2016	19	2	20693	100.00	4.60	72.00
2017	19	2	22478	101.60	0.60	85.70
2018	18	3	22080	102.32	0.73	90.63
2019	18	3	22098	105.85	0.48	90.78

2015年,怒江州有特殊教育学校1所,在校聋哑学生117人,全州的残疾儿童入学率为72.7%。到了2019年,怒江州有特殊教育学校1所,在校残疾学生164人,全州共有小学阶段残疾儿童在校生658人,残疾儿童入学率为96.76%,比2015年有了较大幅度的提升。

（三）高中教育

2015年,怒江州共有高完中8所（其中民办学校2所）,高中在校学生7582人,高中阶段毛入学率仅为46.20%。到了2019年,怒江州共有高完中9所,高中在校学生10904人,高中阶段毛入学率为73.35%,比2015年有了很大的提升（见表1—6）。

表1—6　　2015—2019年怒江州高中教育基本情况

	高完中（所）	在校学生（人）	高中阶段毛入学率（%）
2015	8	7582	46.20
2016	8	8497	50.24
2017	8	9144	57.00
2018	8	9922	70.41
2019	9	10904	73.35

（四）职业教育

2015年，怒江州共有职业技术学校4所，全日制在校学生2137人。到了2019年，怒江州共有职业技术学校2所，全日制在校学生2320人。总的来看，在"十三五"期间，与当地普通教育的发展状况相比，怒江州职业教育的发展明显处于停滞状态。

第二节　怒江州教育扶贫工作开展情况

一　怒江州教育脱贫攻坚计划

2018年，怒江州制定了《怒江州教育脱贫攻坚3年行动计划（2018—2020）》，提出了关于教育扶贫的工作目标：（1）到2020年，4个县（市）的教育总体发展水平显著提升，完成县域义务教育均衡目标任务，实现建档立卡贫困人口教育基本公共服务全覆盖。（2）保障各个教育阶段建档立卡贫困家庭学生从入学到毕业的全程全部资助，保障建档立卡贫困家庭孩子接受并完成义务教育，不让一个学生因家庭经济困难而失学。（3）努力让更多建档立卡贫困家庭学生接受更好更高层次的教育，使其都有机会通过职业教育、高等教育或职业培训实现家庭脱贫，教育服务区域经济社会发展和脱贫攻坚的能力显著增强。

为了实现教育脱贫攻坚目标，怒江州计划采取以下主要措施。

1. 易地搬迁进城集中安置教育扶贫工作。到2020年，新建幼儿园12所，新建小学4所，改扩建小学5所，迁建泸水市上江镇新建村小学1所，新建初级中学1所，改扩建初级中学1所，新建泸水市上江镇高级中学1所，新建校舍321014平方米，新建运动场151796平方米，其中，2018年建设10所学校（新建6所幼儿园和1所小学，改扩建2所小学和1所初级中学），2019年建设8所学校（新建4所幼儿园和2所小学，改扩建2所小学），2020年建设7所学校（新建2所幼儿园和1所小学，改扩建1所小学，迁建1所小学，新建1所初级中学和1所高级中学）。

2. 学前教育"一村一幼"建设工程。到2020年，新建、改扩建145所乡村幼儿园，建设校舍22240平方米。

3. 义务教育保障项目建设工程。到2020年，改扩建义务教育学校197所，新建校舍面积110327平方米，运动场面积248735平方米，其中，2018年改扩建学校48所，其中泸水市8所、福贡县12所、贡山县5所、兰坪县23所；2019年改扩建学校90所，其中泸水市20所、福贡县6所、贡山县2所、兰坪县62所；2020年改扩建学校59所，其中泸水市23所、福贡县2所、兰坪县34所。

4. 高中阶段学校建设工程。到2020年，改扩建普通高中学校6所，新建校舍面积30700平方米，运动场面积64694平方米。

5. 实施怒江州职教中心建设工程。怒江州职教中心占地309亩，校舍13万平方米，可同时容纳在校生9000人左右，其中全日制在校生6000人，短期实用技能培训3000人。

6. 教师队伍建设工程。从昆明市、曲靖市和玉溪市每年各选派50名中青年优秀教师到怒江州的中小学和幼儿园支教，三年预计选派450名教师，每人每年给予3万元补助；用其置换出怒江州当地学校的中青年教师到昆明市、曲靖市和玉溪市的优质学校跟岗学习，每人每年给予3万元的补助。

7. 中小学教师培训工程。以"国培计划"项目实施支持为主，通过"走出去+送进来"的方式，培训校（园）长150名、骨干教师300名、骨干班主任600名；以县（市）为单位组织开展全员培训为辅，通过"送教下乡+网络研修"的方式，培训教师6984人次。

8. 素质提升工程。依托乡村学校和村级组织,开展"直过民族"聚居区不通汉语人群普通话培训工作,在3年的时间里完成32478人的普通话培训工作。

二 怒江州教育扶贫工作的基本现状

(一)义务教育控辍保学工作

怒江州先后制定了《怒江州义务教育"控辍保学"实施意见》《关于切实加强控辍保学提高义务教育巩固水平的通知》等文件,把控辍保学工作纳入脱贫攻坚责任书中,建立了党委、政府、教育部门的"三线四级"工作机制和"六长"负责制。"三线四级"具体是指县(市)委、乡(镇)党委、村党支部(党总支)、党小组;县(市)政府、乡(镇)政府、村(居)民委员会、家长;县(市)教育局、乡(镇)中心学校、学校、班主任。"六长"具体是指县(市)长、乡(镇)长、村长、家长、教育局长、校长。

截至2019年4月,怒江州义务教育阶段共有失辍学学生111人,其中建档立卡户子女失辍学61人,各县(市)的失辍学情况见表1-7所示。

表1—7　　　怒江州各县(市)义务教育失辍学情况　　　(人)

县(市)	失辍学人数	建档立卡户子女失辍学人数
泸水市	32	10
福贡县	45	30
贡山县	8	4
兰坪县	26	17
合计	111	61

(二)学前教育

从2015年开始,怒江州实施了学前教育"一村一幼"建设工程。通过采取改造村委会活动室、村民活动场所、村办小学闲置校舍等方式,在怒江州尚未覆盖学前教育资源的行政村和人口较多的自然村开办幼儿园,形成了三种富有特色的乡村办园模式:一是牵手村级党总支,幼儿园办在村支部的党员活动室;二是盘活教育资源整合村办小学的闲置资产("拆点并校"),通过改建和扩建,让闲置校舍变成村办幼儿园;三是结合易地扶贫搬迁工作新建幼儿园。其中,泸水市在2017年底实现了每个行政村(社区)都至少有一所幼儿园的目标,而且人口较多的自然村也有了幼儿园,在云南省率先实现了"一村一幼"的目标。

截至2019年底,怒江州建有乡镇中心幼儿园28所(怒江州共有29个乡镇),正在建设1所(福贡县上帕镇中心幼儿园),在全州的255个行政村当中,办幼儿园的有225个,目前还有19个行政村正在动工建设幼儿园。另外,有5个行政村因为适龄儿童较少而由邻近行政村接收幼儿入园,有6个行政村因为被纳入易地扶贫搬迁范围,适龄人口较少而不需要再建幼儿园。目前,怒江州各类幼儿园达到了290所,在园幼儿15043人,学前三年毛入园率为66.06%;与2012年相比,幼儿园数量增加了265所,增加了近12倍;在园幼儿增加了6548人,学前三年毛入园率提高了40个百分点。

(三)义务教育

截至2019年底,怒江州共下达义务教育"全面改薄"资金54054.61万元(含各级统筹资金),已全面完成5年总规划(2016—2020年)的任务,确保当地所有义务教育学校都达到了办学"20条底线"的要求,有效地改善了怒江州农村义务教育学校的办学条件。

截至2019年底,怒江州教育系统已经全面完成C级危房的拆除、加固改造和重建工作。在2018年全面完成C级不安全校舍拆除任务和C级不安全校舍加固改造任务的基础上,怒江州通过项目整合拆除重建的64个单体项目,到2019年9月已经全部竣工,竣工面积90836平方米。2014—2018年,怒江州共计实施了学校食堂"全面改薄"建设项目22个,建筑面积6284平方米,投入资金1404.12万元,食堂新增设施设备1601台(件/套),投入资金591.38万元。

(四) 高中教育

根据《怒江州高中阶段教育普及攻坚行动计划（2018—2020年）》，云南省内的4所一级高完中先后结对帮扶怒江州4个县（市）的第一中学；怒江州教育局与大理州教育局签订了普通高中学校结对帮扶合作协议，大理州的6所高中与怒江州的6所公办高中分别签订了教育帮扶协议和友好合作协议；挂牌成立云南师范大学附属怒江州民族中学，在云南师范大学附属怒江州民族中学、泸水一中、兰坪一中各开办了两个"珠海班"。

怒江州制定了《怒江州普通高中学校2019—2021年规划》，计划通过扩大现有普通高中学校招生规模，增加班数、适当扩大班额，从而不断扩大办学规模。2019年怒江州普通高中计划招生4855人，实际录取4640人，比2018年的招生计划多了1025人，实际录取人数增加了961人。

(五) 职业教育

怒江州现有两所职业技术学校，即怒江州民族中等专业学校和兰坪县中等职业技术学校，这两所学校的占地面积共计340亩。怒江州的职业技术学校先后与京东、比亚迪、重庆北汽银翔公司、珠海长隆国际海洋度假区等企业建立了校企合作关系。怒江州民族中等专业学校与天津市、珠海市的职业技术学校结成对口帮扶学校，与云南省内的4所职业技术院校以"3+2"的办学模式开展合作办学。兰坪县中等职业技术学校与红河州农业学校达成结对帮扶协议。

2019年，各类职业技术学校共在怒江州招收学生1925人，其中招收珠海市职业教育"怒江班"学生599人，包括"0+3"中职学生116人、"1+2"中职学生58人、技工学校中高职学生425人。

(六) 教育信息化2.0工程

2014—2019年，怒江州依托珠海帮扶合作项目，实施"粤教云"项目，建成云教室和智慧教室31间，覆盖学校22所。云南省移动通信公司捐赠给怒江州9套双向视频会议系统，覆盖州、县两级教育体育局，以及4所完全中学。目前，怒江州已经完成了166所学校"千兆到校"、1781间教室"百兆到班"的网络升级改造和建设工作。义务教育学校计算机网络教室覆盖率达到了40%；共有多媒体教室1548间，覆盖率达到了80%。小学生机比为11∶1，初中生机比为6∶1。

（七）东西部协作教育帮扶

怒江州的4个县（市）均与东部沿海地区达成了东西部教育帮扶协议，其重点是与珠海市的帮扶合作协议，具体内容如下：

一是扩大结对帮扶规模，怒江州先后有21所学校与珠海市的学校签订了结对帮扶协议。

二是扩大普通教育人才队伍建设对口帮扶合作。自2017年起，珠海市帮助怒江州每年专题培训校（园）长40名、培训学科带头人和骨干教师100名，启动建设名师工作室10个，其中高中、初中、小学各3个，幼儿园1个。

三是珠海市实施"粤教云"项目帮扶计划，将权威数字教材和数字教辅资源引入怒江州当地学校的课堂，组织泸水市500名教师通过"互联网+智慧校园"平台参与珠海市香洲区"百年甄贤群文盛宴"。组织泸水市中小学幼儿园教师开展了2018年暑期教师全员培训活动（通过珠海市援建的智慧校园系统），共有2182人参训。

四是全力推进格力小学（含幼儿园）帮扶项目。总投资为5300.8313万元，位于泸水市大兴地镇的格力小学（含幼儿园）目前已经投入使用。

五是珠海市进一步加大教育信息化对口帮扶合作力度，帮助怒江州完善中小学教育信息化基础设施建设，提高"三通两平台"配置水平。2019年援助项目资金150万元，用于帮助云南师范大学附属怒江州民族中学、泸水市第一中学等10所学校提高信息化装备水平，目前已完成项目的招投标工作。

（八）教师队伍建设

近年来，怒江州采用特岗教师招聘、人力资源与社会保障部门事业单位招聘（普岗）、对外引进和聘用、"三支一扶"、定向免费师范生培养、公费师范生培养、招聘农村学前教育志愿者等多种方式补充教职工队伍。2006—2019年，怒江州累计招聘893名特岗教师；2010—2019年，怒江州教育系统通过人力资源与社会保障部门共引进458名教师（普岗），均向当地学校的紧缺学科倾斜。

与此同时，怒江州与云南师范大学合作开展定向免费师范生的培养工作，从2015年开始，云南师范大学每年从高考分数上了云南省二本线的怒江籍考生中选拔20名优秀学生进行定向培养，毕业后回怒江州任教。2016年8月，怒江州启动了农村学前教育志愿者的招聘工作，截至2018年底，共计招聘了327名农村学前教育志愿者。

2016年以来，怒江州共组建了3个云南省"国培计划"项目名师工作坊、10个珠海帮扶项目名师工作室和10个"国家统编3科教材"名师工作室。从2016年1月开始，怒江州逐步落实集中连片特困地区乡村教师生活补助政策，并实行了差别化的补助标准。

表1—8　　　　怒江州4个县（市）的乡村教师补助标准　　　　（元）

县（市）	一档	二档	三档	四档
泸水市	500	600	700	1000
福贡县	500	600	700	
贡山县	500	600	800	1000
兰坪县	500	600	800	1000

截至2019年6月，怒江州共有教师编制7344个，随着学前教育和高中招生人数的逐年增加，目前怒江州的教师编制缺口达1746个。

（九）推广国家通用语言文字工作

2016—2019年，怒江州完成了39948名"直过"民族（主要是傈僳族、独龙族和怒族）和人口较少民族（主要是独龙族、怒族和普米族）青壮年劳动力的普通话培训工作；创建了95个普及普通话示范村，泸水市、福贡县和兰坪县完成了国家三类城市语言文字规范达标的任务。

（十）学生资助工作

截至2019年底，怒江州共有建档立卡户在校学生48854人。其中,学前教育学生6404人,义务教育学生36939人,普通高中教育学生4502人,中职教育学生1009人。

2019年,怒江州共计下达各类各项学生资助资金26530.079万元,受益学生97386人。2019年春季学期,怒江州受资助的建档立卡户学生有45016人,共计发放资助金7222.3万元。

截至2019年11月,兰坪县已确定资助中职教育学生836人,发放资助金262.8万元;泸水市正在核查相关数据;福贡县确定资助中职教育学生21人,发放资助金10.5万元;贡山县确定资助中职教育学生111人,发放资助金45.7万元。

三 14年免费教育政策实施情况

2016年9月,云南省开始在怒江州、迪庆州和昭通市的3个县实施14年免费教育政策,怒江州结合自身实际制定了《怒江州14年免费教育实施细则》,由于义务教育阶段已经实施了以"两免一补"为主要内容的免费教育,故14年免费教育的实施范围为学前教育2年和普通高中教育3年的在校(园)生。

2017年3月31日,云南省教育厅与云南省财政厅联合印发了《云南省财政厅云南省教育厅关于下达迪庆州怒江州昭通市镇雄县彝良县威信县2017年学前教育和普通高中免费教育专项资金的通知》,下拨专项资金6700万元。2017年4月28日,怒江州印发了《关于下达怒江州2017年学前教育和普通高中免费教育专项资金的通知》,下拨专项资金3800万元。截至2018年8月,怒江州各学校收到的专项资金已全部使用完毕。

14年免费教育政策包括"免费教育"类和"适度生活补助"类两个方面的内容。"免费教育"类项目面向学前教育2年的在园幼儿、普通高中3年的在校生,"适度生活补助"类项目面向怒江州的建档立卡户学生。

"免费教育"类项目的实施标准为:(1)学前教育免保教费,每生每年2200元。(2)普通高中免学杂费,每生每年1200元;免教科书费,每生每年450元;免住宿费,每生每年160元。

"适度生活补助"类项目的实施标准为：（1）学前教育阶段，对学前教育2年的建档立卡户学生，按照每生每年1000元的标准给予生活费补助。（2）普通高中阶段，对普通高中的建档立卡户学生，按照每生每年3000元的标准给予生活费补助。

表1—9　　2017年怒江州14年免费教育项目资金使用情况

实施范围	实施内容		计划资金（元）	到位资金（元）	资金到位率（%）	受补助人数（人）
州直属学校	学前	免保教费	1340108	1340108	100	665
		生活补助	27480	27480	100	30
	高中	免费部分	3353930	3353930	100	1931
		生活补助	142500	142500	100	336
泸水市学校	学前	免保教费	4788115	4788115	100	2376
		生活补助	520288	520288	100	673
	高中	免费部分	2981080	2981080	100	1660
		生活补助	142000	142000	100	335
兰坪县学校	学前	免保教费	8959780	8959780	100	4355
		生活补助	821000	821000	100	821
	高中	免费部分	6148950	6148950	100	3774
		生活补助	977000	977000	100	1230
福贡县学校	学前	免保教费	4066674	4066674	100	2018
		生活补助	423192	423192	100	462
	高中	免费部分	1046910	1046910	100	773
		生活补助	489000	489000	100	163
贡山县学校	学前	免保教费	908855	908855	100	451
		生活补助	94348	94348	100	103
	高中	免费部分	649790	649790	100	359
		生活补助	119000	119000	100	104
合计			38000000	38000000		

在14年免费教育项目实施的过程中,由云南省教育厅及怒江州的各个县(市)教育局依据2016年在校学生人数进行统计,再由县(市)扶贫办对受补建档立卡户学生进行身份审查,审核通过后由怒江州教育局汇总上报至云南省教育厅,省教育厅审核并编制资金预算表,最后提交至云南省财政厅进行审定。

怒江州结合自身实际,参照了云南省相关教育资金管理办法来执行14年免费教育项目资金的管理,其中,(1)"免费教育"类。学前2年免保教费,普通高中3年的免学杂费、教科书费和住宿费按照《云南省城乡义务教育学校公用经费管理办法》执行资金管理,由各学校按要求使用,主要用于购买教具及支付水电费、购买教科书、校舍修葺等维护学校正常运转方面。(2)适度生活补助。怒江州的幼儿园是以现金的方式发放生活补助,普通高中则是直接下发至学生或打到中职卡上(中职学生资助卡),按照《云南省普通高中建档立卡贫困户家庭经济困难学生生活补助实施方案》以及《云南省普通高中国家助学金管理办法》来执行。由于实际需求人数与统计上报人数存在差额,若本年度项目资金不足,则由怒江州各个县(市)教育局对人数差额及资金缺口进行统计,统一进行清算;若本年度项目存在结余资金,将由各县(市)财政局统一收回,再于次年下拨。

截至2018年底,怒江州获得2018年度14年免费教育专项资金4760万元,14年免费教育学前和普通高中免费教育资金4760万元,受益学生20841人,其中的建档立卡户在园生和高中生均享受了生活费补助。

四 怒江州历年学生资助情况

在所有的教育扶贫政策当中,与学生和家长关系最为紧密的无疑是学生资助政策,它是消除"因学致贫"现象的最有力武器,同时也是"通过教育实现脱贫"的重要保障。因此,课题组把学生资助政策作为课题调研的重点,并集中梳理了2016—2019年怒江州历年的学生资助情况。

(一) 怒江州现行的学生资助政策

根据国家层面的《"三区三州"教育脱贫攻坚实施方案》，家庭经济困难学生的资助工作是教育脱贫攻坚工作的重点所在，对于怒江州来说尤其如此，表 1-10 列出怒江州现有的家庭经济困难学生资助政策。

表 1—10　　怒江州家庭经济困难学生资助政策（Ⅰ）

学段	项目名称	资助对象	资助标准
学前教育	省政府助学金	对家庭经济困难学前教育在园儿童给予省政府助学金资助	300 元/生·年
学前教育	免除保教费 补助生活费	对学前教育 2 年（中班、大班或学前班）在园（班）幼儿免除保教费，并给予建档立卡贫困家庭幼儿生活补助	按每生每年 2200 元标准免除保教费，对建档立卡贫困家庭幼儿按每生每年 1000 元标准补助生活费（不再重复享受省政府助学金）
义务教育	免除学杂费 免费提供教科书	对城乡义务教育阶段学生免除学杂费、免费提供教科书	免学杂费、补助学校公用经费，补助标准为：小学 600 元/生·年，初中 800 元/生·年，特殊教育 6000 元/生·年 免费教科书补助标准为：小学 90 元/生·年，初中 180 元/生·年
义务教育	寄宿生生活补助	对城乡义务教育阶段寄宿学生给予生活费补助	小学：1000 元/生·年 初中和特殊教育：1250 元/生·年
义务教育	农村义务教育营养改善计划	对义务教育阶段农村学生给予营养改善计划膳食补助	800 元/生·年

续表

学段	项目名称	资助对象	资助标准
普通高中教育	国家助学金	对普通高中家庭经济困难学生给予资助，对普通高中建档立卡贫困家庭学生优先给予一等国家助学金资助	一等助学金2500元/生·年 二等助学金1500元/生·年
	免学杂费 免教科书费 免住宿费	对公办普通高中3年在籍在校学生，免除学杂费、住宿费、教科书费 对民办学校，按照当地同类型公办学校免费标准给予补助，高出公办学校免费标准的部分可以按规定继续向学生收取	免费标准：按照每生每年1200元标准免除学杂费，按每生每年160元标准免除住宿费，按照教科书价格的平均数免除国家课程教科书费（2017年为每生450元）
	普通高中建档立卡户学生生活费补助	对普通高中在校建档立卡贫困家庭学生给予生活费补助	3000元/生·年
中等职业教育	国家助学金	对具有中等职业学校全日制学历教育正式学籍的一、二年级在校学生中所有农村（不含县镇）学生、城市涉农专业学生、非涉农城市家庭经济困难学生给予国家助学金资助	2000元/生·年

表1—11　　怒江州家庭经济困难学生资助政策（Ⅱ）

学段	项目名称	资助对象	资助标准
中等职业教育	免学费	对具有中等职业学校全日制正式学籍的一、二、三年级在校生中所有农村（含县镇）学生、城市涉农专业学生、非涉农专业城市家庭经济困难学生（艺术类相关表演专业学生除外）免除学费	按每生每年2000元标准免除学费（民办学校、五年制高职高专、艺术类非表演专业等学费标准高出2000元的部分，可以按规定继续向学生收取）
中等职业教育	中职全覆盖试点生活补助	怒江州农村户籍中职学生，除享受国家免学费和助学金外，省财政对到承担试点任务的学校（27所）就读并纳入普通全日制学籍管理的怒江州农村户籍初中起点中职学生在校期间第一学年、第二学年，高中起点中职学生在校期间第一学年，给予全覆盖生活补助	2500元/生·年
本专科	国家助学金	资助家庭经济困难的全日制普通高校本专科（含高职、第二学士学位）在校学生。对普通高校本专科、民族预科建档立卡贫困家庭经济困难学生给予一等国家助学金资助	一等3500元/生·年 二等2500元/生·年（该项政策由学生所在高校实施）
本专科	学费奖励	对考取一本院校和中央部属院校本科（含预科）和"直过"民族考取专科（含预科）以上的建档立卡户学生给予学费奖励	5000元/生·年
本专科	生源地信用助学贷款	帮助家庭经济困难学生支付在校学习期间学费、住宿费的助学贷款，贷款学生在校期间的贷款利息全部由财政贴息。建档立卡贫困学生就读普通本专科（含预科）或研究生的，无须提交家庭经济困难证明材料即可申请生源地信用助学贷款	最高贷款额度：本专科8000元/生·年，研究生12000元/生·年
研究生	国家助学金	就读研究生的建档立卡贫困家庭学生（有固定工资收入的除外）	硕士6000元/生·年 博士13000元/生·年（该项政策由学生所在高校实施）

（二）2016 年学生资助情况

首先，14 年免费教育政策于 2016 年秋季学期开始在怒江州实施，该年度下达专项资金 1854 万元。怒江州有学前 2 年 8669 名在园幼儿享受免保教费政策，有 8135 名普通高中生享受免学费和免教科书费政策，有 6988 名寄宿生享受免住宿费政策；全州有 2260 名学前教育建档立卡户幼儿享受生活补助，有 1336 名普通高中建档立卡户学生享受生活补助。

其次，困难学生资助工作。有 1024 名学前教育家庭经济困难儿童得到资助，总计金额为 30.72 万元；在义务教育阶段有 63698 名学生全部享受"两免一补"和营养改善计划；在普通高中有 3288 人享受国家助学金，总计金额为 587.1 万元；中职在校生有 2388 人全部享受免学费政策，有 1631 人享受国家助学金，有 1364 人享受中等职业技术学校全覆盖试点生活补助。云南金沙房地产开发有限公司资助高一新生 10 人，标准为每人 1500 元/年；中央专项彩票公益金滋蕙计划资助普通高中在校学生 715 人，资助金额共计 143 万元。

最后，大学生资助工作。2016 年完成大学生入学资助 121 人，发放资助金 7.15 万元；完成云南省优秀贫困学子奖学金项目及精准资助项目，奖励 182 人，总计金额为 91 万元；金沙房地产开发有限公司资助优秀贫困大学新生 10 名，共发放资助金 3 万元；怒江州教育局资助优秀贫困大学生 31 名，资助金额总计 6.62 万元；完成生源地助学贷款 2112 人，累计贷款金额为 1494.28 万元；有 42 人享受云南省普通高等学校毕业到边境县和藏区县基层单位就业学费和国家助学贷款代偿政策，代偿金额为 73.26 万元。

（三）2017 年学生资助情况

首先，14 年免费教育政策全面实施。一是学前教育 2 年免费教育。2017 年怒江州共下达学前教育 2 年免费教育专项资金 2194.9840 万元，共有 9865 名幼儿享受免费教育，有 2260 名建档立卡户幼儿享受生活补助。此外，怒江州还有 1800 名幼儿享受每人 300 元的学前教育家庭经济困难学生资助，资助金额为 53.98 万元。二是怒江州所有义务教育阶段学生享受"两免一补"政策，有 70202 人享受"两免"政策，有55858名寄宿生享受"一补"政策，共下达"两免一补"资金11748.68万元，其中，困难学生生活补助资金5194.79万元，公用经费11012.62万元，免费教科书资金736.06万元。义务教育阶段所有农村学生享受每人每天4元的营养早餐膳食补助，共有246所学校的64518名学生受益，其中小学44275人、初中19170人，共下达资金5061.52万元。三是下达普通高中免费教育资金1605.016万元，其中，免学杂费959.280万元，免教科书费359.730万元，免住宿费115.856万元，建档立卡户学生生活补助170.150万元，全州共有9144名高中生享受免费教育政策，有1685名建档立卡户高中生享受生活补助，还有3281名高中学生享受了总计613.75万元的国家助学金。

其次，中等职业技术学校学生享受免费教育和补助生活费。一是全日制在校中职学生2548人全部享受免学费政策，共下达专项资金367.04万元。二是在具有中等职业学校全日制学历教育正式学籍的一、二年级在校学生中，所有农村（不含县镇）学生、城市涉农专业学生和非涉农城市家庭经济困难学生均享受国家助学金补助政策，标准为每生每年2000元。享受国家助学金的学生共有1788人，占全日制在校学生的68.8%，共下达专项资金304.4万元。三是中等职业技术学校全覆盖试点生活补助。怒江州农村户籍的中职学生，除享受国家免学费和助学金外，每生每年再给予2500元生活补助。2017年，享受中职全覆盖试点生活补助的学生有975人，占全日制在校生的46.56%，共下达专项资金362.75万元。

最后，大学生享受"奖、免、贷、补"资助政策。一是生源地信用助学贷款。2017年怒江州完成生源地信用助学贷款指标2598个，累计发放贷款1921.49万元。二是建档立卡户大学生学费奖励。怒江州共有413名建档立卡户大学生享受5000元/生·年的学费补助，资助金额总计为206.5万元。三是云南省优秀贫困学子奖学金。怒江州共有68名优秀贫困大学生享受奖学金，资助金额总计34万元。四是大学新生入学资助。利用中央彩票公益金资助大学新生114人，资助金额总计6.65万元。五是社会资助。金沙房地产开发有限公司实施优秀贫困大学新生入学资助项目和普通高中跟踪资助项目，受资助学生20人，资助金额总计4.5万元。六是基层就业补偿学费贷款代偿政策。2017年享受代偿政策的大学毕业生有39人，代偿金额总计65.28万元。

(四) 2018年学生资助情况

截至2018年底，怒江州各级各类学校共有建档立卡户学生43793人，其中，学前教育阶段5012人，义务教育阶段33914人，普通高中教育阶段3760人，中职教育阶段1107人。2018年，怒江州共计发放建档立卡户学生资助资金14025.505万元，受益学生84861人次。

首先，截至2018年底，怒江州共计下达学生资助资金24043.36万元，受益学生94863人，其中，14年免费教育学前和普通高中免费教育资金4760万元，受益学生20841人；学前教育家庭经济困难学生资助经费63.99万元，受益幼儿2133人；义务教育公用经费4993.33万元，受益学生70073人；城乡义务教育寄宿生生活补助金5710万元，受益学生55987人；农村义务教育营养改善计划资金4645.29万元，受益学生64518人；普通高中生生均公用经费577.68万元，受益学生9144人；普通高中国家助学金703万元，受益学生2818人；普通高中建档立卡贫困户生活补助资金779.5万元，受益学生3118人；云南省优秀贫困学子和建档立卡贫困户大学生奖励资金468.5万元，受益学生940人；2015年云南省到边境县和藏区县基层单位就业的省属高校毕业生学费和国家助学贷款代偿资金72.46万元，受益41人；2018年怒江州共计受理生源地助学贷款2907人，贷款金额2207.6482万元。

其次，对于怒江州困难家庭考入中央部委直属高校的优秀大学生（含预科）给予每生每年5000元的奖学金。2018年共下达专项资金36万元，受益学生72人。对怒江州考取一本院校本科（含预科）以上、"直过"民族考取专科（含预科）以上的建档立卡贫困户学生给予每生每年5000元学费奖励，2018年共下达资金432.5万元，受益学生868人。实施大学生新生入学资助政策，省内院校新生每人500元，省外院校新生每人1000元，2018年共下达专项资金6.45万元，受益学生113人。实施生源地信用助学贷款政策，每生每年最高可申请贷款8000元，2018年贷款人数2907人，贷款金额总计2207.65万元。设立怒江"青苗计划"之联通助学基金，资助2018年新录取并入学的怒江籍建档立卡户贫困本科生，每生每年5000元，周期为4年，2018年资助了232人，资助总金额为116万元。

（五）2019年学生资助情况

截至2019年底，怒江州的各级各类学校共有建档立卡户学生50288人。其中，学前教育7034人，义务教育37836人，普通高中教育4428人，中职教育990人。

首先，2019年怒江州共计发放学生资助资金（来自各级政府财政）26480.55万元，其中，学前教育学生3297.88万元，义务教育学生16589.89万元，普通高中学生5051.2万元，中职教育学生763.82万元，普通高校大学生777.76万元。与此同时，2019年怒江州还发放了来自社会力量的学生资助资金989.374万元。

其次，2019年怒江州共有1173名学生（不包含泸水市学生）享受了中职教育"雨露计划"资助政策，发放资助金共计393.9万元，福贡县资助学生197人，发放资助金76.7万元；贡山县共资助学生111人，发放资助金45.7万元；兰坪县资助学生865人，发放资助金271.5万元。截至2019年12月，泸水市共收到申请材料569份，尚未核实完毕，因此资助金的发放时间会有所延迟。

最后，2019年怒江州建档立卡户在校学生受资助人数累计达95084人次，资助金总计15724.04万元，其中，学前教育资助12055人次，资助金额为1914.91万元；义务教育资助72915人次，资助金额为10366.35万元；普通高中资助8084人次，资助金额为2925.82万元；中职教育资助2030人次，资助金额为516.96万元。

五 怒江州农村劳动力转移培训情况

农村劳动力转移培训属于职业教育的一个组成部分，它是指农村劳动力在政府部门和社会力量举办的各类职业院校、培训基地和职业技能培训机构所接受的引导性培训、职业技能培训以及岗位培训，培训的形式以短期培训为主，属于非学历职业教育。转移培训有利于提高农村劳动力的综合素质，帮助其掌握至少一门专业技能，从而更好地向非农产业领域转移就业并且获得更多的收益。[①] 因此，对于正在开展脱贫攻坚的"三区三州"深度贫困地区来说，农村劳动力转移培训无疑具有重要的现实意义。

怒江州处于"三江并流"世界自然遗产腹地，60%以上的国土面积被纳入各种保护区（比如高黎贡山国家级自然保护区）的范围，而且山体滑坡、泥石流等自然灾害频发，很多地方并不适合发展农业，更不适合人类居住。因此，怒江州开展了大规模的易地扶贫搬迁工作，涉及贫困人口近10万人，采取进城、入镇和抵边相结合的安置方式，城镇化安置比例达92%，截至2019年1月，已有32856人搬迁入住集中安置点。这些易地扶贫搬迁人口离开了他们的原住地——农村，搬到了新家园——城镇，所以农村劳动力的转移培训成为怒江州非常紧迫的现实任务。[②]

2016—2018年，怒江州共计培训农村劳动力20.5170万人次（其中9.5150万人次为建档立卡户贫困劳动力）。2018年，怒江州全年实际完成培训85988人次，完成率为136.60%（与年初的计划人次相比），2018年计划投入培训资金7075万元，截至2018年底，实际到位资金3123.59万元，完成支出2918.02万元。

2018年，怒江州开展的农村劳动力转移培训具体工作如下。

1. 实用技能培训。计划培训1950人，培训时间为1个月左右，培训经费标准为0.5万元/人。截至12月底，怒江州共培训2782人，完成率为142.67%。计划投入资金975万元，实际到位资金688.14万元。

2. 短期引导培训。计划培训50000人次，培训经费标准为0.1万元/人次。截至12月底，怒江州共培训68820人次，完成率为

[①] 冯明放：《西部地区农村剩余劳动力转移培训实效研究》，西南交通大学出版社2015年版，第18页。

[②] 刘苏荣：《深度贫困地区农村劳动力转移培训面临的困境——基于对云南省怒江州的调查》，《职业技术教育》2020年第3期，第54页。

137.64%，2018年计划投入培训资金5000万元，实际到位资金1993.63万元，完成支出1800.04万元。

3. 州外省内转移就业培训。计划培训8000人次，培训经费标准为0.1万元/人次。截至12月底，怒江州共培训10396人次，完成率为129.95%，2018年计划投入资金800万元，实际到位资金365.48万元，完成支出353.50万元。

4. 省外转移就业培训。计划培训3000人次，培训经费标准为0.1万元/人次。截至12月底，怒江州共培训3990人次，完成率为133%，2018年计划投入资金300万元，实际到位资金76.34万元，完成支出76.34万元。

2019年1—5月，怒江州共培训农村劳动力37270人次，其中，建档立卡户贫困劳动力培训31554人次。按培训方式来分，包括引导培训14028人次、专项培训1039人次、技能培训21931人次、创业培训272人次。

目前，怒江州所开展的短期引导培训的时间一般为7天左右，具体的培训工种有肉猪饲养、农作物病虫害防治、畜禽疾病防控、林地茶叶种植管控、核桃种植、蔬菜田间管理、花椒种植、草果种植、家政服务、砌筑工（短期）、钢筋工、架子工、保安员、安检员、劳务经纪人、民族手工艺品制作、农家菜烹饪、餐厅服务员等。培训地点为各乡（镇）的村委会，培训费用全免，各村委会根据村民的培训意愿选定培训工种，并适时安排组织相关培训。

实用技能培训班的培训时间一般为1个月左右，具体的培训工种有挖掘机、装载机、电焊工、汽车维修、服装缝纫、砌筑工等。同时，也会适时开展电工、混凝土工、手工木工、模具工、美容师、美发师、育婴员、保育员、养老护理员、农村电子商务、劳动关系协调员等的培训。培训对象为具有怒江州本地有效户籍的建档立卡贫困人口劳动力，年龄为16—50周岁，由怒江州内外的一些中标培训项目的专业培训机构统一免费安排食宿（一般是在县城里），培训费用全免，怒江州目前有汽车驾驶修理技术职业培训站、怒江州民族中等专业学校劳动力转移职业培训站、泸水市职业技术学校职业培训站、兰坪县中等职业技术学校职业培训站、兰坪县三江职业培训学校5家职业培训机构。但是，受制于政策上的一些限制（比如必须是建档立卡贫困人口），这种实用技能培训班的参加人数其实并不多。①

第三节 怒江州4个县（市）的教育扶贫工作现状

一 泸水市教育扶贫工作现状

截至2019年底，泸水市共有各级各类学校155所，其中幼儿园96所，小学48所（含教学点6个），初级中学6所，完全中学3所，高级中学1所，特殊教育学校1所。全州共有在校学生35972人，其中幼儿在校生5594人，学前三年毛入园率为72.46%；小学在校学生17917人，小学适龄儿童入学率为99.73%；初中在校学生7788人，初中阶段毛入学率为99.41%；高中在校学生4509人，高中阶段毛入学率为63.45%；特殊教育在校学生164人，残疾儿童入学率为99.38%。

截至2019年底，泸水市共有教职工2668人，其中专任教师2422人，包括小学1199人、初中581人、幼儿园310人、高中317人、特殊教育学校15人。全市学校的占地总面积为1037713平方米，校舍建筑总面积为485146平方米。

（一）教育扶贫专项工程建设

2014—2019年，泸水市积极推进"全面改薄""三区三州"教育专项项目、"义务教育标准化"等教育扶贫专项工程。截至2019年底，泸水市共计投入教育扶贫专项工程资金36349.71万元。

第一，"全面改薄"专项工程累计投入资金18803.71万元，其中校舍改造类资金15679.29万元，教学装备类资金3124.42万元。完

---

① 刘苏荣：《深度贫困地区农村劳动力转移培训面临的困境——基于对云南省怒江州的调查》，《职业技术教育》2020年第3期，第55页。

成校舍及运动场地建设面积122497平方米，完成学生课桌椅、学生用床、信息化设备、生活设施、教学设备等采购投资3124.42万元。

第二，"三区三州"专项工程累计投入资金3829.74万元，其中，校舍、运动场地、护坡、围墙、大门等附属工程类资金2907.98万元，教学装备类资金921.76万元；完成校舍及运动场地建设面积15174平方米，完成教学设备采购投资921.76万元。

第三，"学前教育"专项工程累计投入资金6301.81万元，完成校舍建设面积38062平方米，完成教学设备采购投资314.96万元。

第四，"义务教育标准化"专项工程累计投入资金3996万元，完成校舍及运动场地建设面积30292平方米。

第五，"普通高中改造"专项工程，累计投入资金3418.45万元，完成校舍及运动场地建设面积26882平方米。

（二）学生资助工作

1. 建档立卡户学生享受普通高中国家助学金情况

泸水市2016年共计下达国家助学金120.55万元（675人），2017年共计下达国家助学金115.45万元（623人），2018年共计下达国家助学金117.85万元（473人）。2016年共计下达14年免费教育资金7.4万元。

2017年春季学期，泸水市有建档立卡户学生209人，均已享受普通高中国家助学金，金额共计24.225万元，14年免费教育资金合计受助7.125万元；2017年秋季学期，泸水市有建档立卡户学生410人，均享受普通高中国家助学金，资助金额共计39.4万元；14年免费教育资金合计22.1万元，标准为每学期1500元/人，发放建档立卡户学生生活补助费51.25万元，标准为每学期1250元/人，从2017年秋季学期开始实施。

2018年春季学期，泸水市共有建档立卡户高中学生444人，均全部享受了普通高中国家助学金，总金额为41.9万元；14年免费教育资金共有444人受助，合计受助金额24.7万元，2018年春季学期普通高中建档立卡户学生生活费补助444人，补助资金合计55.5万元。2018年秋季学期，泸水市共有建档立卡户学生521人，均享受了普通高中国家助学金，14 年免费教育资金受助学生人数为 466 人，受助总金额为 28 万元。

2. 普通高中免除学杂费情况

2016 年秋季学期，泸水市共计下达普通高中建档立卡户学生免杂费补助资金 39.36 万元，补助人数为 1125 人；14 年免费教育专项资金共计下达 151.26 万元，补助人数为 1660 人，其中补助建档立卡户学生 148 人。

2017 年，泸水市共计下达普通高中建档立卡户学生免杂费补助资金 126.135 万元，补助人数为 1003 人；14 年免费教育专项资金共计下达 312.308 万元，补助人数为 1660 人，其中补助建档立卡户人数为 210 人。

2018 年，泸水市共计下达普通高中建档立卡户学生免杂费补助资金 74.671924 万元、14 年免费教育专项资金 360.244177 万元，合计 434.916101 万元。

3. 职业技术学校国家助学金及免学费情况

2016 年，泸水市下达中等职业技术学校国家助学金和免学费补助资金 29.4 万元，其中中央财政资金 23.52 万元、省级财政资金 5.88 万元；2017 年，泸水市下达中等职业技术学校国家助学金和免学费资金 62 万元，其中中央财政资金 49.6 万元、省级财政资金 12.4 万元。2018 年，泸水市下达中等职业技术学校国家助学金和免学费资金 43 万元，其中中央财政资金 34.4 万元、省级财政资金 8.6 万元。

4. 生源地助学贷款情况

2016—2019 年，泸水市共计办理生源地助学贷款 2087.1932 万元（2770 人），其中 2016 年办理生源地助学贷款 434.115 万元（592 人），2017 年办理生源地信用助学贷款 512.7 万元（685 人），2018 年办理生源地信用助学贷款 548.2282 万元（722 人），2019 年办理生源地信用助学贷款 592.15 万元（771 人）。

5. 中职教育"雨露计划"实施情况

2017—2018 学年，泸水市共有享受中职教育"雨露计划"补助的学生134人，其中，东西部协作（东部四省）就读16人，每人补助5000元，共8万元；其他省市就读118人，每人补助3000元，共35.4万元。共计43.4万元。

2019年春季学期"雨露计划"资金从2019年度财政涉农资金中安排137.8万元，享受补助学生402名（其中在上海、天津、江苏、广东就读的，每人每年补助5000元；在其他地区就读的，每人每年补助3000元）。

截至2019年12月，泸水市核实2019年秋季学期"雨露计划"第一批享受补助人数423名，预计发放补助资金159.7万元。

（三）14年免费教育政策实施情况

2016年，泸水市下达2016年秋季学期免费教育学前教育、普通高中专项资金401.42万元，其中，学前教育资金250.16万元，普通高中教育资金151.26元。

2017年，泸水市下达2017年学前教育资金530.8403万元，其中，免保教费478.8115万元，生活补助费52.0288万元；下达普通高中教育资金312.316万元，其中，免学杂费199.20万元，免教科书费74.70万元，免住宿费25.2160万元，建档立卡户学生生活补助费14.20万元。

2018年，泸水市下达2018年学前教育资金809.2367万元，其中，免保教费722.7367万元，建档立卡户贫困生生活补助资金86.50万元；下达普通高中教育资金324.57万元，其中，免学杂费166.7520万元，免教科书费79.9020万元，免住宿费25.2160万元，建档立卡户学生生活补助费52.7万元。

2019年，泸水市下达学前教育资金926.08万元，其中，免保教费798.38万元，建档立卡在园幼儿生活补助127.7万元；下达普通高中教育资金352.331万元，其中，免学杂费218.28万元，免教科书费81.855万元，免住宿费26.496万元，建档立卡在校学生生活补助25.7万元。

（四）幼儿园建设

截至2019年底，泸水市共有幼儿园96所，比2016年增加了38

所，在园幼儿从 2016 年的 3946 人增加到了 5594 人，学前三年毛入园率从 56.44% 提升到 72.46%，提高了 16.02 个百分点，并在云南省率先实现了"一村一幼"的办学目标。

（五）乡村教师队伍建设

2016 年，泸水市共计招聘特岗教师 41 人，其中初中教师 14 人、小学教师 16 人、学前教育教师 11 人；招募农村学前教育志愿者 58 人。

2017 年，泸水市共计招聘特岗教师 129 人，其中小学教师 77 人、学前教育教师 32 人、初中教师 20 人；事业单位招聘 7 人，其中专业教师 3 人。泸水一中紧缺学科教师公开向全州遴选 4 人，招募农村学前教育志愿者 81 人。

2018 年，泸水市共计招聘特岗教师 38 人，其中学前教育教师 28 人、初中教师 10 人；事业单位招聘 6 人，其中财务会计 1 人，泸水一中高中紧缺学科教师 5 人；招募农村学前教育志愿者 114 人。

2014—2019 年，泸水市共计招聘"特岗计划"教师 300 人。依托国培、省培、州培、县培、校本培训五级培训进一步加大全市中小学及幼儿园教师培训，2016 年以来，泸水市共计培训教师 23008 人次。

（六）"直过"民族普通话培训

2016—2019 年，泸水市在全市 8 个乡镇 59 个行政村（老窝镇除外）开展了 83 期"直过民族"和人口较少民族地区不通国家通用语言劳动力推广普通话及素质提升培训工作，受训人次共计 12117 人，投入培训资金 386.572 万元。

（七）东西部教育协作

第一，2017—2019 年，珠海市先后选派了 31 名中小学教师到泸水市开展支教工作。

第二，格力小学和格力幼儿园建成并投入使用，建设用地面积为 19017.57 平方米，建筑面积为 10245.39 平方米，总投资为 5300.8313 万元。

第三，珠海市帮扶泸水市培训了 30 名校园长、60 名中小学幼儿园骨干教师和11名教育体育局业务骨干,投入资金90万元。

第四,泸水市在珠海市帮扶下建设了67间智慧校园信息化平台教室,投入资金120万元。

(八) 农村劳动力转移培训

2016年,泸水市开展了以建筑技能、家政服务、中式烹饪、物业管理等为主的农村劳动力技能培训18期、引导性培训80期,共计培训农村劳动力9586人;开展了创业培训6期,共培训了570人。

2017年,泸水市开展各类农村劳动力转移培训180期,共培训农村劳动力20736人(其中建档立卡户劳动力12149人),其中,引导性培训13261人次、专项培训1697人次、职业技能培训4883人次、专项服务培训292人次、经营主培训38人次、创业培训565人次。

2018年1—9月,泸水市共培训农村劳动力18467人次(其中建档立卡户劳动力9610人次),其中,引导性培训8243人次、专项培训2333人次、技能培训7487人次、专项服务培训240人次、经营主培训15人次、创业培训149人次。

(九) 残疾人教育扶贫

截至2019年底,泸水市共有持二代残疾人证的各类残疾人5968人,其中有一级残疾1294人、二级残疾1730人、三级残疾914人、四级残疾2030人,建档立卡户残疾有3290人。

1. 2017年残疾人教育扶贫

2017年,泸水市残联为3名家庭经济困难的残疾高中生和1名残疾大学生发放"通向明天——交通银行残疾青少年助学计划"助学款5000元;为15名残疾人子女及残疾学生发放"云南省残疾人事业专项彩票公益金助学项目"补助款2.1万元;向怒江州残联争取到助学资金共17万元,35名贫困残疾人子女和残疾学生得到了资助。

与此同时,泸水市残联组织了为期一个月的初级电焊工、摩托车维修工二期职业技能培训,累计有60人次的残疾人参加,投入培训经费37.5万元。泸水市残联还分别到洛本卓乡、六库镇、片马镇和鲁掌镇组织开展农村种植和养殖实用技术培训,共计200余人次的残疾人及其家属参加了培训,投入培训经费21万余元。泸水市残联还选送了29名残疾人参加怒江州残联组织的移动电话机维修和保健按摩培训班。

2. 2018年泸水市残疾人教育扶贫

首先,泸水市残联开展了残疾人事业专项彩票公益金助学项目活动,共资助贫困残疾学生和残疾人子女高中生11名、大学新生5名,资助金额合计2.1万元;开展了贫困残疾大学生和重度残疾人(一级、二级)子女助学项目活动,共资助贫困残疾大学生和重度残疾人(一级、二级)子女39名,其中建档立卡户学生21名,资助总金额为20万元。

其次,泸水市残联分别在六库镇、上江镇、大兴地镇和称杆乡举办了四期农村贫困残疾人实用技术培训,培训人数217人,投入培训资金14.3万元;在称杆乡开展了一期农村残疾人青壮年扫盲培训班,培训人数53人,投入培训资金2.1万元。

3. 2019年泸水市残疾人教育扶贫

截至2019年底,泸水市在校就读的残疾儿童少年有166人,另外对13名残疾儿童实行送教上门服务,为46名残疾人大学生、高中生和重度残疾人子女提供就学支持,2019年共计发放助学金23万元。

2019年,泸水市残联根据当地产业结构调整及优势特色产业发展的需求,举办了五期残疾人实用技术培训班,有238名残疾人及残疾人亲属接受培训,投入培训资金20余万元。

二 兰坪县教育扶贫工作现状

截至2019年底,兰坪县共有各级各类学校220所,其中教师进修学校1所,中等职业技术学校1所,高完中2所(含民办1所),普通高中1所,九年一贯制学校1所,初级中学7所,小学13所,教学点71个,幼儿园123所(含民办3所)。共有在校学生38727人,其中职业技术学校学生227人,高中生4480人,初中生8893人,小学18418人,幼儿园6709人。兰坪县的幼儿园从2018年的108所增加到2019年的123所,幼儿生从2018年的6189人增加到2019年的6709

人，2019年的学前三年毛入园率达到了83.07%（2015年仅为39.13%）。小学在校学生18146人，辍学率为0；初中在校学生9005人，辍学1人，辍学率为0.01%；九年义务教育巩固率为95.05%。截至2019年底，兰坪县有高中在校生4480人，比2018年增加了75人，高中毛入学率为83.79%（2015年仅为66.86%）。

（一）教育扶贫工程项目建设

2016—2019年，兰坪县共开工新建校舍34.15万平方米，改扩建运动场10.66万平方米，概算投资14.83亿元。全面消除D级危房校舍7.79万平方米；完成C级不安全校舍加固改造10万平方米。以EPC方式推进实施了62所义务教育学校标准化建设项目；配套建设了11所易地扶贫搬迁安置点学校。

首先，学前教育基础设施建设。通过实施学前教育三年行动计划、新湖乡村幼儿园等项目，实现了全县所有行政村和人口较多的自然村都有幼儿园的目标。全县新建、改扩建幼儿园44所，校舍建设总面积10662平方米，概算总投资2556.8万元。截至2019年底，已完工24所，进入装修阶段的有3所，进入主体施工阶段的有1所，正在开展前期工作的有14所，因生源不足而取消的有2所。

其次，补短板项目建设。兰坪县义务教育阶段学校新建、改扩建学校75所，校舍建设面积为15.32万平方米，运动场建设面积为4.94万平方米，概算投资56106.3万元。截至2019年11月，75所义务教育阶段学校已竣工交付使用72所，校舍竣工总面积14.89万平方米，完成投资5.5亿元；中排乡怒夺小学正在进行主体工程施工；拉古小学正在开展前期工作；兔峨中学的学生宿舍楼正处于装修阶段。

最后，易地扶贫搬迁配套学校建设。根据兰坪县易地扶贫搬迁安置点的建设情况，需投入教育配套设施建设资金40756.9万元，建设11所学校（其中小学1所，九年一贯制学校1所，幼儿园9所），具体包括：（1）城区第三完全小学：规划45个教学班，在校学生2000人，其中寄宿生1600人。规划学校占地面积60亩，规划新建校舍26489平方米、运动场13220平方米，概算投资9953万元。目前，1#、2#、3#教学楼，1#、2#学生宿舍以及学生食堂、教师周转房已全部建成投入使用。(2) 城区九年一贯制学校：学校规划占地面积215.4亩，设置66个教学班，容纳在校学生3000人，新建校舍建筑面积55346.07平方米。城区九年一贯制学校先实施一期项目，截至2019年11月，小学部教学楼已完成主体施工进入装修阶段，小学综合楼正进行三层主体施工，学生食堂正进行二层主体施工。中学部教学楼和综合楼已完成主体施工，正在装修，食堂、学生宿舍楼和图书馆均正在进行二层主体施工。(3) 幼儿园建设情况：根据易地扶贫搬迁规划，需要配套建设9所幼儿园，目前城北区第一幼儿园、城区第三幼儿园、金顶镇石鼓甸幼儿园、白沙村幼儿园、特色小镇幼儿园、营盘镇大水塘幼儿园以及兔峨乡兔峨坝幼儿园均已完工，城北区第一幼儿园和通甸镇易门箐幼儿园正在进行前期工作。

（二）学生资助工作

截至2019年底，兰坪县共有建档立卡户学生18761人，其中，学前教育学生2694人，小学生9330人，初中生4671人，普通高中生1922人，中等职业教育学生144人。

第一，2019年，兰坪县共资助学生18.3046万人次，资助总金额为11345.99万元，其中，学前教育阶段共资助学生10255人次，资助金额为1493.93万元；义务教育阶段共资助学生149409人次，资助金额为7186.26万元；高中阶段共资助学生21992人次，资助金额为2228.19万元；中职教育阶段共资助学生800人次，资助金额为171.46万元；高等教育阶段共资助学生590人次，资助金额为266.15万元。

第二，兰坪县完成2019—2020学年中职教育"雨露计划"资助项目，发放资助金290.8万元，惠及930名在读职业技术学校学生。

第三，2019年，兰坪县共向2013名大学生发放生源地信用助学贷款，贷款总金额为1534.68万元。

第四，2019年，共有9家单位和企业给兰坪县的学生捐资捐物，资助金额为282.468万元，受益学生8000多人。

（三）义务教育信息化工程

2019年，兰坪县通过各种渠道为全县中小学配备了计算机网络教室68间（共有2000台计算机）。截至2019年底，兰坪县的中小学共拥有计算机5705台，其中教学用计算机3959台，中小学生机比为8.03∶1。全县77所中小学共有计算机网络教室84间，3年级以上班级全部开设了信息技术教育课程。

（四）教师队伍建设

首先，兰坪县落实集中连片特困地区乡村教师生活补助政策，2019年上半年共支出资金458.63万元，惠及1671名乡村教师。

其次，2019年兰坪县共完成各类教师培训5484人次，具体包括"国培"计划、"省培"计划、"教师研修网络服务平台"网络培训、兰坪县中小学紧缺学科教师转岗培训、"师德师风"专题网络培训、事业单位教师新进人员培训等各类教师培训。

（五）东西部协作教育帮扶

（1）2019年珠海市提供教育帮扶资金400万元，其中兰坪县（石登中学、通甸中学、通甸中心完小、营盘中心完小、营盘中学、金顶中心完小）与珠海横琴新区6个结对学校（珠海横琴新区第一中学、斗门区乾务镇五山中心小学、珠海市斗门区第四中学、珠海市斗门区白蕉镇中心小学、珠海市斗门区实验中学、珠海市唐国安纪念学校）帮扶项目资金60万元；易地扶贫搬迁学校（城区第三小学）教学一体机购置资金30万元；投入20万元跟岗培训兰坪县中小学骨干教师42人。三项共计110万元。另外290万元用于编外聘用支教教师工资及补助经费，以及城区第三小学教学一体机购置。

（2）东西协作人才帮扶。招聘了15名教师，将其充实到兰坪县义务教育学校开展支教服务（兰坪县民族中学5名，城区第三小学5名，兔峨乡中心学校5名）。

（3）社会帮扶资金350万元。其中兰坪一中"珠海班"奖学金10万元；部分中小学云教育软件使用培训，投入18.33万元；城区第三小学信息化设备及饮水设备购置，投入321.67万元。

（六）控辍保学工作

截至2019年底，兰坪县在义务教育阶段的失辍学学生仅有1人。

（七）"直过"民族普通话培训开展情况

2019年，兰坪县完成了3960名"直过"民族群众普通话培训工作，并完成了16个示范村的创建工作，提高了贫困劳动力使用国家通用语言文字的能力。

（八）农村劳动力技能培训

2016—2018年，兰坪县共组织农村劳动力技能培训133期，共计培训7715人，其中建档立卡贫困人口4860人。

2016年，兰坪县开展培训45期，共计培训2072人（其中建档立卡户贫困人口791人），其中，开展创业培训11期，共计509人；计算机操作培训2期，共计75人；家畜饲养培训3期，共计248人；家政服务培训2期，共计77人；美发培训1期，共计30人；砌筑技术培训3期，共计161人；蔬菜园艺培训2期，共计122人；维修电工培训1期，共计21人；中式烹调培训19期，共计796人；中药材种植培训1期，共计33人。

2017年，兰坪县开展培训22期，计985人（建档立卡贫困人口508人），其中，开展创业培训4期，计160人；家畜饲养培训1期，计44人；家政服务培训3期，计144人；挖掘机培训8期，计193人；劳动力转移就业引导性培训3期，计245人；中式烹调师培训2期，计122人；订单培训1期，计77人。

2018年，兰坪县共开展培训66期，计4658人（建档立卡贫困人口3561人），其中，开展挖掘机技术培训3期，计108人；中式烹调培训29期，计1944人；砌筑技术培训1期，计82人；核桃种植培训8期，计493人；中餐摆台培训5期，计258人；家政服务培训5期，计339人；汽车维修培训1期，计34人；畜禽养殖与疾病预防引导性培训1400人。

（九）残疾人教育扶贫

截至2019年底，兰坪县共有持证残疾人8508人，占全县总人口的3.5%，其中，一级残疾1565人，二级残疾2419人，三级残疾2809人，四级残疾1715人。全县95%的残疾人都居住在农村，一户多残和重度残疾人护理造成全家经济困难的现象较为突出。

1. 残疾儿童就学工作

截至2019年底,兰坪县共有6—15岁残疾儿童304人,已入学302人(其中送教上门81人),未入学2人,入学率达99.34%。听力、视力、智力三类残疾儿童共有88人,均已全部入学,入学率达100%。

2. 残疾学生及残疾人子女助学工作

(1) 2016年,兰坪县残联投入2.55万元,完成了省级残疾人事业彩票公益金助学项目,共计资助18人,其中建档立卡户学生14人;在"助残日"投入9.53万元,完成了对191名高中生的助学工作,其中建档立卡户学生107名;投入50.2万元,完成了对127名残疾大学生和重度残疾人子女的助学工作,其中建档立卡户学生84人;投入交通银行助学项目资金0.4万元,完成了对3名残疾学生的助学工作。

(2) 2017年,兰坪县残联投入0.9万元,完成了省级残疾人事业彩票公益金助学项目,共计资助6人,其中建档立卡户学生3人;在"助残日"投入1.55万元,完成了对31人的助学工作,其中建档立卡户学生18人;投入49.4万元,完成了对残疾大学生和重度残疾人子女的助学工作,共计资助96人,其中建档立卡户学生73人;投入交通银行助学项目资金0.6万元,完成了对4名残疾学生的助学工作。

(3) 2018年,兰坪县在"助残日"投入0.87万元,完成了对29名高中生的助学工作,其中建档立卡户学生15人;投入42.4万元,完成了对84名残疾大学生和重度残疾人子女的助学工作,其中建档立卡户学生64人。

(4) 2019年,兰坪县残联投入彩票公益金2.8万元,对8名残疾高中生、8名残疾大学新生进行助学。与此同时,还投入45.8万元对93名残疾大学生及重度(一、二级)贫困残疾人子女大学生进行助学,其中建档立卡户学生72人。

3. 残疾人职业技能培训

2016年,兰坪县残联举办了1期计60人的残疾人职业技能培训和 1 期计 39 人的残疾人创业培训，其中建档立卡户 23 人；1 期计 29 人的残疾人美发培训，其中建档立卡户 21 人；1 期计 21 人的残疾人维修工培训，其中建档立卡户 16 人。

2017 年，兰坪县残联举办了 1 期计 7 人的残疾人汽车维修培训，其中建档立卡户 6 人；1 期计 25 人的农村实用技术培训；1 期计 11 人的盲人按摩培训，其中建档立卡户 9 人；1 期计 7 人的手机维修培训，其中建档立卡户 5 人；在兔峨乡举办了 1 期计 40 人的种、养殖业技能培训，其中建档立卡户 26 人；在营盘镇举办了 1 期计 60 人的农村实用技术培训，其中建档立卡户 46 人。

2018 年，兰坪县残联举办了 1 期计 48 人的电子商务培训，其中建档立卡户 27 人；1 期计 10 人的盲人小儿推拿培训，其中建档立卡户 4 人；1 期计 4 人的西式面点师培训，其中建档立卡户 2 人。

2019 年，兰坪县残联投入 32 万元，在乡镇上举办了 7 期计 560 人次的残疾人农村实用技术培训；投入 10 万元，开展 1 期计 30 人的职业技能培训；输送 14 人到怒江州残联参加电子商务培训，输送 13 人到怒江州残联参加盲人技能提升培训。

三 福贡县教育扶贫工作现状

截至 2019 年底，福贡县共有各级各类学校 105 所，其中完全中学 1 所，初级中学 4 所，小学 14 所，教学点 1 个，幼儿园 85 所。全县共有在校学生 18559 人（其中建档立卡户学生 10726 人），其中，普通高中生 1146 人，初中生 4134 人，小学生 10392 人，在园幼儿 2887 人。全县共有教职工 1071 人，其中，中学教师 403 人，小学教师 610 人，幼儿园教师 58 人。

（一）控辍保学工作

2019 年，福贡县共劝返失学、辍学学生 129 人，其中，架科底乡 68 人，上帕镇 24 人，子里甲 27 人，马吉乡 5 人，匹河乡 3 人，石月亮乡 2 人。福贡县将县委党校作为复学失学生的集中安置教育点，招收失学或长期辍学后无法随班就读的初中年龄段学生，目前共安置辍失学生 144 人，设置了 4 个教学班。

（二）义务教育学校基础设施建设

第一，"全面改薄"专项建设项目。"十三五"期间，福贡县共涉及校舍建设面积50774平方米，截至2019年底，已完工48274平方米，完工率95.07%。其中校舍26个单体，批复资金4613.31万元，面积24680平方米；已完工24个单体，22180平方米，投资5054.01万元；正在建设2个单体，计2500平方米，完成投资450万元。另外，还涉及室外运动场建设项目19个，批复面积26094平方米，批复资金738.03万元，已完工19个，建设面积31096平方米，投资1935.38万元，完工率100%。截至2019年11月，全县20所义务教育学校的"20条办学底线"要求均已全部达到。

第二，"三区三州"专项建设项目。福贡县共涉及32个项目，截至2019年底，已开工27个项目，开工率84.44%，完工19个项目，完工率59.38%，其中，校舍7个单体项目，批复资金1088.5万元，面积4002平方米；完工2个项目，100平方米，投资28万元。正在建设3个单体项目，面积3800平方米，完成投资420万元，正在做前期工作的有2个项目，面积102平方米。此外，还有8个室外运动场建设项目，批复面积7133平方米，批复资金214万元；已完工5个项目，完成建设面积3333平方米，投资100万元；正在做前期工作的有2个项目，建设面积2700平方米。

第三，义务教育信息化建设。截至2019年底，福贡县义务教育阶段5所初中和14所完小实现了光纤网络"千兆到校、百兆到班"目标，惠及311个教学班级，"云上教育"平台为全县中小学教师建立并开通了个人空间。初中和小学教学班级的多媒体教学一体机配备率为96.14%，其余12个班级的设备配置工作正在推进之中。在设备全部投入使用之后，福贡县义务教育阶段的所有教学班级将实现多媒体LED一体机全覆盖。

（三）学前教育

1. 基础设施建设

2019年，福贡县在贫困村建设了36所幼儿园，共计投入资金1605.8万元。其中，马吉乡4所，投入180万元；石月亮5所，投入

210 万元；鹿马登乡 2 所，投入 72.24 万元；上帕镇 9 所，投入 523.06 万元；架科底乡 6 所，投入 220.5 万元；子里甲乡 5 所，投入 210 万元；匹河乡 5 所，投入 190 万元。

2. 免保教费

按 2200 元/生·年的标准免除保教费，2019 年福贡县共免除保教费 575.08 万元，受益幼儿 2614 人。

3. 贫困生资助

（1）对在幼儿园、学前教育教学点就读的家庭经济困难儿童、孤儿和残疾儿童（按上一年的幼儿生数 10% 下达）予以 300 元/生·年的资助。2019 年，福贡县支出学前教育家庭经济困难资助金 12.33 万元，受益幼儿 411 人。

（2）建档立卡贫困户学前教育儿童按 1000 元/生·年的标准给予生活补助。2019 年福贡县共计发放建档立卡户学生生活费 145.2 万元，受益幼儿 1452 人。

截至 2019 年 6 月，福贡县共有在园幼儿 2887 人，学前一年毛入园率为 115.42%，学前三年毛入学率为 55.52%。

（四）高中教育

2019 年开展了福贡县第一中学晋级升等工作，争取实现一级三等完全中学的晋升目标；2019 年福贡县高中招生人数为 751 人，比 2018 年增加了 301 人。

（五）学生资助工作

2016—2019 年，福贡县共计发放学生资助金 13515.13 万元。其中，发放学前教育家庭困难幼儿助学金 35.04 万元，学前两年免保育费补助资金 1766.73 万元，城乡义务教育阶段寄宿生生活补助资金 4888.66 万元，义务教育阶段免费教科书补助资金 649.72 万元，营养餐补助资金 4182.08 万元，高中建档立卡户学生生活补助资金 150.45 万元，高中免学费资金 539.44 万元，"雨露计划"资金 51.3 万元，人口较少民族学生生活补助资金 284.06 万元。2019 年，福贡县共计发放生源地信用助学贷款资金 21.58 万元（280 人），普通高校建档立卡贫困户家庭经济困难学生学费奖励，复审 2016—2018 年的大学生 180 人，奖励资金总计 90 万元已经下达。

（六）教师队伍建设

首先，2019 年福贡县第一中学前往昆明召开高中紧缺学科教师现场招聘会，按照"择优聘用"的原则，分两批共招聘引进高中紧缺学科教师 33 人。其次，2019 年福贡县安置免费师范生 4 人，做好了 26 位服务期满特岗教师的入编安置工作。最后，2019 年 1—9 月福贡县共开展教师培训 1449 人次。

（七）东西部协作教育帮扶

首先，互访交流。2019 年 2 月，福贡县民族中学一行 10 人到珠海斗门区第二中学开展为期一个星期的学习交流。2019 年 5 月，珠海市高新区金鼎第一小学教学骨干到福贡县马吉乡完小开展送教交流活动。

其次，实施"粤教云"项目。2019 年向"粤教云"项目首期试点学校福贡县民族中学和省定民族完小投入资金 30 万元，帮助学校建设互动课堂系统及智慧课堂移动教学系统，开展双向互动教学教研活动。2019 年珠海市慈善总会向石月亮乡完小捐赠 500 双鞋子，珠海市农产品流通协会向福贡县架科底乡中心学校捐赠助学资金 37.6 万元。

最后，教育建设项目资金帮扶。截至 2019 年底，珠海市斗门区、高新区对口福贡县教育扶贫协作项目的资金已经全部到位，具体包括：（1）乡村学前教育点建设项目，投入资金 200 万元。在马吉乡旺基独村施见、石月亮乡米俄洛村亚格腊、上帕镇施底村古米底、匹河乡果科村腊户等自然村分别修建 1 个学前教育点。（2）资助福贡籍农村贫困大学新生项目，投入资金 50 万元。（3）义务教育"普职教育融合"班开办，投入资金 177.4 万元。（4）2019—2020 学年新开办幼儿园所需设施设备采购项目，投入资金 57.32 万元。（5）子里甲乡完小等 4 所学校设备采购项目，投入资金 50 万元。（6）福贡县义务教育学校的学生课桌椅采购项目，投入资金 64.8 万元。（7）福贡县中小学校卫生间改造项目，投入资金 215.2 万元。

(八) 农村劳动力技能培训

2018 年，福贡县开展了农村劳动力技能培训 43 期，共计培训 4893 人，均为建档立卡户农村劳动力。

1. 取得职业资格证书的有 653 人，其中，在电焊技术方面培训了 157 人（上帕镇达友村 83 人、鹿马登乡拉马得村 74 人）；在建筑技术方面培训了 496 人，包括架科底乡达大科村 81 人、匹河乡普洛村 253 人、匹河乡沙瓦村 81 人、匹河乡知子罗村 81 人。

2. 取得培训合格证书的有 4240 人，其中，在畜禽疾病防控方面培训了 1867 人，具体包括：马吉乡古当村 179 人、马吉乡木加甲村 169 人、马吉乡布腊村 108 人、马吉乡乔底村 165 人、架科底乡南安建村 126 人、子里甲乡金秀谷村 46 人、子里甲乡俄科罗村 305 人、石月亮乡知洛村 131 人、石月亮乡左洛底村 114 人、匹河乡果科村 202 人、上帕镇施底村 32 人、上帕镇达普洛村 138 人、上帕镇木古甲村 62 人、上帕镇腊竹底村 90 人；在中草药种植方面培训了 191 人，具体包括：石月亮乡石门登村 60 人、上帕镇珠明林村 73 人、上帕镇知子洛村 58 人；烹饪培训了 893 人，具体包括：上帕镇古泉村 64 人、上帕镇达友村 39 人、上帕镇上帕村 87 人、马吉乡旺基独村 93 人、马吉乡马吉米村 55 人、鹿马登乡拉马得村 84 人、鹿马登乡赤洒底村 99 人、石月亮乡左洛底村 81 人、匹河乡普洛村 82 人、匹河乡棉谷村 22 人、匹河乡知子罗村 100 人、匹河乡沙瓦村 87 人；农作物种植培训了 1289 人，具体包括：上帕镇腊务村 69 人、上帕镇知子洛村 186 人、子里甲乡金秀谷村 226 人、子里甲乡俄科罗村 294 人、匹河乡架究村 161 人、匹河乡瓦娃村 233 人、石月亮乡资古朵村 72 人、石月亮乡左洛底村 48 人。

(九) 残疾人教育扶贫

截至 2018 年底，福贡县共有各类残疾人 5237 名，占全县总人口的 4.5%，其中，肢体残疾者 1999 名，听力言语残疾者 1224 名，视力残疾者 825 名，智力残疾者 331 名，精神残疾者 200 名，多重残疾者 658 名。

2018 年，福贡县在义务教育阶段随班就读的残疾学生有 81 人，其中，就读高中（中专）的有14人，就读怒江州特殊教育学校的有28人，就读大专及以上的有4人，学前教育有4人。2018年，福贡县残联扶持残疾学生及残疾人子女就学41人，其中建档立卡户21人，扶持资金总计10.9万元。

福贡县残联在2018年举办了12期残疾人实用技术培训，受训人数为443人，涉及建档立卡户222人，共投入资金19万元，其中，草果种植与管理技术培训6期，参训223人，其中建档立卡户106人，投入资金4.5万元；烹饪技术培训3期，参训137人，其中建档立卡户101人，投入资金11.5万元；茶叶种植与管理技术培训1期，参训41人，其中建档立卡户10人，投入资金0.8万元；缝纫技术培训1期，参训17人，其中建档立卡户1人，投入资金1.2万元；种植养殖技术培训1期，参训26人，其中建档立卡户4人，投入资金1万元。选派参加州级培训3期，参训11人，其中，盲人小儿推拿培训1期，参训2人；西式糕点培训1期，参训3人；刺绣培训1期，参训6人。

四 贡山县教育扶贫工作现状

截至2019年底，贡山县共有各级各类学校34所，其中，完全中学1所，初级中学1所，九年一贯制学校2所，乡镇中心完小3所，校点学校7个，乡镇中心幼儿园5个，村级幼儿园15个；共有在校学生5513人（其中建档立卡学生2926人），具体包括：小学生2750人，初中生1321人，幼儿园学生954人，高中生488人。全县有教职工562人，其中专任教师541人。小学适龄儿童入学率为99.96%，初中阶段毛入学率为103.62%，九年义务教育巩固率为95.32%。

贡山县于2019年9月实现控辍保学"清零"，目前贡山县义务教育阶段的失学辍学人数为0。

（一）教育扶贫专项项目建设情况

首先，完成了义务教育"全面改薄"任务。贡山县在2017年完成了所有中小学校校舍危房改造项目，消除了全县教育系统所有的C、D级危房，配足配齐了薄弱学校的教学设备、设施，共计投入资金4400万元。2017年底，贡山县顺利通过义务教育均衡发展国家督导评估，全县所有义务教育学校都达到了办学"20条底线"的要求。

其次，推进义务教育阶段基础设施建设项目，投入资金共计980万元，其中，2019年改扩建2所学校教师住宿楼，即茨开镇中心学校教师住宿楼和捧当乡中心学校教师住宿楼；2020年建设贡山一中塑胶跑道及足球场。

最后，贫困村学前教育基础设施建设，2019年新建5所、改建3所村级学前幼儿园，总计投入资金1719.81万元，新建校舍面积2956平方米，加固校舍面积为800平方米，运动场建设面积为3300平方米，目前均已投入使用。

（二）学生资助政策

截至2019年底，贡山县共有义务教育阶段在校学生4071名（其中建档立卡户学生2299人），其中，小学在校生2750人，初中在校生1321人。

2017—2019年，贡山县学生共接受各类资助金1135.38万元，受益学生达到17750人次，其中，2017年接受各类资助金共计282.05万元，受益学生6925人次；2018年接受各类资助金共计394.37万元，受益学生5766人次；2019年接受各类资助金共计458.96万元，受益学生5059人次。

2017—2019年，贡山县共办理生源地信用助学贷款332.56万元，受益学生440人次，其中，2017年办理生源地信用助学贷款94.42万元，受益学生127人次；2018年办理生源地信用助学贷款112.2万元，受益学生148人次；2019年办理生源助学贷款125.94万元，受益学生165人次。

除了中央和省级财政资金的补助之外，贡山县级财政还补助寄宿制学生生活费，对独龙江乡的寄宿制学生每生每年补助600元生活费，对其他乡（镇）学生每生每年补助450元生活费。

（三）教育信息化

2019年贡山县新增学生电脑31台，全县目前可用的学生电脑一共有1055台，达到了生机比5∶1的义务教育均衡发展的基本要求。

此外，2019年贡山县完成了16所学校"千兆进学校"，127个班级"百兆进教室"的网络建设任务。

（四）学前教育

贡山县在没有项目资金的前提下，以委托代建形式，于2018年12月开工新建5所、改建3所共8所农村幼儿园，总投入资金1719.81万元，新建校舍面积为2956平方米，加固校舍面积为800平方米，运动场建设面积为3300平方米。截至2019年底，均已全部建成投入使用，对全县26个村委会实现了学前教育全覆盖。截至2019年底，贡山县共有在园幼儿954人，学前一年毛入园率为105.01%，学前三年毛入园率为74.10%。

（五）职业教育

2017年，贡山县完成"两后生"职业教育输送入学178人，送生入学率为77.4%；2018年完成"两后生"职业教育输送入学141人，送生入学率为77.4%；2019年完成"两后生"职业教育输送入学121人，送生入学率为91%。落实了2018年职业教育"雨露计划"，资助资金22.8万元，资助学生76人；落实2019年职业教育"雨露计划"，资助资金45.7万元，资助学生111人。

（六）师资队伍建设

2017—2019年，贡山县共招聘新教师69人。其中，2017年共招聘新教师38人，其中人才引进7人，特岗教师招聘31人；2018年共招聘新教师14人，其中人才引进8人，事业编招考4人，公费师范生毕业2人；2019年共招聘新教师17人，其中人才引进4人，特岗教师招聘9人，事业编招考1人，公费师范生毕业3人。2019年，贡山县通过"国培"计划、"省培"计划、"州县培"计划等形式培训教师1241人次。

（七）东西部教育帮扶

2018年，按照东西部教育帮扶协议，举办了两期贡山县骨干教师、校（园）长赴珠海市培训活动，共计培训教师15人、校（园）长4人；珠海市派出2名教师在贡山一中任教；珠海市红旗镇为丙中洛镇完小的所有教室各配备了2台柜式空调，珠海市金湾区政协为贡山一中、茨开镇完小捐赠人民币10万元。此外，珠海市还投入资金45.1万元为贡山一中建立了课程录播系统。2018年6月，珠海市金湾区捐赠48万元用于建设丙中洛镇中心学校的录播室。珠海市金湾区帮助贡山县建立了初中语文、数学、英语、物理、化学5个学科的"名师工作室"，并帮助解决工作经费10万元。2018年7月，珠海市金湾区向贡山一中捐赠了价值25万元的课桌椅1000套，以及价值6万元的3000册图书。2018年10月，贡山县选派了23名校（园）长和骨干教师到珠海市跟岗培训，珠海市从金湾区选派了两位教师到贡山一中任教。

2019年，实施了丙中洛中学建设项目（空调、教学器材设施、名师工作室）、普拉底乡中心学校建设项目（变压器安装、录播室、金湾班夏令营、学生食堂修缮改造）、茨开镇中心学校食堂建设项目、贡山一中教师备课电脑及桌椅采购项目，共投资247万元，目前已经全部投入使用。举办了两期贡山县骨干教师、校（园）长赴珠海市培训活动，培训教师15人、校（园）长4人。贡山县共选派23名校（园）长和骨干教师到珠海市跟岗培训。珠海市得理慈善基金会向贡山县乡村幼儿园捐赠电子琴28台。

（八）农村劳动力转移培训

2016年，贡山县开展了10期农村劳动力转移培训，共计培训823人，其中有"直过"民族810人，建档立卡户99人，培训的工种主要有美发、建筑类、厨艺、家电维修和藤器制作。

2017年，贡山县组织了14期农村劳动力转移培训，包括13期技能培训和1期引导性培训，共培训831人，其中"直过"民族参加培训823人，建档立卡户参加培训232人，技能培训工种有家政服务、建筑技能、中蜂养殖技术、中式烹饪。根据珠海市对口帮扶怒江州技能培训计划，在普拉底乡禾波村开展了1期计59人参加的厨艺技能培训。贡山县与珠海金湾区联合开展了2017年金湾区对口帮扶贡山县"百名技能人才"技能培训工作，组织贡山县三乡两镇的25人培训挖掘机操作工技能，培训农家乐带头人10人、峡谷生态产业经营管理人才24人、酒店管理人才20人和乡村旅游导游人才20人。

2018年，贡山县针对易地扶贫搬迁群众开展了家政服务和养老护理等培训工作。同时，珠海市金湾区结合易地扶贫搬迁城镇化集中安置和产业发展的需要，帮助贡山县开展乡村旅游导游人才、酒店管理人才、农家乐带头人、峡谷生态产业经营管理人才、农村电商经营人才和工程机械操作员技能培训。2018年，开展了中草药种植、畜禽疾病防控、重楼种植、手工艺、木工等农村劳动力实用技术培训，共培训12期计2566人次，其中建档立卡户2070人次。此外，全县还完成了农村劳动力素质能力提升引导性培训，培训了8042人次。

（九）残疾人教育扶贫

2017年，贡山县残联开展的残疾人实用技能培训包括：羊肚菌培训2期计140人，养殖培训2期计70人，竹编培训1期计30人，摩托车修理培训1期计40人，残疾人联络员业务培训1期计38人，盲人定向行走培训1期计30人。

2018年，贡山县举办了4期残疾人实用技能培训班，其中种养殖技术培训2期，技能提升培训2期，参训学员150多人。同年，贡山县为当地大中专困难残疾人学生及困难残疾人子女学生进行了教育救助，总共资助了16名困难残疾人学生及残疾人子女学生，其中专科生10人，每人资助4000元；本科生6人，每人资助6000元。2018年，贡山县残疾儿童随班就读学生有34人，入学率达到了90%，该年3月还输送了一名独龙江乡巴坡村委会的盲童到怒江州特殊教育学校就读。

2019年，贡山县残联举办了7期实用技能培训，共计208名残疾人及残疾人亲属代表参加，其中，缝纫机技能培训1期计36人，农家书屋管理员培训1期计28人，电子商务培训2期计42人，养殖技术培训1期计22人，美发美甲技能培训1期计40人，割草机培训1期计38人，缝纫技能培训1期计36人。

截至2019年底，贡山县共有各类残疾学生64人，其中，在本县就读小学到高中阶段的有35人，就读怒江州特殊教育学校的有9人，送教上门的有5人，残疾大专生有14人，残疾中专生有1人。

表1—12　　贡山县历年17岁以下残疾学生教育扶贫情况

序号	时间（年）	残疾儿童（人）	送教上门（人）	就学资助（人）
1	2016	62	4	5
2	2017	65	5	4
3	2018	65	5	7
4	2019	64	5	9

第二章 怒江州教育扶贫政策实施效果的田野调查

为充分了解怒江州教育扶贫政策的实施效果,2018年7月至2019年6月,课题组在怒江州4个县(市)的各级各类学校,以及19个村委会进行了广泛的田野调查。课题组共计发放调查问卷1685份,实际收回有效问卷1623份,有效问卷收回率为96.32%。在1623份有效问卷中,包含了259份少数民族学生家庭调查问卷、518份教师调查问卷和846份学生调查问卷。

鉴于学生家庭是教育扶贫政策的直接受益者,课题组对怒江州下辖的4个县(市)的少数民族学生家庭进行了问卷调查,原则上每个县(市)调查2个乡镇,每个乡镇调查2个村委会,而最终课题组的问卷调查实际上覆盖了9个乡镇和19个村委会,共计发放调查问卷270份,收回有效问卷259份。

教师是教育扶贫工作的参与者,同时也是受益者,因此课题组对怒江州的城乡学校教师进行了广泛的问卷调查,涉及了怒江州4个县(市)的县城普通学校和幼儿园、职业技术学校、乡镇学校和幼儿园、农村学校和幼儿园,这里的农村学校和幼儿园是指不在乡(镇)政府所在地的村办小学和幼儿园。课题组共计发放教师调查问卷530份,收回有效问卷518份,其中包括了204份县城普通学校(含幼儿园)教师调查问卷、53份职业技术学校教师调查问卷、151份乡镇学校(含幼儿园)教师调查问卷、110份农村学校(含幼儿园)教师调查问卷。

与此同时,课题组还对怒江州的普通中学学生和职业技术学校学生进行了问卷调查,涉及怒江州 4 个县(市)的 5 所县城普通中学、4 所乡镇初中和 1 所职业技术学校,共计发放调查问卷 885 份,收回有效问卷 846 份,其中包括 681 份普通中学生调查问卷和 165 份职业技术学校学生调查问卷。

第一节 少数民族学生家庭的问卷调查情况

一 少数民族学生家庭的基本情况

课题组向怒江州的 270 户少数民族学生家庭发放了调查问卷,每户发放 1 份,实际收回有效问卷 259 份。在 259 户少数民族学生家庭中,建档立卡贫困户 196 户,所占比例为 75.68%。在 259 位接受问卷调查的学生家长的性别结构方面,男性有 157 人,女性有 102 人;在年龄结构方面,30 岁及以下的有 30 人,31—40 岁的有 92 人,41—50 岁的有 80 人,51 岁及以上的有 57 人;在文化程度方面,没读过书的有 48 人,小学学历的有 112 人,初中学历的有 84 人,高中学历的有 13 人,大专以上学历的有 2 人,初中及以下文化程度的学生家长占了 94.21%。在民族结构方面,怒族和傈僳族家庭是较多的,分别有 88 户和 85 户(见表 2—1)。

表 2—1　　　　少数民族学生家庭的民族结构　　　　　(户)

乡镇	村委会	调查户数	傈僳族	白族	怒族	普米族	独龙族	彝族	藏族	其他民族
贡山县独龙江乡	巴坡村	6	1	1	1		3			
	孔当村	9	1				8			
	献九当村	5					5			
贡山县丙中洛镇	丙中洛村	15	4		6		1		3	1
	秋那捅村	15			15					
贡山县捧当乡	闪当村	20	1		18					1
	迪麻洛村	10	10							

续表

乡镇	村委会	调查户数	傈僳族	白族	怒族	普米族	独龙族	彝族	藏族	其他民族
福贡县匹河乡	老姆登村	9		5	2	2				
	架究村	23			23					
福贡县子里甲乡	子里甲村	19	6		13					
	腊母甲村	12	12							
泸水市大兴地镇	鲁奎地村	14	3	6	3	2				
	自扁王基村	16	3	5	5	2	1			
泸水市秤杆乡	双奎地村	13	13							
	白地村	17	17							
兰坪县河西乡	大羊村	11				11				
	玉狮村	15	11	1	1	2				
兰坪县通甸镇	通甸村	15	1	12					1	1
	河边村	15	2		1	4				8
合计		259	85	30	88	23	18	1	3	11

在259户少数民族学生家庭中，年人均可支配收入在3000元以下的家庭有166户，占64.09%；3000—3499元的家庭有60户，占23.17%；3500—3999元的家庭有20户，占7.72%；4000元及以上的家庭有13户，占5.02%（见表2—2）。接近三分之二的家庭年人均可支配收入在3000元以下，这说明259户少数民族学生家庭的整体经济状况是非常差的，其中最糟糕的是福贡县匹河怒族乡的架究村委会，该村委会的23户被调查家庭均为怒族家庭，其中91.30%的家庭的年人均可支配收入不足3000元。

表2—2　　少数民族学生家庭的年人均可支配收入情况

乡镇	村委会	调查户数（户）	不到3000元	3000—3499元	3500—3999元	4000元及以上
贡山县独龙江乡	巴坡村	6	3	2		1
	孔当村	9	6	1	1	1
	献九当村	5	3	2		
贡山县丙中洛镇	丙中洛村	15	8	5		2
	秋那捅村	15	8	3	3	1
贡山县捧当乡	闪当村	20	11	7	1	1
	迪麻洛村	10	7	2	1	
福贡县匹河乡	老姆登村	9	4	3	1	1
	架究村	23	21	1	1	
福贡县子里甲乡	子里甲村	19	15	3	1	
	腊母甲村	12	10	2		
泸水市大兴地镇	鲁奎地村	14	3	5	6	
	自扁王基村	16	11	4		1
泸水市秤杆乡	双奎地村	13	6	4		3
	白地村	17	15	2		
兰坪县河西乡	大羊村	11	6	3	1	1
	玉狮村	15	10	4	1	
兰坪县通甸镇	通甸村	15	8	3	3	1
	河边村	15	11	4		
合计		259	166	60	20	13

从259户少数民族学生家庭的收入来源看，传统农业依然是它们的主要收入来源，这也是导致259户家庭整体经济状况较差的主要原因。其中，家庭主要收入来源为"种植粮食"的有155户，占59.85%；家庭主要收入来源为"种植经济作物"的有41户，占15.83%；家庭主要收入来源为"外出务工"的有30户，占11.58%（见表2—3）。

表2—3　　　　　　少数民族学生家庭的主要收入来源　　　　　　（户）

乡镇	村委会	调查户数	种植粮食	种植经济作物	养殖业	外出务工	其他
贡山县独龙江乡	巴坡村	6	1	4		1	
	孔当村	9	8			1	
	献九当村	5	1	4			
贡山县丙中洛镇	丙中洛村	15	3	5		3	4
	秋那捅村	15	8	1	2	2	2
贡山县捧当乡	闪当村	20	12	2	2	3	1
	迪麻洛村	10	5	1		2	2
福贡县匹河乡	老姆登村	9	3	2	1	2	1
	架究村	23	11	11			1
福贡县子里甲乡	子里甲村	19	11	2	2	1	3
	腊母甲村	12	7		2	2	1
泸水市大兴地镇	鲁奎地村	14	13		1		
	自扁王基村	16	11			5	
泸水市秤杆乡	双奎地村	13	7		1	2	3
	白地村	17	17				
兰坪县河西乡	大羊村	11	10			1	
	玉狮村	15	9	5			1
兰坪县通甸镇	通甸村	15	8	1		3	3
	河边村	15	10	3		2	
合计		259	155	41	11	30	22

二　少数民族学生家庭的教育支出情况

在259户少数民族学生家庭中，每年的平均教育支出在3000元以下的有141户，占54.44%；3000—4999元的有55户，占21.24%；5000—6999元的有14户，占5.41%；7000—9999元的有18户，占6.95%；10000元以上的有31户，占11.97%（见表2—4）。

表 2—4　　　　少数民族学生家庭的年平均教育支出

乡镇	村委会	调查户数（户）	3000元以下	3000—4999元	5000—6999元	7000—9999元	10000—14999元	15000元及以上
贡山县独龙江乡	巴坡村	6	4	2	0			
	孔当村	9	6	2	1			
	献九当村	5	4	0	0		1	
贡山县丙中洛镇	丙中洛村	15	9	2	2		1	1
	秋那捅村	15	7	2	2	1	3	
贡山县捧当乡	闪当村	20	9	5	1	1	1	3
	迪麻洛村	10	6	1		2	1	
福贡县匹河乡	老姆登村	9	4	4	1			
	架究村	23	16	5	1			1
福贡县子里甲乡	子里甲村	19	11	4		3	1	
	腊母甲村	12					1	
泸水市大兴地镇	鲁奎地村	14	6	6			1	1
	自扁王基村	16	13	1			2	
泸水市秤杆乡	双奎地村	13	4	8			1	
	白地村	17	9	7	1			
兰坪县河西乡	大羊村	11	4	1	1	3	2	
	玉狮村	15	11	1		2	1	
兰坪县通甸镇	通甸村	15	3	1	3	4	1	3
	河边村	15	6	1	1	2	2	3
合计		259	141	55	14	18	19	12

在259户少数民族学生家庭中，对于"能否承担孩子的教育支出"这个问题，认为"完全能承担"的仅有42户，占16.22%；认为"勉强能够承担"的有151户，占58.30%；认为"承担不起"的有66户，占25.48%（见表2—5）。

表2—5　　少数民族学生家庭在教育方面的经济负担情况　　　　（户）

乡镇	村委会	调查户数	承担不起	勉强能够承担	完全能承担
贡山县独龙江乡	巴坡村	6	1	3	2
	孔当村	9		8	1
	献九当村	5	2	3	
贡山县丙中洛镇	丙中洛村	15	2	8	5
	秋那捅村	15	11	4	
贡山县捧当乡	闪当村	20	3	12	5
	迪麻洛村	10	3	7	
福贡县匹河乡	老姆登村	9		8	1
	架究村	23	3	9	11
福贡县子里甲乡	子里甲村	19	6	10	3
	腊母甲村	12	3	8	1
泸水市大兴地镇	鲁奎地村	14	4	10	
	自扁王基村	16	3	7	6
泸水市秤杆乡	双奎地村	13	4	9	
	白地村	17	5	12	
兰坪县河西乡	大羊村	11	4	5	2
	玉狮村	15	2	12	1
兰坪县通甸镇	通甸村	15	4	11	
	河边村	15	6	5	4
合计		259	66	151	42

三　少数民族学生家庭对当地教育扶贫工作的评价

在259户少数民族学生家庭中，认为当地学校的教育质量"比较好"的有144户，占55.60%；认为"一般"的有109户，占42.08%；认为"比较差"的有6户，占2.32%（见表2—6）。认可度较高的是独龙江乡的献九当村委会和丙中洛镇的秋那捅村委会，均为80.00%，认可度最低的是匹河怒族乡的老姆登村委会，仅为22.22%。

表2—6　　少数民族学生家庭对当地学校教育质量的评价　　　　（户）

乡镇	村委会	调查户数	比较好	一般	比较差
贡山县独龙江乡	巴坡村	6	4	2	
	孔当村	9	1	8	
	献九当村	5	4	1	
贡山县丙中洛镇	丙中洛村	15	11	4	
	秋那捅村	15	12	3	
贡山县捧当乡	闪当村	20	10	10	
	迪麻洛村	10	4	6	
福贡县匹河乡	老姆登村	9	2	5	2
	架究村	23	18	5	
福贡县子里甲乡	子里甲村	19	10	9	
	腊母甲村	12	7	5	
泸水市大兴地镇	鲁奎地村	14	4	10	
	自扁王基村	16	9	7	
泸水市秤杆乡	双奎地村	13	5	8	
	白地村	17	11	6	
兰坪县河西乡	大羊村	11	8	2	1
	玉狮村	15	10	5	
兰坪县通甸镇	通甸村	15	4	9	2
	河边村	15	10	4	1
合计		259	144	109	6

在259户少数民族学生家庭中，认为当地教育事业存在的不足是"学校离家太远"的有111户，占42.86%；认为是"高中数量少"的有62户，占23.94%；认为是"教育基础设施差"的有48户，占18.53%；认为是"教育质量差"的有23户，占8.88%；认为是"幼儿园数量少"的有15户，占5.79%（见表2—7）。

表2—7 当地教育事业存在的不足 (户)

乡镇	村委会	调查户数	学校离家太远	教育质量差	教育基础设施差	高中数量少	幼儿园数量少
贡山县独龙江乡	巴坡村	6	1	1		4	
贡山县独龙江乡	孔当村	9	2	1	4	1	1
贡山县独龙江乡	献九当村	5	2		2	1	
贡山县丙中洛镇	丙中洛村	15	4	2	2	6	1
贡山县丙中洛镇	秋那捅村	15	10		2	3	
贡山县捧当乡	闪当村	20	11		3	4	2
贡山县捧当乡	迪麻洛村	10	4	1	3	2	
福贡县匹河乡	老姆登村	9	6	1		2	
福贡县匹河乡	架究村	23	10	2	5	4	2
福贡县子里甲乡	子里甲村	19	10	2	4	2	1
福贡县子里甲乡	腊母甲村	12	7		3	2	
泸水市大兴地镇	鲁奎地村	14	4		4	5	
泸水市大兴地镇	自扁王基村	16	5	2	2	6	1
泸水市秤杆乡	双奎地村	13	2		3	7	1
泸水市秤杆乡	白地村	17	8		1	7	1
兰坪县河西乡	大羊村	11	8	1		2	
兰坪县河西乡	玉狮村	15	7		5	1	2
兰坪县通甸镇	通甸村	15		7	2	2	
兰坪县通甸镇	河边村	15	6	3	3	1	2
合计		259	111	23	48	62	15

对于"家庭劳动力接受职业技能培训的情况"这一问题,在259户少数民族学生家庭中,选择"很少且有效果"的有114户,占44.01%;选择"没有接受过"的有93户,占35.91%(见表2—8)。

表 2—8　　　　家庭劳动力接受职业技能培训的情况　　　　（户）

乡镇	村委会	调查户数	没有接受过	很少且有效果	很少且无效果	经常且有效果	经常且无效果
贡山县独龙江乡	巴坡村	6	3	3			
	孔当村	9	4	4		1	
	献九当村	5	3		2		
贡山县丙中洛镇	丙中洛村	15	3	9	1	2	
	秋那捅村	15	3	11		1	
贡山县捧当乡	闪当村	20	1	13	2	3	1
	迪麻洛村	10	2	5	1	2	
福贡县匹河乡	老姆登村	9	3		2	4	
	架究村	23	3	14	1	5	
福贡县子里甲乡	子里甲村	19	9	7		3	
	腊母甲村	12	5	6	1		
泸水市大兴地镇	鲁奎地村	14	7	4		3	
	自扁王基村	16	7	9			
泸水市秤杆乡	双奎地村	13	7	6			
	白地村	17	6	8	3		
兰坪县河西乡	大羊村	11	4	5		2	
	玉狮村	15	9	2	3	1	
兰坪县通甸镇	通甸村	15	6	5	1	2	1
	河边村	15	8	3	1	3	
合计		259	93	114	18	32	2

对于"你了解哪些教育扶贫政策"这一问题（此为多选题），在259户少数民族学生家庭中，知道"义务教育资助"政策的有206户，占79.54%；知道"学前教育资助"政策的有123户，占47.49%；知道"高中教育资助"政策的有84户，占32.43%；知道"高等教育资助"政策的有48户，占18.53%；知道"中职教育资助"政策的有30户，占11.58%（见表2—9）。

表2—9 少数民族学生家庭所了解的教育扶贫政策（此为多选题） （户）

乡镇	村委会	调查户数	学前教育资助	义务教育资助	高中教育资助	中职教育资助	高等教育资助
贡山县独龙江乡	巴坡村	6	6	6	6		
	孔当村	9	2	8	5	2	
	献九当村	5	1	5	3	1	1
贡山县丙中洛镇	丙中洛村	15	10	12	6	2	4
	秋那捅村	15	7	15	7	3	4
贡山县捧当乡	闪当村	20	12	14	4	1	5
	迪麻洛村	10	5	7	3		2
福贡县匹河乡	老姆登村	9	7	8			
	架究村	23	6	18	4	3	1
福贡县子里甲乡	子里甲村	19	11	15	2	1	2
	腊母甲村	12	5	9	1	1	
泸水市大兴地镇	鲁奎地村	14	8	9	5		6
	自扁王基村	16	10	15	8	8	7
泸水市秤杆乡	双奎地村	13	6	10	4		2
	白地村	17	11	11	7	1	
兰坪县河西乡	大羊村	11	4	9	5	2	1
	玉狮村	15	4	14	2	3	2
兰坪县通甸镇	通甸村	15	3	10	7	2	7
	河边村	15	5	11	5		4
合计		259	123	206	84	30	48

对于"当地的教育扶贫政策对减轻家里经济负担的效果怎样"这个问题，在259户少数民族学生家庭中，选择"有明显的帮助"的家庭有131户，占50.58%；选择"有一点帮助但并不明显"的有115户，占44.40%；选择"没有任何帮助"的有13户，占5.02%（见表2—10）。由此可见，少数民族学生家庭对于怒江州当地教育扶贫政策的满意度并不高。

表 2—10　　教育扶贫政策对减轻学生家庭经济负担的效果　　（户）

乡镇	村委会	调查户数	有明显的帮助	有一点帮助但并不明显	没有任何帮助
贡山县独龙江乡	巴坡村	6	3	3	
	孔当村	9	2	6	1
	献九当村	5	4	1	
贡山县丙中洛镇	丙中洛村	15	13	2	
	秋那捅村	15	11	3	1
贡山县捧当乡	闪当村	20	12	7	1
	迪麻洛村	10	5	5	
福贡县匹河乡	老姆登村	9	4	5	
	架究村	23	19	4	
福贡县子里甲乡	子里甲村	19	4	13	2
	腊母甲村	12	2	9	1
泸水市大兴地镇	鲁奎地村	14	2	12	
	自扁王基村	16	10	6	
泸水市秤杆乡	双奎地村	13	6	7	
	白地村	17	6	10	1
兰坪县河西乡	大羊村	11	8	2	1
	玉狮村	15	9	6	
兰坪县通甸镇	通甸村	15	4	9	2
	河边村	15	7	5	3
合计		259	131	115	13

对于"孩子初中毕业以后你希望他（她）干什么"这个问题，在259户少数民族学生家庭中，选择"读高中"的有217户，所占比例为83.78%；选择"读职业技术学校"的有20人，所占比例为7.72%；选择"打工"的有21人，所占比例为8.11%；选择"回家务农"的有1人，所占比例为0.39%（见表2—11）。

表 2—11　　　　　家长希望孩子初中毕业之后干什么　　　　　（户）

乡镇	村委会	调查户数	读高中	读职业技术学校	打工	回家务农
贡山县独龙江乡	巴坡村	6	5	1		
	孔当村	9	9			
	献九当村	5	5			
贡山县丙中洛镇	丙中洛村	15	13	1	1	
	秋那捅村	15	15			
贡山县捧当乡	闪当村	20	17	2	1	
	迪麻洛村	10	8	2		
福贡县匹河乡	老姆登村	9	8	1		
	架究村	23	19	2	2	
福贡县子里甲乡	子里甲村	19	11	3	5	
	腊母甲村	12	7	1	3	1
泸水市大兴地镇	鲁奎地村	14	13	1		
	自扁王基村	16	13	2	1	
泸水市秤杆乡	双奎地村	13	13			
	白地村	17	15		2	
兰坪县河西乡	大羊村	11	8	2	1	
	玉狮村	15	14	1		
兰坪县通甸镇	通甸村	15	11	1	3	
	河边村	15	13		2	
合计		259	217	20	21	1

对于"当地教育扶贫工作存在的不足是什么"这个问题，在259户少数民族学生家庭中，选择"对毕业生的就业问题不重视"的高达91户，占35.14%；选择"对贫困学生的资助力度不够"的有69户，占26.64%；选择"一些政策的覆盖面不够广"的有50户，占19.30%；选择"教育扶贫政策不够精准"的有38户，占14.67%；选择"教育扶贫政策宣传不到位"的有11户，占4.25%（见表2—12）。

表 2—12　　　　　　　当地教育扶贫工作存在的不足

乡镇	村委会	调查户数	对贫困学生的资助力度不够	对毕业生的就业问题不重视	教育扶贫政策不够精准	教育扶贫政策宣传不到位	一些政策的覆盖面不够广
贡山县独龙江乡	巴坡村	6	5		1		
	孔当村	9	3	5			1
	献九当村	5		3	2		
贡山县丙中洛镇	丙中洛村	15	1	11	2		1
	秋那捅村	15	4	1	1	1	8
贡山县捧当乡	闪当村	20	8	3	3	1	5
	迪麻洛村	10	5	3	1		
福贡县匹河乡	老姆登村	9	2	1	2	1	3
	架究村	23	3	10	2	3	5
福贡县子里甲乡	子里甲村	19	6	8	2	2	1
	腊母甲村	12	5	5			1
泸水市大兴地镇	鲁奎地村	14	2	9	1		2
	自扁王基村	16	5	4	3	1	3
泸水市秤杆乡	双奎地村	13	2	3	1	1	6
	白地村	17	4	3			9
兰坪县河西乡	大羊村	11	4	5	2		
	玉狮村	15	2	7	5		1
兰坪县通甸镇	通甸村	15	2	7	4		2
	河边村	15	6	3	4	1	1
合计		259	69	91	38	11	50

此外，入户调查问卷还设置了"你对当前的教育扶贫工作有什么具体的建议"这个主观题，但令人遗憾的是，因为少数民族学生家长的文化程度普遍较低，在259户中有160户的户主为小学以下文化程度，所以对于这个问题他们基本上没有给出什么具体的答复，很多家长都是空着不答。不过，也有少部分文化程度相对较高的少数民族学

生家长表达了自己的看法，例如，河边村、老姆登村和自扁王基村的部分家长提出"今后的教育扶贫工作需要更加精准"，鲁奎地村、大羊村和闪当村有部分家长提出"教育扶贫工作还需要加大资金投入"，丙中洛村和通甸村有部分家长提出"要加强农村学校教师队伍的建设"，大羊村和丙中洛村有部分家长认为"需要提升农村学校的教育质量"，秋那桶村有部分家长认为"应该尽量为毕业生的就业提供帮助"。

第二节 县城普通学校教师的问卷调查情况

课题组在怒江州的4个县（市）的14所县城普通学校（含幼儿园）进行了问卷调查，最终共计发放210份调查问卷，采取随机发放的形式，实际收回有效问卷204份。在14所县城普通学校中，包含了怒江州的全部6所公办高中，即福贡县第一中学、兰坪县民族中学、兰坪县第一中学、泸水市第一中学、怒江州民族中学、贡山县第一中学，以及8所县城小学（或中心学校）及幼儿园，即福贡县城镇完小、兰坪县城区第一小学、贡山县茨开镇（县城所在地）中心学校、泸水市第一小学、福贡县城区幼儿园、贡山县城区幼儿园、泸水市第一幼儿园、兰坪县城区第一幼儿园。

一 县城普通学校教师的基本情况

从204名参与本次问卷调查的县城普通学校教师的身份来看，共有高中教师122名、小学教师40名、幼儿园教师42名。从性别结构来看，男教师有66名，女教师有138名，女教师所占比例超过了三分之二，其原因在于小学和幼儿园女教师的占比本身就比较大，尤其是在42名县城幼儿园教师中，仅有1名男教师。从年龄结构来看，35岁及以下的青年教师有90名，占44.12%；35岁以上的中老年教师有114名，占55.88%。

在204名参与本次问卷调查的县城普通学校教师中，有156名教师为少数民族，所占比例为76.47%，但在县城小学和幼儿园教师中，少数民族教师的比例明显更高一些，达到了85.37%。在少数民族教师中，人数相对较多的依次是白族、傈僳族和怒族（见表2—13）。

表2—13　县城学校教师的民族结构　（人）

学校	调查人数	傈僳族	白族	怒族	普米族	独龙族	彝族	汉族	其他民族
福贡县第一中学	24	6	5	1	2			9	1
兰坪县民族中学	23	3	8	8	2			2	
兰坪县第一中学	16		13						3
泸水市第一中学	18	4	8				1	5	
怒江州民族中学	21	2	6					11	2
贡山县第一中学	20	1	7	1			1	9	1
福贡县城镇完小	10	3	2	4				1	
兰坪县城区第一小学	10	1	7	1	1				
贡山县茨开镇中心学校	10	1	1	2	3				3
泸水市第一小学	10	2	5					3	
福贡县城区幼儿园	12	8	2	1				1	
贡山县城区幼儿园	10	4	2			1		1	
泸水市第一幼儿园	10		6					4	
兰坪县城区第一幼儿园	10		6					2	2
合计	204	35	78	20	8	1	2	48	12

从204名县城普通学校教师的学历结构来看，本科及以上学历的有172名，所占比例为84.31%（见表2—14）。其中，在122名县城高中教师中，有120名拥有本科及以上学历，所占比例为98.36%，而在82名县城小学（或中心学校）和幼儿园教师中，只有52名教师拥有本科及以上学历，所占比例为63.41%，县城高中教师的整体学历水平明显要高于县城小学和幼儿园教师。

表2—14　　　　　县城学校教师的学历结构　　　　　　　（人）

	调查人数	中专（高中）	专科	本科	研究生
福贡县第一中学	24		1	23	
兰坪县民族中学	23			23	
兰坪县第一中学	16		1	15	
泸水市第一中学	18			17	1
怒江州民族中学	21			21	
贡山县第一中学	20			20	
福贡县城区完小	10	1	6	2	1
兰坪县城区第一小学	10		6	4	
贡山县茨开镇中心学校	10		1	9	
泸水市第一小学	10		3	7	
福贡县城区幼儿园	12		1	11	
贡山县城区幼儿园	10		5	5	
泸水市第一幼儿园	10	1	1	8	
兰坪县城区第一幼儿园	10		5	5	
合计	204	2	30	170	2

在204名县城普通学校教师中，拥有高级职称教师的比例为23.53%，在82名县城小学（或中心学校）和幼儿园教师中，拥有高级职称教师的比例为17.07%，明显低于县城高中教师的这一比例（27.87%）。

在204名县城普通学校及幼儿园教师中，有98名教师每月可支配收入在5000元以上，占48.04%；有163名教师的每月可支配收入在4000元以上，占79.90%。另外，有19名教师的每月可支配收入在3000元以下，他们全部都是高中教师，是所在学校临时请来的代课教师，其经济收入与在编的正式教师相比自然存在不小的差距（见表2—15）。

表2—15　　　　县城学校教师的每月可支配收入情况　　　　　（人）

学校	调查人数	3000元及以下	3001—4000元	4001—5000元	5001—6000元	6000元以上
福贡县第一中学	24	2	6	11	5	
兰坪县民族中学	23	6		5	5	7
兰坪县第一中学	16	7	6	2	1	
泸水市第一中学	18		3	8	5	2
怒江州民族中学	21	2	2	4	7	6
贡山县第一中学	20	2		4	11	3
福贡县城区完小	10		1	5	3	1
兰坪县城区第一小学	10			5	2	3
贡山县城区完小	10			8	2	
泸水市第一小学	10			5	5	
福贡县城区幼儿园	12			3	8	1
贡山县城区幼儿园	10		1	3	2	4
泸水市第一幼儿园	10		2	1	4	3
兰坪县城区第一幼儿园	10		1	1	5	3
合计	204	19	22	65	65	33

二　县城学校教师对当地教育扶贫政策实施效果的评价

关于怒江州"当地教育扶贫政策的实施效果是怎样的"这一问题，在204名县城普通学校及幼儿园教师中，只有90名教师选择了"比较好"，所占比例为44.12%；其余114名教师选择了"一般"或"比较差"（见表2—16）。总体来看，县城学校教师对于当地教育扶贫政策的实施效果的评价并不高，其中县城高中教师的评价尤其低。

表2—16　县城学校教师对当地教育扶贫政策实施效果的评价　　（人）

学校	调查人数	比较好	一般	比较差
福贡县第一中学	24	7	14	3
兰坪县民族中学	23	5	18	
兰坪县第一中学	16	2	8	6
泸水市第一中学	18	7	9	2
怒江州民族中学	21	7	14	
贡山县第一中学	20	6	13	1
福贡县城区完小	10	4	6	
兰坪县城区第一小学	10	5	5	
贡山县城区完小	10	9	1	
泸水市第一小学	10	8	2	
福贡县城区幼儿园	12	10	2	
贡山县城区幼儿园	10	9	1	
泸水市第一幼儿园	10	5	5	
兰坪县城区第一幼儿园	10	6	4	
合计	204	90	102	12

对于怒江州"当地的教育扶贫所取得的成效"这一问题（此为多选题），在204名县城普通学校教师中，认可度较高（认可度在50%及以上）的选项有4个，从高到低依次是：减轻了贫困学生家庭的经济负担、改善了学校的基础设施、缩小了城乡学校的差距、有效降低了辍学率（见表2—17、表2—18和表2—19）。

表2—17　　　　当地的教育扶贫所取得的成效（1）　　　　　（人）

学校	调查人数	缩小了城乡学校的差距	提高了学校的教育质量	减轻了贫困学生家庭的经济负担	改善了学校的基础设施
福贡县第一中学	24	8	5	23	18
兰坪县民族中学	23	18	14	17	20
兰坪县第一中学	16	4		10	8
泸水市第一中学	18	12	3	14	12
怒江州民族中学	21	10	11	14	14
贡山县第一中学	20	10	8	15	15
福贡县城区完小	10	9	8	10	10
兰坪县城区第一小学	10	7	4	9	8
贡山县城区完小	10	8	6	8	10
泸水市第一小学	10	9	7	8	6
福贡县城区幼儿园	12	3	9	10	11
贡山县城区幼儿园	10	8	9	10	7
泸水市第一幼儿园	10	6	8	7	8
兰坪县城区第一幼儿园	10	8	3	6	4
合计	204	119	95	161	151

表2—18　　　　当地的教育扶贫所取得的成效（2）　　　　　（人）

学校	调查人数	提高了师资队伍的教学水平	提高了教师的待遇	有效降低了辍学率	发展了学前教育
福贡县第一中学	24	3		8	3
兰坪县民族中学	23	7	1	9	2

续表

学校	调查人数	提高了师资队伍的教学水平	提高了教师的待遇	有效降低了辍学率	发展了学前教育
兰坪县第一中学	16	2	2	7	
泸水市第一中学	18	4	2	10	
怒江州民族中学	21	6	3	9	6
贡山县第一中学	20	9	1	12	3
福贡县城区完小	10	8		8	7
兰坪县城区第一小学	10	1		7	
贡山县城区完小	10	6	1	7	5
泸水市第一小学	10	4		6	4
福贡县城区幼儿园	12	9	1	5	4
贡山县城区幼儿园	10	9	4	7	5
泸水市第一幼儿园	10	5	3	6	5
兰坪县城区第一幼儿园	10	3	1	3	5
合计	204	76	19	104	49

表2—19　　当地的教育扶贫所取得的成效（3）　　（人）

学校	调查人数	发展了职业教育	发展了高中教育	把少数民族文化引入了校园	培养了双语教师
福贡县第一中学	24	6	2	5	1
兰坪县民族中学	23	4			
兰坪县第一中学	16		2	2	
泸水市第一中学	18	3		4	
怒江州民族中学	21	4	4	9	2

续表

学校	调查人数	发展了职业教育	发展了高中教育	把少数民族文化引入了校园	培养了双语教师
贡山县第一中学	20	1	1	10	
福贡县城区完小	10	1	1	8	1
兰坪县城区第一小学	10			3	
贡山县城区完小	10	2	3	7	4
泸水市第一小学	10	1		3	
福贡县城区幼儿园	12	5	2	7	
贡山县城区幼儿园	10			1	
泸水市第一幼儿园	10	4	1	3	4
兰坪县城区第一幼儿园	10			3	
合计	204	31	16	65	12

对于怒江州"当地的教育扶贫存在的问题"这一问题（此为多选题），在204名县城普通学校教师中，认可度较高（认可度在50%及以上）的选项有5个，从高到低依次是：优秀教师引进不力、教师的日常工作负担重、教师的工资低、学校的配套设施（食堂、宿舍、图书馆等）建设不完善、教师的福利待遇差（见表2—20、表2—21和表2—22）。

表2—20　　　　　当地的教育扶贫存在的问题（1）　　　　　（人）

学校	调查人数	学校的基础设施较为落后	学校的配套设施（食堂、宿舍、图书馆等）建设不完善	优秀教师引进不力	教师队伍的教学水平较低	学生上学路途太远
福贡县第一中学	24	7	10	16	5	11
兰坪县民族中学	23	10	20	20	10	9

续表

学校	调查人数	学校的基础设施较为落后	学校的配套设施（食堂、宿舍、图书馆等）建设不完善	优秀教师引进不力	教师队伍的教学水平较低	学生上学路途太远
兰坪县第一中学	16	9	9	8	11	7
泸水市第一中学	18	4	9	6	3	3
怒江州民族中学	21	8	11	11	6	6
贡山县第一中学	20	12	11	5	5	11
福贡县城区完小	10	3	9	7	2	8
兰坪县城区第一小学	10	10	6	9	3	1
贡山县城区完小	10	3	7	4	1	4
泸水市第一小学	10	6	6	6	6	2
福贡县城区幼儿园	12	2	2	12	2	1
贡山县城区幼儿园	10	9	5	8	6	2
泸水市第一幼儿园	10	2	3	7	4	2
兰坪县城区第一幼儿园	10	6	5	4	1	3
合计	204	91	113	123	59	68

表2—21　　**当地的教育扶贫存在的问题（2）**　　（人）

学校	调查人数	学校布局不合理	学生家庭负担依然沉重	教师的日常工作负担重	学校管理制度不健全	教师的工资低
福贡县第一中学	24	1	2	15	5	19
兰坪县民族中学	23	11	8	11	8	11
兰坪县第一中学	16		1	6	9	10
泸水市第一中学	18	4	2	10	2	6

续表

学校	调查人数	学校布局不合理	学生家庭负担依然沉重	教师的日常工作负担重	学校管理制度不健全	教师的工资低
怒江州民族中学	21	4	2	10	6	11
贡山县第一中学	20	4	8	13	11	12
福贡县城区完小	10	2		10		9
兰坪县城区第一小学	10	4		9		8
贡山县城区完小	10		2	4		4
泸水市第一小学	10	1		6	3	3
福贡县城区幼儿园	12		1	1	5	6
贡山县城区幼儿园	10	3		7		5
泸水市第一幼儿园	10	2	1	10	2	6
兰坪县城区第一幼儿园	10	2	2	10	1	5
合计	204	38	29	122	52	115

表2—22　　　　当地的教育扶贫存在的问题（3）　　　　（人）

学校	调查人数	教师的福利待遇差	不重视少数民族文化进校园工作	双语教师的培养工作不到位	没有编写本地少数民族文化教材
福贡县第一中学	24	10	3	2	4
兰坪县民族中学	23	16			
兰坪县第一中学	16	6			
泸水市第一中学	18	10	1		3
怒江州民族中学	21	5	3	2	2
贡山县第一中学	20	8	4	4	7

续表

学校	调查人数	教师的福利待遇差	不重视少数民族文化进校园工作	双语教师的培养工作不到位	没有编写本地少数民族文化教材
福贡县城区完小	10	10			5
兰坪县城区第一小学	10	7			2
贡山县城区完小	10	7	1		1
泸水市第一小学	10	5	1		2
福贡县城区幼儿园	12	2			
贡山县城区幼儿园	10	4		1	2
泸水市第一幼儿园	10	7	1	3	
兰坪县城区第一幼儿园	10	6	1		
合计	204	103	15	12	29

三 对完善当地教育扶贫工作的建议

对于"当地的教育扶贫工作需要完善哪些策略"这个问题（此为多选题），在204名县城普通学校教师中，认可度较高（在50%及以上）的选项有4项，全部都与师资队伍建设有关，从高到低依次是：引进优秀教师、加强师资培训、提高教师工资、完善教师福利（见表2—23、表2—24和表2—25）。

表2—23　　　当地的教育扶贫工作需要完善的策略（1）　　　（人）

学校	调查人数	改善基础设施	引进优秀教师	加强师资培训	改革教学模式	优化学校布局
福贡县第一中学	24	10	16	13	5	3
兰坪县民族中学	23	6	23	23	13	5
兰坪县第一中学	16	14	13	8	9	8

续表

学校	调查人数	改善基础设施	引进优秀教师	加强师资培训	改革教学模式	优化学校布局
泸水市第一中学	18	9	6	12	3	3
怒江州民族中学	21	10	10	11	5	4
贡山县第一中学	20	13	11	14	10	7
福贡县城区完小	10	2	10	10	3	5
兰坪县城区第一小学	10	8	10	8	4	6
贡山县城区完小	10	1	6	3	4	1
泸水市第一小学	10	7	8	8	3	3
福贡县城区幼儿园	12	4	9	8	2	1
贡山县城区幼儿园	10	7	8	9	8	6
泸水市第一幼儿园	10	2	7	7	2	2
兰坪县城区第一幼儿园	10	6	8	7	6	4
合计	204	99	145	140	77	58

表2—24　　**当地的教育扶贫工作需要完善的策略（2）**　　（人）

学校	调查人数	提高学生资助水平	减轻教师工作负担	健全管理制度	提高教师工资	完善教师福利
福贡县第一中学	24	2	9	6	16	12
兰坪县民族中学	23	2	3	18	9	12
兰坪县第一中学	16	5	2	10	4	3
泸水市第一中学	18	2	4	6	10	12
怒江州民族中学	21	8	10	5	12	13
贡山县第一中学	20	5	13	16	15	11

续表

学校	调查人数	提高学生资助水平	减轻教师工作负担	健全管理制度	提高教师工资	完善教师福利
福贡县城区完小	10		9		9	4
兰坪县城区第一小学	10		9	1	9	7
贡山县城区完小	10		4	7	1	8
泸水市第一小学	10	1	5	6	3	6
福贡县城区幼儿园	12	1	3		9	3
贡山县城区幼儿园	10		4		7	7
泸水市第一幼儿园	10	2	7	3	7	8
兰坪县城区第一幼儿园	10	6	3	7	5	1
合计	204	34	85	85	116	107

表2—25　　当地的教育扶贫工作需要完善的策略（3）　　（人）

学校	调查人数	加强少数民族文化进校园工作	加强双语教师的培养工作	编写本地少数民族文化教材
福贡县第一中学	24	4	2	3
兰坪县民族中学	23	17	2	2
兰坪县第一中学	16		2	
泸水市第一中学	18			1
怒江州民族中学	21	3	2	1
贡山县第一中学	20	6	4	4
福贡县城区完小	10	1	1	6
兰坪县城区第一小学	10	3		1
贡山县城区完小	10	5	1	

续表

学校	调查人数	加强少数民族文化进校园工作	加强双语教师的培养工作	编写本地少数民族文化教材
泸水市第一小学	10			
福贡县城区幼儿园	12		2	
贡山县城区幼儿园	10	4	2	3
泸水市第一幼儿园	10	1	1	
兰坪县城区第一幼儿园	10	4	2	5
合计	204	48	21	26

第三节 乡镇学校教师的问卷调查情况

参与本次问卷调查的乡镇学校教师分布在怒江州4个县（市）的10个乡镇，课题组一共发放了155份调查问卷，最终收回有效调查问卷151份，这151名教师分别来自26所乡镇中小学和幼儿园，包含了乡镇初中、乡镇九年一贯制中心学校、乡镇中心完小和乡镇中心幼儿园等教学单位。

一 乡镇学校教师的基本情况

在参与问卷调查的151名乡镇学校教师中，男性有89人，女性有62人；在年龄结构方面，35岁及以下的有56人，36—49岁的有80人，50岁及以上的有15人，35岁及以下的青年教师的比例不到40%；在职称结构方面，初级（含未定级）职称的有48人，中级职称的有64人，高级职称的有39人；在民族结构方面，白族最多，其次是傈僳族，然后依次是怒族、普米族、汉族、独龙族和彝族，有95.36%的乡镇学校教师是少数民族。

表2—26 乡镇学校教师的民族结构 (人)

乡镇	学校	调查人数	傈僳族	白族	怒族	普米族	独龙族	彝族	汉族	其他
贡山县独龙江乡	独龙江中心学校	9	3	1	1		1		3	
	独龙江幼儿园	2	1				1			
贡山县丙中洛镇	丙中洛中学	5		3				1	1	
	丙中洛完小	5	2		1		2			
	丙中洛幼儿园	2	1		1					
贡山县捧当乡	捧当完小	3	1	1	1					
	捧当幼儿园	2	2							
福贡县匹河乡	福贡县民族中学	10	1	7	1			1		
	匹河完小	5			4				1	
	匹河幼儿园	5	1	1	3					
福贡县子里甲乡	子里甲完小	7	3	3	1					
	子里甲幼儿园	3	3							
泸水市大兴地镇	泸水市民族中学	11	3	3		1		1	2	1
	大兴地完小	10	9	1						
	格力小学	10	6	3		1				
	大兴地幼儿园	4		3		1				
泸水市秤杆乡	秤杆完小	10	7	2	1					
	秤杆幼儿园	5	3	2						
兰坪县河西乡	河西中心学校	12	3	3		5		1		
	河西幼儿园	1		1						
兰坪县通甸镇	通甸中学	5		1		4				
	通甸完小	5		5						
	通甸幼儿园	5	1	4						
兰坪县啦井镇	啦井中学	5		5						
	啦井完小	5		4	1					
	啦井幼儿园	5		5						
合计		151	50	58	14	13	4	4	7	1

第二章 怒江州教育扶贫政策实施效果的田野调查

在学历结构方面,在151名乡镇学校教师中,高中(中专)学历的有2人,专科学历的有64人,本科学历的有85人,有56.29%的教师拥有本科学历。

表2—27　　　　　乡镇学校教师的学历结构　　　　　　　（人）

乡镇	学校	调查人数	高中(中专)	专科	本科	研究生
贡山县独龙江乡	独龙江中心学校	9			9	
	独龙江幼儿园	2		1	1	
贡山县丙中洛镇	丙中洛中学	5			5	
	丙中洛完小	5		4	1	
	丙中洛幼儿园	2		1	1	
贡山县捧当乡	捧当完小	3		2	1	
	捧当幼儿园	2		2		
福贡县匹河乡	福贡县民族中学	10			10	
	匹河完小	5		4	1	
	匹河幼儿园	5		2	3	
福贡县子里甲乡	子里甲完小	7		2	5	
	子里甲幼儿园	3		3		
泸水市大兴地镇	泸水市民族中学	11		1	10	
	大兴地完小	10		6	4	
	格力小学	10		5	5	
	大兴地幼儿园	4		1	3	
泸水市秤杆乡	秤杆完小	10		8	2	
	秤杆幼儿园	5		3	2	
兰坪县河西乡	河西中心学校	12	1	4	7	
	河西幼儿园	1		1		
兰坪县通甸镇	通甸中学	5		2	3	
	通甸完小	5	1	3	1	
	通甸幼儿园	5		3	2	

续表

乡镇	学校	调查人数	高中（中专）	专科	本科	研究生
兰坪县啦井镇	啦井中学	5			5	
	啦井完小	5		3	2	
	啦井幼儿园	5		3	2	
合计		151	2	64	85	

从151名乡镇学校教师的经济收入情况来看，月人均可支配收入最多的是5001—6000元这个区间，其中福贡县和贡山县的乡镇幼儿园教师很多都是学前教育志愿者，所以其每月的可支配收入仅为2000元左右。

表2—28　　　乡镇学校教师的每月可支配收入　　　（人）

乡镇	学校	调查人数	4000元以下	4001—5000元	5001—6000元	6000元以上
贡山县独龙江乡	独龙江中心学校	9	3	5	1	
	独龙江幼儿园	2			2	
贡山县丙中洛镇	丙中洛中学	5		2	2	1
	丙中洛完小	5			3	2
	丙中洛幼儿园	2	1	1		
贡山县捧当乡	捧当完小	3		1		2
	捧当幼儿园	2	2			
福贡县匹河乡	福贡县民族中学	10	2	4	3	1
	匹河完小	5		2	1	2
	匹河幼儿园	5	5			
福贡县子里甲乡	子里甲完小	7	1	5	1	
	子里甲幼儿园	3	3			

续表

乡镇	学校	调查人数	4000元以下	4001—5000元	5001—6000元	6000元以上
泸水市大兴地镇	泸水市民族中学	11	2	5	4	
	大兴地完小	10		3	6	1
	格力小学	10	1	4	3	2
	大兴地幼儿园	4	2		2	
泸水市秤杆乡	秤杆完小	10		5	4	1
	秤杆幼儿园	5	2	2	1	
兰坪县河西乡	河西中心学校	12		1	4	7
	河西幼儿园	1			1	
兰坪县通甸镇	通甸中学	5			2	3
	通甸完小	5			3	2
	通甸幼儿园	5		2	3	
兰坪县啦井镇	啦井中学	5		1	2	2
	啦井完小	5		1	3	1
	啦井幼儿园	5			2	3
合计		151	24	44	53	30

二 对于当地教育扶贫政策实施效果的评价

在151名乡镇学校教师中，对于怒江州教育扶贫政策的实施效果给予"比较好"评价的有93人，占比为61.59%（见表2—29），说明当地的教育扶贫工作需要改进的空间还比较大。

表2—29 乡镇学校教师对当地教育扶贫政策的实施效果的评价

乡镇	学校	调查人数	比较好	一般	比较差
贡山县独龙江乡	独龙江中心学校	9	5	4	
	独龙江幼儿园	2	2		

续表

乡镇	学校	调查人数	比较好	一般	比较差
贡山县丙中洛镇	丙中洛中学	5	4	1	
	丙中洛完小	5	3	2	
	丙中洛幼儿园	2	2		
贡山县捧当乡	捧当完小	3	3		
	捧当幼儿园	2	2		
福贡县匹河乡	福贡县民族中学	10	4	4	2
	匹河完小	5	2	3	
	匹河幼儿园	5	3	2	
福贡县子里甲乡	子里甲完小	7	2	4	1
	子里甲幼儿园	3		3	
泸水市大兴地镇	泸水市民族中学	11	6	4	1
	大兴地完小	10	8	2	
	格力小学	10	5	5	
	大兴地幼儿园	4	4		
泸水市秤杆乡	秤杆完小	10	7	3	
	秤杆幼儿园	5	3	2	
兰坪县河西乡	河西中心学校	12	9	3	
	河西幼儿园	1	1		
兰坪县通甸镇	通甸中学	5	2	2	1
	通甸完小	5	4	1	
	通甸幼儿园	5	1	4	
兰坪县啦井镇	啦井中学	5	3	2	
	啦井完小	5	3	2	
	啦井幼儿园	5	5		
	合计	151	93	53	5

对于"当地的教育扶贫所取得的成效"这个问题（此为多选题），在151名乡镇学校教师中，认可度较高（认可度在50%以上）

的选项依次是：减轻了贫困学生家庭的经济负担、改善了学校的基础设施、缩小了城乡学校的差距、提高了学校的教育质量、有效降低了辍学率（见表2—30、表2—31和表2—32）。

表2—30　　　　当地的教育扶贫所取得的成效（1）　　　　（人）

乡镇	学校	调查人数	缩小了城乡学校的差距	提高了学校的教育质量	减轻了贫困学生家庭的经济负担	改善了学校的基础设施
贡山县独龙江乡	独龙江中心学校	9	7	9	6	4
	独龙江幼儿园	2	1	2	2	2
贡山县丙中洛镇	丙中洛中学	5	4	3	5	4
	丙中洛完小	5	5	5	4	3
	丙中洛幼儿园	2	1	2	2	2
贡山县捧当乡	捧当完小	3	2	3	3	3
	捧当幼儿园	2		2	2	2
福贡县匹河乡	福贡县民族中学	10	6	5	7	9
	匹河完小	5	5	4	4	5
	匹河幼儿园	5	4	5	5	5
福贡县子里甲乡	子里甲完小	7	6	5	4	6
	子里甲幼儿园	3	2		3	2
泸水市大兴地镇	泸水市民族中学	11	5	9	11	11
	大兴地完小	10	7	6	9	7
	格力小学	10	7	3	8	7
	大兴地幼儿园	4	4	3	4	4
泸水市秤杆乡	秤杆完小	10	8	5	7	9
	秤杆幼儿园	5	3	2	4	5
兰坪县河西乡	河西中心学校	12	9	10	12	10
	河西幼儿园	1	1	1	1	1

续表

乡镇	学校	调查人数	缩小了城乡学校的差距	提高了学校的教育质量	减轻了贫困学生家庭的经济负担	改善了学校的基础设施
兰坪县通甸镇	通甸中学	5	3	1	5	5
	通甸完小	5	4	5	4	4
	通甸幼儿园	5	3	2	5	4
兰坪县啦井镇	啦井中学	5	3	1	5	5
	啦井完小	5	4	3	5	3
	啦井幼儿园	5	4	4	5	5
合计		151	108	100	132	125

表2—31　　　当地的教育扶贫所取得的成效（2）　　　（人）

乡镇	学校	调查人数	提高了师资队伍的整体水平	提高了教师的待遇	有效降低了辍学率	发展了学前教育
贡山县独龙江乡	独龙江中心学校	9	5	2	4	2
	独龙江幼儿园	2	1	1		1
贡山县丙中洛镇	丙中洛中学	5	3		1	1
	丙中洛完小	5	3	1	2	1
	丙中洛幼儿园	2	2	2	1	1
贡山县捧当乡	捧当完小	3	3	1	2	3
	捧当幼儿园	2			2	1
福贡县匹河乡	福贡县民族中学	10	3	2	7	1
	匹河完小	5	2	3	4	2
	匹河幼儿园	5	4	5		3
福贡县子里甲乡	子里甲完小	7	4	1	3	5
	子里甲幼儿园	3			1	2

续表

乡镇	学校	调查人数	提高了师资队伍的整体水平	提高了教师的待遇	有效降低了辍学率	发展了学前教育
泸水市大兴地镇	泸水市民族中学	11	5	3	7	5
	大兴地完小	10	5	2	8	6
	格力小学	10	4	1	7	2
	大兴地幼儿园	4	2	1	2	2
泸水市秤杆乡	秤杆完小	10	5	6	9	5
	秤杆幼儿园	5	1		2	4
兰坪县河西乡	河西中心学校	12	8	1	9	3
	河西幼儿园	1			1	
兰坪县通甸镇	通甸中学	5	3	3	2	
	通甸完小	5	4		4	3
	通甸幼儿园	5	1	3	2	1
兰坪县啦井镇	啦井中学	5			4	2
	啦井完小	5	2	2	2	1
	啦井幼儿园	5	3	5	4	4
合计		151	75	45	92	63

表2—32　　　**当地的教育扶贫所取得的成效（3）**　　　（人）

乡镇	学校	调查人数	发展了职业教育	发展了高中教育	把少数民族文化引入了学校	培养了双语教师
贡山县独龙江乡	独龙江中心学校	9	1	2	6	3
	独龙江幼儿园	2			1	
贡山县丙中洛镇	丙中洛中学	5	1		3	1
	丙中洛完小	5	1		1	
	丙中洛幼儿园	2				

续表

乡镇	学校	调查人数	发展了职业教育	发展了高中教育	把少数民族文化引入了学校	培养了双语教师
贡山县捧当乡	捧当完小	3	2	1	1	
	捧当幼儿园	2				
福贡县匹河乡	福贡县民族中学	10	1		5	
	匹河完小	5	1	2	1	
	匹河幼儿园	5	1	2	2	1
福贡县子里甲乡	子里甲完小	7	2	2	3	3
	子里甲幼儿园	3				1
泸水市大兴地镇	泸水市民族中学	11	2	1	8	
	大兴地完小	10	1	3		
	格力小学	10	1	1	2	1
	大兴地幼儿园	4			1	
泸水市秤杆乡	秤杆完小	10	3	2	2	2
	秤杆幼儿园	5		1	1	
兰坪县河西乡	河西中心学校	12	1	1	4	2
	河西幼儿园	1				
兰坪县通甸镇	通甸中学	5			2	1
	通甸完小	5		1	1	1
	通甸幼儿园	5	1		1	
兰坪县啦井镇	啦井中学	5	2		1	
	啦井完小	5				
	啦井幼儿园	5	1	1	2	1
	合计	151	22	20	48	17

对于"当地的教育扶贫存在的问题"这个问题（此为多选题），在151名乡镇学校教师中，认可度较高（50%及以上）的选项有4个，从高到低依次是：学生上学路途太远、学校的配套设施建设不完

善、教师的日常工作负担重、优秀教师引进不力（见表2—33、表2—34和表2—35）。

表2—33　　　　当地的教育扶贫存在的问题（1）　　　　（人）

乡镇	学校	调查人数	教学基础设施较为落后	学校的配套设施建设不完善	优秀教师引进不力	教师队伍的教学水平较低	学生上学路途太远
贡山县独龙江乡	独龙江中心学校	9	5	6	5	1	6
	独龙江幼儿园	2	2	2	1		2
贡山县丙中洛镇	丙中洛中学	5	1	4	1	2	4
	丙中洛完小	5	1	4	3	3	3
	丙中洛幼儿园	2			2		
贡山县捧当乡	捧当完小	3	3	2	3		3
	捧当幼儿园	2	1	1			1
福贡县匹河乡	福贡县民族中学	10	2	5	6	3	8
	匹河完小	5	2	5	4	2	3
	匹河幼儿园	5	3	4	5	2	3
福贡县子里甲乡	子里甲完小	7	3	7	5		7
	子里甲幼儿园	3	2	3		1	
泸水市大兴地镇	泸水市民族中学	11	3	7	5	1	10
	大兴地完小	10	2	10	8	7	9
	格力小学	10	7	7	9	2	10
	大兴地幼儿园	4	2	2	3		2
泸水市秤杆乡	秤杆完小	10	3	8	6	7	5
	秤杆幼儿园	5	2		2	1	
兰坪县河西乡	河西中心学校	12	7	11	6	3	10
	河西幼儿园	1	1	1	1		1
兰坪县通甸镇	通甸中学	5	4	4	3	1	4
	通甸完小	5	4	3	4	2	4
	通甸幼儿园	5	2	5	2		3

续表

乡镇	学校	调查人数	教学基础设施较为落后	学校的配套设施建设不完善	优秀教师引进不力	教师队伍的教学水平较低	学生上学路途太远
兰坪县啦井镇	啦井中学	5	5	2	4	2	5
	啦井完小	5	4	3	1		5
	啦井幼儿园	5	2	2	2	1	4
合计		151	73	111	102	42	117

表2—34　　　　　当地的教育扶贫存在的问题（2）　　　　　（人）

乡镇	学校	调查人数	学校布局不合理	学生家庭负担依然沉重	教师的日常工作负担重	学校管理制度不健全	教师的工资低
贡山县独龙江乡	独龙江中心学校	9		3	6	3	2
	独龙江幼儿园	2	1	2	2		
贡山县丙中洛镇	丙中洛中学	5	1	1	4	2	4
	丙中洛完小	5	1		1		1
	丙中洛幼儿园	2					1
贡山县捧当乡	捧当完小	3		2	2	1	1
	捧当幼儿园	2					2
福贡县匹河乡	福贡县民族中学	10		2	7	4	8
	匹河完小	5	1	1	4		1
	匹河幼儿园	5		3	4		2
福贡县子里甲乡	子里甲完小	7	2		6		5
	子里甲幼儿园	3		1	1		3
泸水市大兴地镇	泸水市民族中学	11		1	9	1	4
	大兴地完小	10	1	6	8	1	4
	格力小学	10	2		10	5	5
	大兴地幼儿园	4	1	2	1	1	

续表

乡镇	学校	调查人数	学校布局不合理	学生家庭负担依然沉重	教师的日常工作负担重	学校管理制度不健全	教师的工资低
泸水市秤杆乡	秤杆完小	10	4	6	8	1	4
	秤杆幼儿园	5		2	2		3
兰坪县河西乡	河西中心学校	12	2	2	8		11
	河西幼儿园	1					1
兰坪县通甸镇	通甸中学	5	3		5	1	3
	通甸完小	5	1		4		
	通甸幼儿园	5	2	1	2		1
兰坪县啦井镇	啦井中学	5	1		3		2
	啦井完小	5	1		4		
	啦井幼儿园	5	2		3		
合计		151	26	37	104	20	68

表2—35　　　　**当地的教育扶贫存在的问题（3）**　　　　（人）

乡镇	学校	调查人数	教师的福利待遇差	不重视少数民族文化进校园工作	双语教师的培养工作不到位	没有编写本地少数民族文化教材
贡山县独龙江乡	独龙江中心学校	9	4		1	2
	独龙江幼儿园	2	1			
贡山县丙中洛镇	丙中洛中学	5	3		1	1
	丙中洛完小	5	1	1		
	丙中洛幼儿园	2				
贡山县捧当乡	捧当完小	3	2			
	捧当幼儿园	2	1			

续表

乡镇	学校	调查人数	教师的福利待遇差	不重视少数民族文化进校园工作	双语教师的培养工作不到位	没有编写本地少数民族文化教材
福贡县匹河乡	福贡县民族中学	10	9			2
	匹河完小	5	2		1	1
	匹河幼儿园	5			1	1
福贡县子里甲乡	子里甲完小	7	5			
	子里甲幼儿园	3	1			
泸水市大兴地镇	泸水市民族中学	11	5		1	2
	大兴地完小	10	2			
	格力小学	10	5	1	2	2
	大兴地幼儿园	4				
泸水市秤杆乡	秤杆完小	10	3			
	秤杆幼儿园	5		1		
兰坪县河西乡	河西中心学校	12	6	2		
	河西幼儿园	1				
兰坪县通甸镇	通甸中学	5	5		1	1
	通甸完小	5	2		2	
	通甸幼儿园	5		1		
兰坪县啦井镇	啦井中学	5	1	1		
	啦井完小	5	1			1
	啦井幼儿园	5	3			
合计		151	63	7	10	13

三 对于完善当地教育扶贫工作的建议

对于"当地的教育扶贫工作需要完善哪些策略"这个问题（此为多选题），在151名乡镇学校教师中，认可度较高（50%及以上）的选项有6个，从高到低依次是：提高教师工资、减轻教师工作负担、加强师资培训力度、改善办学条件、引进优秀教师、完善教师福利（见表2—36、表2—37和表2—38）。

表2—36　　　　当地的教育扶贫工作需要完善的策略（1）　　　　（人）

乡镇	学校	调查人数	改善办学条件	引进优秀教师	加强师资培训力度	改革教学模式	优化学校布局
贡山县独龙江乡	独龙江中心学校	9	3	6	3	2	4
	独龙江幼儿园	2	1	2	2	2	1
贡山县丙中洛镇	丙中洛中学	5	2	2	4	3	1
	丙中洛完小	5	2	2	1		1
	丙中洛幼儿园	2	1	1	2		
贡山县捧当乡	捧当完小	3	3	2	2	2	3
	捧当幼儿园	2	2	1	1		
福贡县匹河乡	福贡县民族中学	10	6	5	5	5	4
	匹河完小	5	2	4	4	4	2
	匹河幼儿园	5	3	3	4	4	2
福贡县子里甲乡	子里甲完小	7	6	6	6	2	4
	子里甲幼儿园	3	2	1	2	1	
泸水市大兴地镇	泸水市民族中学	11	5	6	5	3	2
	大兴地完小	10	3	9	6	7	9
	格力小学	10	9	6	9	9	4
	大兴地幼儿园	4	2	3	2	3	1
泸水市秤杆乡	秤杆完小	10	5	7	8	6	6
	秤杆幼儿园	5	3	1	2		2
兰坪县河西乡	河西中心学校	12	12	8	9	1	3
	河西幼儿园	1	1	1	1		
兰坪县通甸镇	通甸中学	5	4	2	5	2	3
	通甸完小	5	4	4	5	3	2
	通甸幼儿园	5	5	3	3	1	4
兰坪县啦井镇	啦井中学	5	5	3	3	1	2
	啦井完小	5	3	1	4	1	4
	啦井幼儿园	5	3	3	2	3	
	合计	151	97	92	100	65	64

表 2—37　　当地的教育扶贫工作需要完善的策略　（2）　　　（人）

乡镇	学校	调查人数	提高学生资助标准	减轻教师工作负担	健全管理制度	提高教师工资	完善教师福利
贡山县独龙江乡	独龙江中心学校	9	7	6	4	8	7
	独龙江幼儿园	2	2	1		2	2
贡山县丙中洛镇	丙中洛中学	5	2	3	3	5	4
	丙中洛完小	5	1	1		1	
	丙中洛幼儿园	2		1			1
贡山县捧当乡	捧当完小	3	2	2	1	3	3
	捧当幼儿园	2	1			2	1
福贡县匹河乡	福贡县民族中学	10	2	5	5	6	4
	匹河完小	5	5	4	4	5	5
	匹河幼儿园	5	2	4	3	4	3
福贡县子里甲乡	子里甲完小	7	6	6		5	3
	子里甲幼儿园	3		1		3	
泸水市大兴地镇	泸水市民族中学	11	5	9	5	9	8
	大兴地完小	10	6	8	1	8	7
	格力小学	10	4	9	5	9	5
	大兴地幼儿园	4		1	1	3	1
泸水市秤杆乡	秤杆完小	10	5	7	1	6	5
	秤杆幼儿园	5	1	3	2	5	4
兰坪县河西乡	河西中心学校	12	4	9	3	8	9
	河西幼儿园	1	1			1	
兰坪县通甸镇	通甸中学	5	2	5	1	3	5
	通甸完小	5	5	3	3	3	4
	通甸幼儿园	5	2	3	2	2	1
兰坪县啦井镇	啦井中学	5	1	3	1	3	1
	啦井完小	5		4	1	1	
	啦井幼儿园	5	2	4	2	3	3
合计		151	68	101	48	108	89

表2—38 **当地的教育扶贫工作需要完善的策略（3）** （人）

乡镇	学校	调查人数	加强少数民族文化进校园工作	加强双语教师的培养工作	编写本地少数民族文化教材
贡山县独龙江乡	独龙江中心学校	9	5	2	3
	独龙江幼儿园	2	2	1	
贡山县丙中洛镇	丙中洛中学	5	1	1	1
	丙中洛完小	5	3		
	丙中洛幼儿园	2	1	1	
贡山县捧当乡	捧当完小	3	1		
	捧当幼儿园	2	1		
福贡县匹河乡	福贡县民族中学	10	4	2	3
	匹河完小	5	1	3	2
	匹河幼儿园	5	1	2	1
福贡县子里甲乡	子里甲完小	7			
	子里甲幼儿园	3	1	2	
泸水市大兴地镇	泸水市民族中学	11	2	1	
	大兴地完小	10	3		1
	格力小学	10	1		
	大兴地幼儿园	4		2	1
泸水市秤杆乡	秤杆完小	10	2		
	秤杆幼儿园	5	3	1	
兰坪县河西乡	河西中心学校	12	3	2	2
	河西幼儿园	1	1		
兰坪县通甸镇	通甸中学	5			1
	通甸完小	5		1	
	通甸幼儿园	5	2	1	
兰坪县啦井镇	啦井中学	5	1	2	
	啦井完小	5	1		1
	啦井幼儿园	5	3	1	
合计		151	46	25	16

第四节　农村学校教师的问卷调查情况

课题组共在怒江州的4个县（市）对6个乡镇的农村学校（含幼儿园）教师进行了问卷调查，这些农村学校和幼儿园均分布在乡（镇）政府驻地以外的各个村委会，这6个乡镇分别是贡山县独龙江乡、福贡县匹河怒族乡、福贡县子里甲乡、兰坪县河西乡、泸水市大兴地镇、泸水市秤杆乡。课题组一共发放了110份农村学校教师调查问卷，收回有效问卷110份。

一　农村学校教师的基本情况

在110名参与问卷调查的农村学校（含幼儿园）教师中，有男老师42名，女老师68名；在年龄结构上，35岁及以下的青年教师有77名，所占比例为70.00%，这一数据明显高于县城学校教师（所占比例为44.12%），也高于乡镇学校教师（所占比例为37.09%），说明怒江州的农村学校教师是以青年教师为主的。

在110名参与问卷调查的农村学校教师中，少数民族教师有98名，所占比例为89.09%，这一数据明显高于县城学校教师（所占比例为76.47%），但是低于乡镇学校教师（所占比例为95.36%）。在农村学校的少数民族教师中，人数相对较多的依次是傈僳族、白族和怒族。

在110名农村学校教师中，共有小学教师59人，学前教育教师51人；63人为专科及以下学历，所占比例为57.27%，本科学历教师47人，所占比例为42.73%。在参与问卷调查的农村学校教师中，本科学历教师所占的比例大大低于县城学校教师（其比例为84.31%），也明显低于乡镇学校教师（其比例为56.29%）。

在110名农村学校教师中，拥有高级职称的有10人，所占比例仅为9.09%，其中福贡县匹河乡、福贡县子里甲乡和泸水市秤杆乡的农村学校教师均没有高级职称。与此同时，参与问卷调查的县城学校教师的高级职称比例达到了23.53%，乡镇学校教师的高级职称比例则为 25.83%。

表 2—39　农村学校教师的民族结构　（人）

村办小学或幼儿园所在地	调查人数	傈僳族	白族	怒族	普米族	独龙族	彝族	汉族	其他民族
贡山县独龙江乡	15	2	2	1		6	1	3	
福贡县匹河乡	9	2	3	4					
福贡县子里甲乡	15	12		3					
兰坪县河西乡	10	2	2		6				
泸水市大兴地镇	46	28	7	1			3	7	
泸水市秤杆乡	15	9	2	1				2	1
合计	110	55	16	10	6	6	4	12	1

在 110 名农村学校教师中，有 89 人为怒江州本地人，占 80.91%，特别是在福贡县匹河乡、福贡县子里甲乡和兰坪县河西乡的农村学校教师中，没有 1 名非怒江州户籍的教师。

表 2—40　农村学校教师的户籍结构　（人）

村办小学或幼儿园所在地	调查人数	是怒江州本地人	不是怒江州本地人
贡山县独龙江乡	15	8	7
福贡县匹河乡	9	9	
福贡县子里甲乡	15	15	
兰坪县河西乡	10	10	
泸水市大兴地镇	46	34	12
泸水市秤杆乡	15	13	2
合计	110	89	21

在110名农村学校教师中，有67人的每月可支配收入在4000元及以上，占60.91%，另有36名农村学校教师的每月可支配收入在3000元以下，占32.73%，这些教师都是没有编制的农村学前教育志愿者或者代课教师，他们每月的经济收入仅有2000元左右（见表2—41）。

表2—41　　　　　农村学校教师的月平均可支配收入　　　　　（人）

村办小学或幼儿园所在地	调查人数	不到3000元	3000—3999元	4000—4999元	5000—5999元	6000元及以上
贡山县独龙江乡	15	2		11		2
福贡县匹河乡	9	8	1			
福贡县子里甲乡	15	13		2		
兰坪县河西乡	10	1		4	2	3
泸水市大兴地镇	46	1	6	25	12	2
泸水市秤杆乡	15	11		2	2	
合计	110	36	7	44	16	7

在110名农村学校教师中，有38人是通过当地人力资源与社会保障局组织的普通教师上岗考试（普岗）而成为教师的，所占比例为34.55%，有36人是通过农村特岗教师上岗考试（特岗）而成为教师的，另有农村学前教育志愿者26人，以及代课教师10人（见表2—42）。

表2—42　　　　　　农村学校教师的来源渠道　　　　　　（人）

村办小学或幼儿园所在地	调查人数	普通教师上岗考试（普岗）	农村特岗教师上岗考试（特岗）	支教大学生	当地招募的学前教育志愿者	学校招聘的代课教师
贡山县独龙江乡	15	2	10			3
福贡县匹河乡	9	1	1		7	
福贡县子里甲乡	15	2			6	7

续表

村办小学或幼儿园所在地	调查人数	普通教师上岗考试（普岗）	农村特岗教师上岗考试（特岗）	支教大学生	当地招募的学前教育志愿者	学校招聘的代课教师
兰坪县河西乡	10	9			1	
泸水市大兴地镇	46	23	21		2	
泸水市秤杆乡	15	1	4		10	
合计	110	38	36		26	10

从任教时间来看，在110名农村学校教师中，有52人的任教时间不满3年，所占比例为47.27%，任教时间在5年及以下的教师有73人，所占比例为66.36%（见表2—43）。

表2—43　　　　**农村学校教师的任教时间**　　　　（人）

村办小学或幼儿园所在地	调查人数	不满3年	3—5年	6—10年	11—20年	20年以上
贡山县独龙江乡	15	2	11		2	
福贡县匹河乡	9	6	3			
福贡县子里甲乡	15	12			3	
兰坪县河西乡	10	1	1	2	2	4
泸水市大兴地镇	46	19	4	6	11	6
泸水市秤杆乡	15	12	2		1	
合计	110	52	21	8	19	10

在110名农村学校教师中，毕业于云南省的地州高校（含昆明学院）师范专业的有49人，所占比例为44.55%；毕业于云南省的地州高校（含昆明学院）非师范专业的有29人，所占比例为26.36%；毕业于怒江州职业技术学校的有21人，占19.09%（见表2—44）。

表2—44　　　　　农村学校教师的毕业学校　　　　　　　（人）

村办小学或幼儿园所在地	调查人数	地州高校师范专业	地州高校非师范专业	云南师范大学	昆明市的其他本科高校	省外高校师范专业	省外高校非师范专业	怒江州职业技术学校	外地的职业技术学校
贡山县独龙江乡	15		13					2	
福贡县匹河乡	9	2	1		2			4	
福贡县子里甲乡	15	5		2				7	1
兰坪县河西乡	10	6	1	3					
泸水市大兴地镇	46	31	12		1			2	
泸水市秤杆乡	15	5	2	1				6	1
合计	110	49	29	6	3			21	2

二　农村学校教师的工作环境及工作状态

在110名参与问卷调查的农村学校教师中，认为本校"存在"教师编制不足的情况的有79人，占71.82%，认为本校"不存在"教师编制不足的情况的仅有16人，占14.55%，另有15人选择"不清楚"（见表2—45）。

表2—45　　　所在学校是否存在教师编制不足的情况　　　　（人）

村办小学或幼儿园所在地	调查人数	存在	不存在	不清楚
贡山县独龙江乡	15	13		2
福贡县匹河乡	9	8	1	
福贡县子里甲乡	15	7	3	5
兰坪县河西乡	10	6	4	
泸水市大兴地镇	46	34	6	6
泸水市秤杆乡	15	11	2	2
合计	110	79	16	15

在110名农村学校教师中,每周的教学工作量超过20节课的有65人,每周的教学工作量在15节课及以上的有102人(见表2—46)。

表2—46　　　　农村学校教师每周的教学工作量　　　　　　(人)

村办小学或 幼儿园所在地	调查 人数	不到 15节	15— 20节	21— 25节	26— 30节	30节 以上
贡山县独龙江乡	15	1	8	6		
福贡县匹河乡	9		2	7		
福贡县子里甲乡	15	3	6	4	2	
兰坪县河西乡	10	2	3	5		
泸水市大兴地镇	46		9	18	8	11
泸水市秤杆乡	15	2	9	3	1	
合计	110	8	37	43	11	11

在110名农村学校教师中,有83名教师每天的工作时间超过了8个小时,有43名教师每天的工作时间在10个小时及以上。有81人在一学期内(2019年春季学期)承担的课程在3门以上,其中有49人承担的课程在5门及以上(见表2—47)。

表2—47　　　　农村学校教师每学期所承担的课程数量　　　　(人)

村办小学或 幼儿园所在地	调查 人数	1门	2门	3门	4门	5门 及以上
贡山县独龙江乡	15	1	9	3	2	
福贡县匹河乡	9	1	8			
福贡县子里甲乡	15	1		2	4	8
兰坪县河西乡	10	3	1	4	1	1
泸水市大兴地镇	46		4	1	11	30
泸水市秤杆乡	15		1	2	2	10
合计	110	6	23	12	20	49

在110名农村学校教师中，有83名教师所在的学校与乡（镇）政府驻地的路程超过了10公里（所占比例为75.45%），有50名教师所在的学校与乡（镇）政府驻地的路程超过了20公里（所占比例为45.45%），其中独龙江乡所有村办学校及幼儿园离乡政府驻地的路程均在20公里以上（见表2—48）。

表2—48　　　农村学校到乡（镇）政府驻地的路程　　　　　　（人）

村办小学或幼儿园所在地	调查人数	不到5公里	5—10公里	11—20公里	21—30公里	30公里以上
贡山县独龙江乡	15				11	4
福贡县匹河乡	9	1	2	3	1	2
福贡县子里甲乡	15	6	2	4	2	1
兰坪县河西乡	10	2	2	6		
泸水市大兴地镇	46		2	16	10	18
泸水市秤杆乡	15	6	4	4	1	
合计	110	15	12	33	25	25

在110名农村学校教师中，有90名教师所在学校到乡（镇）政府驻地需要30分钟以上的车程，有50名教师所在的学校到乡（镇）政府驻地需要1个小时以上的车程。

对于"所在学校（或教学点）的多媒体设备使用情况怎么样"这个问题，在110名农村学校教师中，有67人选择"有且用得多"，有21人选择"有但很少使用"，有22人选择"本校没有多媒体设备"（见表2—49）。

对于"所在学校（或教学点）的网络宽带使用情况怎么样"这个问题，在110名农村学校教师中，仅有21名教师选择本校"有网络宽带且网速快"，另有60名教师选择本校"有网络宽带但网速慢"，有29名教师则选择了本校"没有接入网络宽带"。其中，贡山县独龙江乡、福贡县子里甲乡、福贡县匹河乡、泸水市秤杆乡的农村学校均在不同程度上存在没有接入网络宽带的情况（见表2—50）。

表2—49　　　　　农村学校的多媒体设备使用情况　　　　　　（人）

村办小学或 幼儿园所在地	调查 人数	有且用 得多	有但很少 使用	本校没有 多媒体设备
贡山县独龙江乡	15	8	5	2
福贡县匹河乡	9	3	2	4
福贡县子里甲乡	15	3	0	12
兰坪县河西乡	10	8	2	0
泸水市大兴地镇	46	38	7	1
泸水市秤杆乡	15	7	5	3
合计	110	67	21	22

表2—50　　　　　农村学校的网络宽带使用情况　　　　　　（人）

村办小学或 幼儿园所在地	调查 人数	有网络宽带 且网速快	有网络宽带 但网速慢	没有接入 网络宽带
贡山县独龙江乡	15	0	5	10
福贡县匹河乡	9	3	1	5
福贡县子里甲乡	15	1	5	9
兰坪县河西乡	10	5	4	1
泸水市大兴地镇	46	10	36	0
泸水市秤杆乡	15	2	9	4
合计	110	21	60	29

对于"你是否会利用网络资源来进行日常教学"这一问题，在110名农村学校教师中，有72名教师选择了"经常利用"，有32名教师选择了"偶尔利用"，有6名教师选择了"没有利用过"。

三 教师所面临的工作和生活压力

在110名参与问卷调查的农村学校教师中，认为怒江州的乡村教师生活补助标准"比较合适"的有32人，占29.09%；认为"明显偏低"的有78人，占70.91%（见表2—51）。也就是说，有三分之二以上的农村学校教师认为怒江州发放的"乡村教师生活补助"的标准还是偏低了，与他们的辛苦付出不成比例。

表2—51　农村学校教师对于乡村教师生活补助标准的评价　　（人）

村办小学或幼儿园所在地	调查人数	比较合适	明显偏低	明显偏高
贡山县独龙江乡	15	3	12	
福贡县匹河乡	9	2	7	
福贡县子里甲乡	15	6	9	
兰坪县河西乡	10	6	4	
泸水市大兴地镇	46	6	40	
泸水市秤杆乡	15	9	6	
合计	110	32	78	

对于目前怒江州发放的乡村教师生活补助"能否保障教师在农村学校安心教书"这一问题，选择"能"的仅有27人，占24.55%；有54名教师选择"不能"，占49.09%；另有29人选择"不确定"。

对于"在日常工作和生活中你主要面临哪些客观困难"这个问题（此为多选题），在110名农村学校教师中，认可度较高（认可度在50%及以上）的选项有6个，从高到低依次是：学生文化基础薄弱、环境闭塞、生活条件艰苦、部分家长不重视学前教育、娱乐方式单一、学生汉语基础差（见表2—52和表2—53）。

表2—52　农村教师在日常工作和生活中面临的客观困难（1）　　（人）

村办小学或幼儿园所在地	调查人数	学校的基础设施简陋	生活条件艰苦	娱乐方式单一	对当地的饮食不习惯	学生文化基础薄弱	学生汉语基础差
贡山县独龙江乡	15	10	12	9	2	10	8
福贡县匹河乡	9	2	3	4		7	2
福贡县子里甲乡	15	12	11	10		13	15
兰坪县河西乡	10	2	2	2		2	1
泸水市大兴地镇	46	12	32	28	1	30	18
泸水市秤杆乡	15	11	7	7		12	13
合计	110	49	67	60	3	74	57

表2—53　农村教师在日常工作和生活中面临的客观困难（2）　　（人）

村办小学或幼儿园所在地	调查人数	既要管教学，还要管寄宿生的生活	要负责校园设施的日常维护	要同时教几个年级的学生	部分家长不重视学前教育	环境闭塞
贡山县独龙江乡	15	5	8	6	9	14
福贡县匹河乡	9	3	2		4	1
福贡县子里甲乡	15	2	2		9	4
兰坪县河西乡	10	7	4	4	4	2
泸水市大兴地镇	46	31	25	10	31	39
泸水市秤杆乡	15		5		8	9
合计	110	48	46	20	65	69

对于"在工作和生活中你主要面临哪些方面的压力"这一问题（此为多选题），在110名农村学校教师中，认可度较高（认可度在

50%及以上）的选项有3个，从高到低依次是：经济收入太低，教学、生活、安全都要管，与家长的沟通比较困难（见表2—54和表2—55）。

表2—54　　农村教师在工作和生活中面临的压力（1）　　　　（人）

村办小学或幼儿园所在地	调查人数	经济收入太低	职称晋升问题	婚姻问题	家庭问题	学生太难教
贡山县独龙江乡	15	13	4	5	7	
福贡县匹河乡	9	9		1	1	3
福贡县子里甲乡	15	15	5		3	7
兰坪县河西乡	10	4	1	2	6	1
泸水市大兴地镇	46	45	31	17	31	19
泸水市秤杆乡	15	12		3	2	1
合计	110	98	42	28	50	31

表2—55　　农村教师在工作和生活中面临的压力（2）　　　　（人）

村办小学或幼儿园所在地	调查人数	与家长的沟通比较困难	对工作、生活的环境不适应	对职业发展前景不乐观	教学、生活、安全都要管	身份问题得不到解决
贡山县独龙江乡	15	10	2	5	12	4
福贡县匹河乡	9	5		1	4	2
福贡县子里甲乡	15	6		4	9	6
兰坪县河西乡	10	5			9	
泸水市大兴地镇	46	24	10	19	23	3
泸水市秤杆乡	15	6	2	2	7	2
合计	110	56	14	31	64	17

四 对当地教育扶贫政策实施效果的评价

在110名参与问卷调查的农村学校教师中,对于"当地教育扶贫政策的实施效果是怎样的"这一问题,有64名教师选择了"比较好",所占比例为58.18%(见表2—56)。

表2—56　　农村学校教师对当地教育扶贫政策的评价　　　　（人）

村办小学或幼儿园所在地	调查人数	比较好	一般	比较差
贡山县独龙江乡	15	12	3	
福贡县匹河乡	9	4	3	2
福贡县子里甲乡	15	3	11	1
兰坪县河西乡	10	9	1	
泸水市大兴地镇	46	26	20	
泸水市秤杆乡	15	10	5	
合计	110	64	43	3

对于当地农村学校的"拆点并校"行为,有55名农村学校教师选择了"应该继续大力推行",占50.00%;认为"不能盲目推行"的有45人,占40.91%;另有10人选择"不确定"。由此可见,对于"拆点并校"这个问题,怒江州当地的农村教师存在较大的意见分歧。

对于怒江州农村学校和教学点布局的评价,在110名农村学校教师中,有41人认为"布局合理",占37.27%;另外有29人认为"布局不合理";有40人选择"不清楚"(见表2—57)。

对于"当地的教育扶贫所取得的成效"这一问题(此为多选题),在110名农村学校教师中,认可度较高(认可度在50%及以上)的选项有7个,从高到低依次是:减轻了贫困学生家庭的经济负担、改善了学校的基础设施、提高了学校的教育质量、缩小了城乡学校的差距、有效地降低了辍学率、发展了学前教育、提高了师资队伍的教学水平（见表2—58和表2—59）。

表2—57　　　对于怒江州现有农村学校和教学点布局的评价　　　（人）

村办小学或幼儿园所在地	调查人数	布局合理	布局不合理	不清楚
贡山县独龙江乡	15	12	2	1
福贡县匹河乡	9	8	1	
福贡县子里甲乡	15	9		6
兰坪县河西乡	10	4	3	3
泸水市大兴地镇	46	5	18	23
泸水市秤杆乡	15	3	5	7
合计	110	41	29	40

表2—58　　　　　当地的教育扶贫所取得的成效（1）　　　　　（人）

村办小学或幼儿园所在地	调查人数	缩小了城乡学校的差距	提高了学校的教育质量	减轻了贫困学生家庭的经济负担	改善了学校的基础设施	提高了师资队伍的教学水平	提高了学校教师的工资和福利待遇
贡山县独龙江乡	15	10	7	15	13	8	4
福贡县匹河乡	9	8	8	5	8	5	
福贡县子里甲乡	15	5	11	11	9	6	5
兰坪县河西乡	10	8	10	9	10	7	2
泸水市大兴地镇	46	41	40	41	43	26	16
泸水市秤杆乡	15	11	13	14	9	4	1
合计	110	83	89	95	92	56	28

表 2—59　　当地的教育扶贫所取得的成效（2）　　（人）

村办小学或幼儿园所在地	调查人数	有效地降低了辍学率	发展了学前教育	发展了高中教育	提升了学校的办学技术水平	把少数民族文化引入校园	培养了一批双语教师
贡山县独龙江乡	15	11	6		2	7	
福贡县匹河乡	9	6	5		1		
福贡县子里甲乡	15	6	11	2	2	1	2
兰坪县河西乡	10	8	5		1	6	1
泸水市大兴地镇	46	27	27	15	14	21	17
泸水市秤杆乡	15	9	5			4	1
合计	110	67	59	17	20	39	21

对于"当地的教育扶贫存在的问题"这一问题（此为多选题），在110名农村学校教师中，认可度较高（认可度在50%及以上）的选项有7个，从高到低依次是：优秀教师引进不力、学校配套建设资金不足、教师的工作负担重、学校现有教学基础设施较为落后、学生上学路途太远、教师工资低、教师福利差（见表2—60和表2—61）。

表 2—60　　当地的教育扶贫存在的问题（1）　　（人）

村办小学或幼儿园所在地	调查人数	学校现有教学基础设施较为落后	学校配套建设资金不足	优秀教师引进不力	教师队伍的整体教学水平较低	学生上学路途太远	学校布局不合理	学生家庭经济负担依然很重
贡山县独龙江乡	15	9	8	12	9	5	2	
福贡县匹河乡	9	7	4	8	3			1
福贡县子里甲乡	15	12	9	7	3	14	2	7

续表

村办小学或幼儿园所在地	调查人数	学校现有教学基础设施较为落后	学校配套建设资金不足	引进优秀教师不力	教师队伍的整体教学水平较低	学生上学路途太远	学校布局不合理	学生家庭经济负担依然很重
兰坪县河西乡	10	2	7	8	4	6		
泸水市大兴地镇	46	31	42	41	21	35	21	16
泸水市秤杆乡	15	14	13	11	8	8	1	
合计	110	75	83	87	48	69	26	24

表2—61　　当地的教育扶贫存在的问题（2）　　（人）

村办小学或幼儿园所在地	调查人数	教师的工作负担重	学校管理制度不健全	教师工资低	教师福利差	不重视少数民族文化进校园工作	双语教师的培养工作不到位	没有编写本地少数民族文化教材
贡山县独龙江乡	15	13	6	12	10	4	3	1
福贡县匹河乡	9	4		5	4			
福贡县子里甲乡	15	8		11	2	1	4	1
兰坪县河西乡	10	6	1	2	2		2	3
泸水市大兴地镇	46	42	24	30	37	19	16	17
泸水市秤杆乡	15	5	4	6	6		1	3
合计	110	78	35	66	61	24	26	25

五　对完善当地的教育扶贫工作的建议

对于"当地的教育扶贫工作需要完善哪些策略"这一问题（此为多选题），在110名农村学校教师中，认可度较高（认可度在50%及以上）的选项有6个，从高到低依次是：改善学校的办学条件、加大对教师队伍的培训力度、减轻教师的工作负担、多引进高水平的优秀教师、切实提高教师工资待遇、完善教师福利待遇（见表2—62和表2—63）。

表2—62　　当地的教育扶贫工作需要完善的策略（1）　　（人）

村办小学或幼儿园所在地	调查人数	改善学校的办学条件	多引进高水平的优秀教师	加大对教师队伍的培训力度	改革教学模式	优化学校布局	提高学生的资助标准	减轻教师的工作负担
贡山县独龙江乡	15	12	10	11	6	4	8	13
福贡县匹河乡	9	6	7	4	4	3	2	4
福贡县子里甲乡	15	12	7	13	4	7	12	9
兰坪县河西乡	10	8	7	9	4	3	5	8
泸水市大兴地镇	46	30	26	27	25	21	16	30
泸水市秤杆乡	15	13	13	12	8	5	7	7
合计	110	81	70	76	51	43	50	71

表2—63　　当地的教育扶贫工作需要完善的策略（2）　　（人）

村办小学或幼儿园所在地	调查人数	健全学校管理制度	切实提高教师工资待遇	完善教师福利待遇	加强少数民族文化进校园工作	加强双语教师的培养工作	编写本地少数民族文化教材
贡山县独龙江乡	15	7	12	10	5		4
福贡县匹河乡	9	3	3	2	1		2
福贡县子里甲乡	15	3	10	2	2	4	2
兰坪县河西乡	10	2	4	4	5		2
泸水市大兴地镇	46	20	29	31	14	10	9
泸水市秤杆乡	15	5	6	7	6	4	5
合计	110	40	64	56	33	18	24

对于"你对于怒江州的农村小学和幼儿园有什么建议"这一问题（此为多选题），在110名农村学校教师中，认可度较高（认可度在50%及以上）的选项有5个，从高到低依次是：切实提高农村教师的工资待遇、改变当地农村群众不重视学前教育的观念、完善农村教师的福利待遇、加强农村学校的基础设施建设、解决农村教师编制不足的问题（见表2—64和表2—65）。

表2—64　　对于怒江州的农村小学和幼儿园的建议（1）　　　　（人）

村办小学或幼儿园所在地	调查人数	加强农村学校的基础设施建设	不要盲目地追求"拆点并校"	农村教师招聘的门槛适当降低	切实提高农村教师的工资待遇	解决农村教师编制不足的问题
贡山县独龙江乡	15	9	10	5	12	13
福贡县匹河乡	9	5	2	4	4	5
福贡县子里甲乡	15	15	9	6	11	4
兰坪县河西乡	10	9	4	4	9	6
泸水市大兴地镇	46	24	17	6	39	21
泸水市秤杆乡	15	8	6	3	11	10
合计	110	70	48	28	86	59

表2—65　　对于怒江州农村小学和幼儿园的建议（2）　　　　（人）

村办小学或幼儿园所在地	调查人数	改变当地农村群众不重视学前教育的观念	农村学前教育教师必须招聘学前教育专业毕业的	完善农村教师的福利待遇	利用互联网加快农村学校的教育信息化建设	在职称评审、培训等方面向农村教师倾斜
贡山县独龙江乡	15	9	6	10	5	4
福贡县匹河乡	9	2	3	4	1	1
福贡县子里甲乡	15	12	1	5	3	4

续表

村办小学或幼儿园所在地	调查人数	改变当地农村群众不重视学前教育的观念	农村学前教育师必须招聘学前教育专业毕业的	完善农村教师的福利待遇	利用互联网加快农村学校的教育信息化建设	在职称评审、培训等方面向农村教师倾斜
兰坪县河西乡	10	6	7	6	1	3
泸水市大兴地镇	46	34	17	35	18	20
泸水市秤杆乡	15	13	4	13	6	7
合计	110	76	38	73	34	39

第五节 职业技术学校教师的问卷调查情况

一 职业技术学校教师的基本情况

课题组对怒江州的2所职业技术学校的教师进行了问卷调查，一共发放了55份调查问卷，实际收回有效问卷53份。在53名参与问卷调查的职业技术学校教师中，有男教师29人，女教师24人，其中高中学历教师2人，专科学历教师7人，本科学历教师44人（见表2—66）；具有初级及以下职称的教师14人，具有中级职称的教师23人，具有高级职称的教师16人；25岁以下的有4人，26—35岁的有11人，36—50岁的有26人，51岁及以上的有12人。

表2—66　　　　职业技术学校教师的学历结构　　　　（人）

学校	调查人数	中专（高中）	专科	本科
兰坪县中等职业技术学校	24		2	22
怒江州民族中等专业学校	29	2	5	22
合计	53	2	7	44

在53名接受问卷调查的职业技术学校教师当中,少数民族教师所占比例为90.57%,其中人数最多的是白族,此外还有彝族、傈僳族、普米族等民族(见表2—67)。

表2—67　　　　怒江州职业技术学校教师的民族结构　　　　　　(人)

学校	调查人数	傈僳族	白族	怒族	普米族	独龙族	彝族	汉族	其他
兰坪县中等职业技术学校	24		16	2				5	1
怒江州民族中等专业学校	29	5	11	1	2		10		
合计	53	5	27	1	4		10	5	1

在53名职业技术学校教师当中,月平均可支配收入基本上在4000元以上,只有个别教师的月平均可支配收入在4000元以下(见表2—68)。

表2—68　　　怒江州职业技术学校教师的月平均可支配收入　　　(人)

学校	调查人数	不到3000元	3000—3999元	4000—4999元	5000—5999元	6000元及以上
兰坪县中等职业技术学校	24	1		10	8	5
怒江州民族中等专业学校	29	3	1		11	14
合计	53	4	1	10	19	19

二　对当地的教育扶贫的评价

在53名职业技术学校教师当中,对当地教育扶贫政策的实施效果给予"比较好"评价的有24人,给予"一般"评价的有26人,给予"比较差"评价的有3人(见表2—69)。给予"比较好"评价的教师所占比例不足50%。

第二章 怒江州教育扶贫政策实施效果的田野调查

表2—69　　　　　对于当地教育扶贫政策的评价　　　　　（人）

学校	调查人数	比较好	一般	比较差
兰坪县中等职业技术学校	24	10	14	
怒江州民族中等专业学校	29	14	12	3
合计	53	24	26	3

对于"当地的教育扶贫所取得的成效"这个问题（此为多选题），职业技术学校的教师认可度较高（在50%及以上）的选项有4个，从高到低依次是：减轻了贫困学生家庭的经济负担、改善了学校的基础设施、缩小了城乡学校的差距、有效降低了辍学率（见表2—70、表2—71和表2—72）。

表2—70　　　　　当地的教育扶贫所取得的成效（1）　　　　（人）

学校	调查人数	缩小了城乡学校的差距	提高了学校的教育质量	减轻了贫困学生家庭的经济负担	改善了学校的基础设施
兰坪县中等职业技术学校	24	20	13	20	17
怒江州民族中等专业学校	29	12	9	24	20
合计	53	32	22	44	37

表2—71　　　　　当地的教育扶贫所取得的成效（2）　　　　（人）

学校	调查人数	提高了师资队伍的整体水平	提高了教师的待遇	有效降低了辍学率	发展了学前教育
兰坪县中等职业技术学校	24	8	2	15	8
怒江州民族中等专业学校	29	7	1	14	7
合计	53	15	3	29	15

表2—72　　　　当地的教育扶贫所取得的成效（3）　　　　　（人）

学校	调查人数	发展了职业教育	发展了高中教育	把少数民族文化引入了校园	培养了双语教师
兰坪县中等职业技术学校	24	10	1	6	2
怒江州民族中等专业学校	29	11	5	4	4
合计	53	21	6	10	6

对于"当地的教育扶贫存在的问题"这一问题（此为多选题），职业技术学校的教师对于"优秀教师引进不力"的认可度达到69.81%。此外，关于"学校的配套设施建设不完善""教师的日常工作负担重""教师的工资低"这三个选项的认可度也都在50%以上（见表2—73、表2—74和表2—75）。

表2—73　　　　当地的教育扶贫存在的问题（1）　　　　　（人）

学校	调查人数	学校现有教学基础设施较为落后	学校的配套设施建设不完善	优秀教师引进不力	现有教师队伍的整体教学水平较低	学生上学路途太远
兰坪县中等职业技术学校	24	12	17	21	12	6
怒江州民族中等专业学校	29	13	18	16	11	12
合计	53	25	35	37	23	18

表2—74　　　　当地的教育扶贫存在的问题（2）　　　　　（人）

学校	调查人数	学校布局不合理	学生家庭负担沉重	教师的日常工作负担重	学校管理制度不健全	教师的工资低
兰坪县中等职业技术学校	24	7	5	11	6	13
怒江州民族中等专业学校	29	8	3	17	8	14
合计	53	15	8	28	14	27

表2—75 当地教育扶贫存在的问题（3） （人）

学校	调查人数	教师的福利待遇差	不重视少数民族文化进校园工作	双语教师的培养工作不到位	没有编写本地少数民族文化教材
兰坪县中等职业技术学校	24	8	3	7	3
怒江州民族中等专业学校	29	17	3	5	5
合计	53	25	6	12	8

三　对完善当地的教育扶贫工作的建议

对于"当地的教育扶贫需要完善哪些策略"这一问题（此为多选题），在53名职业技术学校教师中，有40人选择"加大对教师队伍的培训力度"，有37人选择"多引进高水平的优秀新教师"，有34人选择"切实改善学校的办学条件"，有30人选择"切实提高教师工资待遇"，29人选择"完善教师的福利待遇"（见表2—76、表2—77和表2—78）。在排名前5位的选项中，有4个都与师资队伍建设紧密相关。

表2—76 当地的教育扶贫需要完善的策略（1） （人）

学校	调查人数	切实改善学校的办学条件	多引进高水平的优秀新教师	加大对教师队伍的培训力度	改革教学模式	优化学校布局
兰坪县中等职业技术学校	24	17	19	20	10	10
怒江州民族中等专业学校	29	17	18	20	10	9
合计	53	34	37	40	20	19

表2—77　　　当地的教育扶贫需要采取的完善策略（2）　　　　（人）

学校	调查人数	加大教育扶贫资金的投入	切实减轻教师的工作负担	健全学校管理制度	切实提高教师工资待遇	完善教师的福利待遇
兰坪县中等职业技术学校	24	9	8	11	14	11
怒江州民族中等专业学校	29	7	13	15	16	18
合计	53	16	21	26	30	29

表2—78　　　当地的教育扶贫需要完善的策略（3）　　　　（人）

学校	调查人数	重视少数民族文化进校园工作	加强双语教师的培养工作	编写本地少数民族文化教材
兰坪县中等职业技术学校	24	6	2	3
怒江州民族中等专业学校	29	3	4	6
合计	53	9	6	9

第六节　普通中学学生的问卷调查情况

课题组一共对怒江州4个县（市）的9所城乡普通中学的学生进行了问卷调查，共计发放调查问卷710份，收回有效问卷681份，重点是了解当地中学生对于所在学校办学条件、教育质量和当地教育扶贫工作的意见和建议。本次问卷调查涉及怒江州民族中学、泸水市民族中学（乡镇初中）、贡山县茨开镇中心学校（县城学校）、贡山县第一中学、贡山县独龙江乡中心学校、福贡县第一中学、福贡县民族中学（乡镇初中）、兰坪县民族中学、兰坪县河西乡中心学校9所城乡普通中学。

一 普通中学生的基本情况

在681名参与问卷调查的普通中学生当中,来自初二年级的有209人,来自初三年级的有223人,来自高二年级的有173人,来自高三年级的有76人。

在681名普通中学生当中,来自建档立卡贫困户的学生有306人。参与问卷调查的学生来自建档立卡贫困户的比例达到50%以上的学校有:泸水市民族中学(乡镇初中)、贡山县独龙江乡中心学校、福贡县第一中学高中部、福贡县民族中学(乡镇初中)、兰坪县民族中学高中部、兰坪县河西乡中心学校。在乡镇初中里面,参与问卷调查的学生来自建档立卡贫困家庭的比例均达到50%以上,其中比例最高的是福贡县民族中学(乡镇初中),达到了71.43%;而在县城初中里面,参与问卷调查的学生来自建档立卡贫困家庭的比例均在50%以下,其中比例最低的是怒江州民族中学初中部,仅为14.29%。

在681名普通中学生当中,其家庭位于县城的有173人,位于乡(镇)政府所在地的有104人,位于农村的有404人。从参与问卷调查的681名学生的民族结构来看,少数民族有628人,所占比例为92.22%,其中傈僳族、白族、怒族和独龙族学生的人数相对较多(见表2—79)。

表2—79　　　　　　普通中学生的民族结构　　　　　　(人)

学校	调查人数	傈僳族	白族	怒族	普米族	独龙族	彝族	汉族	其他民族
怒江州民族中学初中部	77	29	24	3	2	1		17	1
怒江州民族中学高中部	99	34	37	5	6	3	2	10	2
泸水市民族中学	56	53	2					1	
贡山县茨开镇中心学校	52	18	2	10	1	13		3	5

续表

学校	调查人数	傈僳族	白族	怒族	普米族	独龙族	彝族	汉族	其他民族
贡山县第一中学高中部	51	27		8		8		6	2
贡山县独龙江乡中心学校	50					49	1		
福贡县第一中学初中部	50	38	3	5		1		3	
福贡县第一中学高中部	50	31	6	8	1	1		3	
福贡县民族中学	49	10		37				2	
兰坪县民族中学初中部	48	10	31		4		1	2	
兰坪县民族中学高中部	49	15	21		8		1	4	
兰坪县河西乡中心学校	50	18	11		10		6	5	
合计	681	283	137	76	32	76	14	53	10

二 家庭教育支出状况

对于"你所在家庭每年用于你上学的支出费用大概是多少"这个问题，在681名普通中学生当中，选择"3000元以下"的有205人，其中大部分是乡镇初中的学生；选择"7000元以上"的有180人，他们基本上都是县城中学的学生，这说明怒江州县城中学生的家庭教育支出要明显高于乡镇中学生（见表2—80）。

表2—80　　　　家庭花在学生本人身上的年均教育支出　　　　（人）

学校	调查人数	3000元以下	3000—4999元	5000—6999元	7000—9999元	10000—14999元	15000元及以上
怒江州民族中学初中部	77	17	24	13	10	8	5
怒江州民族中学高中部	99	4	11	20	23	30	11
泸水市民族中学	56	23	19	10	3	1	
贡山县茨开镇中心学校	52	19	20	5	4	4	

续表

学校	调查人数	3000元以下	3000—4999元	5000—6999元	7000—9999元	10000—14999元	15000元及以上
贡山县第一中学高中部	51	9	16	17	5	3	1
贡山县独龙江乡中心学校	50	38	6	5	1		
福贡县第一中学初中部	50	17	9	8	5	6	5
福贡县第一中学高中部	50	4	14	18	5	7	2
福贡县民族中学	49	30	11	5		1	2
兰坪县民族中学初中部	48	20	22	2	1	1	2
兰坪县民族中学高中部	49	6	8	8	18	5	4
兰坪县河西乡中心学校	50	18	21	4	4	1	2
合计	681	205	181	115	79	67	34

对于"你所在家庭承担你的上学费用是否有困难"这个问题，在681名普通中学生当中，选择"没有困难，完全能承担"的有291人，占42.73%；选择"有困难，但勉强能承担"的有365人，占53.60%；选择"有困难，承担不起"的有25人，占3.67%（见表2—81）。

表2—81 家庭在承担学生上学费用方面是否有困难 （人）

学校	调查人数	有困难，承担不起	有困难，但勉强能承担	没有困难，完全能承担
怒江州民族中学初中部	77	3	11	63
怒江州民族中学高中部	99	1	46	52
泸水市民族中学	56	4	45	7
贡山县茨开镇中心学校	52		14	38
贡山县第一中学高中部	51	2	35	14
贡山县独龙江乡中心学校	50	2	44	4
福贡县第一中学初中部	50	5	23	22

续表

学校	调查人数	有困难，承担不起	有困难，但勉强能承担	没有困难，完全能承担
福贡县第一中学高中部	50	3	39	8
福贡县民族中学	49		34	15
兰坪县民族中学初中部	48	4	13	31
兰坪县民族中学高中部	49	1	41	7
兰坪县河西乡中心学校	50		20	30
合计	681	25	365	291

三 学生对所在学校教育质量的评价

对于"你觉得自己所在学校的教育质量怎么样"这个问题，在681名普通中学生当中，有337人选择"比较好"，有301人选择"一般"，另有43人选择"比较差"，这说明怒江州普通中学的教育质量并不高（见表2—82）。

表2—82 学生对自己所在学校教育质量的评价 （人）

学校	调查人数	比较好	一般	比较差
怒江州民族中学初中部	77	27	45	5
怒江州民族中学高中部	99	52	44	3
泸水市民族中学	56	44	12	
贡山县茨开镇中心学校	52	42	10	
贡山县第一中学高中部	51	28	22	1
贡山县独龙江乡中心学校	50	6	27	17
福贡县第一中学初中部	50	13	28	9
福贡县第一中学高中部	50	15	30	5
福贡县民族中学	49	29	19	1
兰坪县民族中学初中部	48	26	21	1

续表

学校	调查人数	比较好	一般	比较差
兰坪县民族中学高中部	49	32	17	
兰坪县河西乡中心学校	50	33	16	1
合计	681	337	301	43

对于"你对所在学校老师的教学水平作何评价"这一问题，在681名普通中学生当中，选择"大部分认真负责，教学水平高"的有381人，占55.95%；认为"大部分认真负责，教学水平一般"的有276人；另有20人选择"大部分不认真负责，教学水平一般"；有4人选择"大部分不认真负责，教学水平差"（见表2—83）。

表2—83　　　学生对所在学校老师教学水平的评价　　　（人）

学校	调查人数	大部分认真负责，教学水平高	大部分认真负责，教学水平一般	大部分不认真负责，教学水平一般	大部分不认真负责，教学水平差
怒江州民族中学初中部	77	37	36	3	1
怒江州民族中学高中部	99	45	49	5	
泸水市民族中学	56	43	12	1	
贡山县茨开镇中心学校	52	46	6		
贡山县第一中学高中部	51	39	10	2	
贡山县独龙江乡中心学校	50	18	30	2	
福贡县第一中学初中部	50	24	23	1	2
福贡县第一中学高中部	50	15	33	1	1
福贡县民族中学	49	32	15	2	
兰坪县民族中学初中部	48	21	26	1	
兰坪县民族中学高中部	49	26	23		
兰坪县河西乡中心学校	50	35	13	2	
合计	681	381	276	20	4

对于"班上的课堂气氛是否活跃"这一问题,在681名普通中学生当中,选择"比较活跃"的只有308人,所占比例为45.23%,另外有141人选择了"比较沉闷",有232人选择了"一般"。

表2—84　　　　　　　　班级的课堂气氛活跃程度　　　　　　　　（人）

学校	调查人数	比较活跃	一般	比较沉闷
怒江州民族中学初中部	77	41	24	12
怒江州民族中学高中部	99	19	44	36
泸水市民族中学	56	31	16	9
贡山县茨开镇中心学校	52	37	7	8
贡山县第一中学高中部	51	32	14	5
贡山县独龙江乡中心学校	50	30	16	4
福贡县第一中学初中部	50	21	18	11
福贡县第一中学高中部	50	6	30	14
福贡县民族中学	49	19	23	7
兰坪县民族中学初中部	48	17	14	17
兰坪县民族中学高中部	49	24	9	16
兰坪县河西乡中心学校	50	31	17	2
合计	681	308	232	141

对于"你觉得老师的课堂教学是否具有启发性"这个问题,在681名普通中学生当中,有448人选择"有一定的启发性",所占比例为65.79%（见表2—85）。

对于"班上的老师会带领你们对月考、期中考、期末考的考试结果进行分析吗"这个问题,在681名普通中学生当中,有402人选择"经常分析",所占比例为59.03%；另有279人选择"偶尔分析"或者"不分析"（见表2—86）。也就是说,有40%的老师并没有养成对各类考试的结果进行分析和反思的习惯。

表2—85　　　　　老师的课堂教学是否具有启发性　　　　　（人）

学校	调查人数	有一定的启发性	没有启发性	感觉一般
怒江州民族中学初中部	77	42	15	20
怒江州民族中学高中部	99	48	18	33
泸水市民族中学	56	46	5	5
贡山县茨开镇中心学校	52	47	2	3
贡山县第一中学高中部	51	36	6	9
贡山县独龙江乡中心学校	50	38	9	3
福贡县第一中学初中部	50	31	11	8
福贡县第一中学高中部	50	29	6	15
福贡县民族中学	49	41	2	6
兰坪县民族中学初中部	48	21	20	7
兰坪县民族中学高中部	49	31	13	5
兰坪县河西乡中心学校	50	38	8	4
合计	681	448	115	118

表2—86　　　　　班上的老师是否会带领学生进行试卷分析　　　　　（人）

学校	调查人数	经常分析	偶尔分析	不分析
怒江州民族中学初中部	77	40	34	3
怒江州民族中学高中部	99	49	46	4
泸水市民族中学	56	42	13	1
贡山县茨开镇中心学校	52	39	13	
贡山县第一中学高中部	51	31	19	1
贡山县独龙江乡中心学校	50	39	8	3
福贡县第一中学初中部	50	22	20	8
福贡县第一中学高中部	50	22	27	1
福贡县民族中学	49	34	11	4

续表

学校	调查人数	经常分析	偶尔分析	不分析
兰坪县民族中学初中部	48	23	21	4
兰坪县民族中学高中部	49	30	19	
兰坪县河西乡中心学校	50	31	18	1
合计	681	402	249	30

对于"你对自己未来的中考（或高考）前景感到乐观吗"这个问题，在681名普通中学生当中，选择"乐观"的仅有203人，所占比例为29.81%；选择"不乐观"的有115人，另有363人选择"感觉一般"（见表2—87）。

表2—87　　学生对于未来的中考（或高考）前景是否乐观　　　（人）

学校	调查人数	乐观	感觉一般	不乐观
怒江州民族中学初中部	77	18	49	10
怒江州民族中学高中部	99	20	57	22
泸水市民族中学	56	35	18	3
贡山县茨开镇中心学校	52	20	32	
贡山县第一中学高中部	51	18	28	5
贡山县独龙江乡中心学校	50	6	32	12
福贡县第一中学初中部	50	20	25	5
福贡县第一中学高中部	50	7	14	29
福贡县民族中学	49	15	28	6
兰坪县民族中学初中部	48	13	24	11
兰坪县民族中学高中部	49	12	31	6
兰坪县河西乡中心学校	50	19	25	6
合计	681	203	363	115

四 学生在学习中面临的困难

对于"你在学习中面临的困难主要有哪些"这个问题（此为多选题），在681名普通中学生当中，有403人选择了"学习效率比较低下"，所占比例为59.18%；有238人选择了"对读书提不起兴趣"，所占比例为34.95%（见表2—88）。

表2—88　　　　学生在学习中面临的主要困难　　　　　（人）

学校	调查人数	对读书提不起兴趣	老师的教学方式单一	学校的教学设施太落后	所在班级学风不好	学校对老师的考核不严格	学习效率比较低下
怒江州民族中学初中部	77	25	20	14	15	6	45
怒江州民族中学高中部	99	22	28	9	10	19	69
泸水市民族中学	56	24	18	5	7	6	44
贡山县茨开镇中心学校	52	15	2	2	16	7	18
贡山县第一中学高中部	51	19	18	11	6	1	31
贡山县独龙江乡中心学校	50	24	20	19	25	5	30
福贡县第一中学初中部	50	20	16	14	11	14	28
福贡县第一中学高中部	50	14	9	1	31	16	39
福贡县民族中学	49	22	12	7	19	8	24
兰坪县民族中学初中部	48	19	23	4	18	9	16
兰坪县民族中学高中部	49	13	24	2	3	5	30
兰坪县河西乡中心学校	50	21	20	6	13	4	29
合计	681	238	210	94	174	100	403

对于"哪几门课程你感觉学起来比较吃力"这个问题（此为多选题），在681名普通中学生当中，有426人选择了"数学"，有403人选择了"英语"，有345人选择了"物理"。也就是说，数学、英语和物理是学生们感觉比较头疼的课程（见表2—89）。

表2—89　　　　　学生感觉学起来比较吃力的课程　　　　　　　　（人）

学校	调查人数	语文	数学	英语	政治	历史	物理	化学	地理	生物
怒江州民族中学初中部	77	18	24	44	13	20	48	13	42	16
怒江州民族中学高中部	99	30	63	38	37	35	37	27	24	39
泸水市民族中学	56	12	37	36	19	22	15	10	30	16
贡山县茨开镇中心学校	52	9	30	12	12	19	40	4	8	
贡山县第一中学高中部	51	8	36	34	4	10	27	29	3	3
贡山县独龙江乡中心学校	50	2	39	43	9	5	34	37	12	6
福贡县第一中学初中部	50	18	26	33	13	37	11	4	8	8
福贡县第一中学高中部	50	4	34	28	5	3	40	26	5	7
福贡县民族中学	49	19	28	39	3	10	31	34	7	4
兰坪县民族中学初中部	48	10	36	38	7	27	31	6	2	
兰坪县民族中学高中部	49	2	43	26	6	6	13	5	12	
兰坪县河西乡中心学校	50	9	30	32	15	12	22	18	10	37
合计	681	141	426	403	140	186	345	238	167	138

五　学生对于当地教育信息化的评价

对于"你们的老师平时经常使用多媒体设备来讲课吗"这个问题，在681名普通中学生当中，有460名学生选择了"经常使用"，有178名学生选择了"偶尔使用"，有43名学生选择了"很少使用"。而且在同一个县域内，县城学校教师使用多媒体的频率明显高于乡镇学校教师，这主要是城乡学校在教学硬件设施方面存在显著差异所造成的结果。

对于"你们的老师使用多媒体设备主要是用来做什么"这个问题，在681名普通中学生当中，选择"播放PPT"的有416人，所占比例为61.09%，也就是说大部分老师使用多媒体设备主要是用来播放教学课件。

对于"你希望老师大量使用多媒体设备来进行教学吗"这个问题，在681名普通中学生当中，有445人选择"希望"，所占比例为65.35%。

对于"你觉得学校有必要开展远程教育（通过互联网上国内名校教师的课）吗"这个问题，在681名学生当中，选择"有必要"的仅有309人，所占比例为45.37%；选择"没有必要"和"不确定"的均为186人（见表2—90）。

表2—90　　　　　学校开展远程教育的必要性　　　　　（人）

学校	调查人数	有必要	没有必要	不确定
怒江州民族中学初中部	77	34	23	20
怒江州民族中学高中部	99	50	14	35
泸水市民族中学	56	37	11	8
贡山县茨开镇中心学校	52	31	15	6
贡山县第一中学高中部	51	18	15	18
贡山县独龙江乡中心学校	50	17	8	25
福贡县第一中学初中部	50	18	22	10
福贡县第一中学高中部	50	21	19	10
福贡县民族中学	49	14	16	19
兰坪县民族中学初中部	48	19	19	10
兰坪县民族中学高中部	49	22	11	16
兰坪县河西乡中心学校	50	28	13	9
合计	681	309	186	186

六　少数民族文化进校园工作的状况及评价

对于"你了解本民族的传统文化吗"这一问题，在681名普通中学生当中，仅有157人选择"非常了解"，所占比例为23.05%；有

453人选择"了解一点点";有71人选择"不了解"(见表2—91)。

表2—91　　　　学生对本民族传统文化的了解程度　　　　　　(人)

学校	调查人数	非常了解	了解一点点	不了解
怒江州民族中学初中部	77	15	50	12
怒江州民族中学高中部	99	15	69	15
泸水市民族中学	56	17	30	9
贡山县茨开镇中心学校	52	11	40	1
贡山县第一中学高中部	51	15	34	2
贡山县独龙江乡中心学校	50	17	30	3
福贡县第一中学初中部	50	14	27	9
福贡县第一中学高中部	50	12	35	3
福贡县民族中学	49	14	33	2
兰坪县民族中学初中部	48	12	32	4
兰坪县民族中学高中部	49	5	39	5
兰坪县河西乡中心学校	50	10	34	6
合计	681	157	453	71

对于"你所在学校是否使用双语教学"这个问题,在681名普通中学生当中,选择"使用"的仅有203人,所占比例为29.81%,选择"没有使用"的有334人,另有144人选择"不清楚"。

对于"你觉得自己所在学校是否有必要采用双语教学"这个问题,在681名普通中学生当中,选择"有必要"的有298人,所占比例为43.76%,另有232人选择"没有必要",有151人选择"不确定"(见表2—92)。

表2—92　　　　所在学校是否有必要采用双语教学　　　　　　（人）

学校	调查人数	有必要	没有必要	不确定
怒江州民族中学初中部	77	42	13	22
怒江州民族中学高中部	99	47	29	23
泸水市民族中学	56	43	2	11
贡山县茨开镇中心学校	52	22	18	12
贡山县第一中学高中部	51	28	16	7
贡山县独龙江乡中心学校	50	7	35	8
福贡县第一中学初中部	50	11	21	18
福贡县第一中学高中部	50	26	19	5
福贡县民族中学	49	20	15	14
兰坪县民族中学初中部	48	13	26	9
兰坪县民族中学高中部	49	15	23	11
兰坪县河西乡中心学校	50	24	15	11
合计	681	298	232	151

对于"所在学校主要采取哪些方式来宣传当地的少数民族文化"这个问题（此为多选题），在681名普通中学生当中，有603人选择了"学习少数民族歌舞"，所占比例高达88.55%；有313人选择了"在少数民族节日开展宣传活动"，所占比例为45.96%；有188人选择了"学习制作少数民族工艺品和服饰等"，所占比例为27.61%；而选择"学习演奏少数民族乐器"和"组织学生诵读少数民族的民间故事"的学生比例均不足15%（见表2—93）。

表2—93　　所在学校宣传当地少数民族文化的方式　　　　（人）

学校	调查人数	学习少数民族歌舞	学习制作少数民族工艺品和服饰等	在少数民族节日开展宣传活动	组织学生诵读少数民族的民间故事	学习演奏少数民族乐器
怒江州民族中学初中部	77	62	7	22	7	5
怒江州民族中学高中部	99	85	9	45	7	5
泸水市民族中学	56	52	18	27	3	8
贡山县茨开镇中心学校	52	50	11	35	15	14
贡山县第一中学高中部	51	48	8	18	2	10
贡山县独龙江乡中心学校	50	39	36	41	18	1
福贡县第一中学初中部	50	41	21	29	1	2
福贡县第一中学高中部	50	46		24		5
福贡县民族中学	49	49	22	21	3	9
兰坪县民族中学初中部	48	39	11	16		2
兰坪县民族中学高中部	49	47	6	21	2	5
兰坪县河西乡中心学校	50	45	21	14	6	12
合计	681	603	188	313	64	78

对于"你觉得所在的学校是否有必要开设反映本地少数民族文化的课程"这一问题，在681名普通中学生当中，选择"有必要"的有494人，所占比例为72.54%（见表2—94）。

对于"学校是否应该承担培养本地少数民族文化传承人的任务"这个问题，在681名普通中学生当中，有483人选择了"应该"，所占比例为70.93%（见表2—95）。

表2—94　学校开设反映本地少数民族文化课程的必要性　（人）

学校	调查人数	有必要	没有必要	不确定
怒江州民族中学初中部	77	53	11	13
怒江州民族中学高中部	99	75	13	11
泸水市民族中学	56	51	1	4
贡山县茨开镇中心学校	52	37	4	11
贡山县第一中学高中部	51	40	4	7
贡山县独龙江乡中心学校	50	38	6	6
福贡县第一中学初中部	50	28	8	14
福贡县第一中学高中部	50	38	5	7
福贡县民族中学	49	29	11	9
兰坪县民族中学初中部	48	25	7	16
兰坪县民族中学高中部	49	41	1	7
兰坪县河西乡中心学校	50	39	7	4
合计	681	494	78	179

表2—95　学校是否应该承担培养本地少数民族文化传承人的任务　（人）

学校	调查人数	应该	不确定	不应该
怒江州民族中学初中部	77	44	26	7
怒江州民族中学高中部	99	68	26	5
泸水市民族中学	56	51	4	1
贡山县茨开镇中心学校	52	44	7	1
贡山县第一中学高中部	51	37	12	2
贡山县独龙江乡中心学校	50	41	8	1
福贡县第一中学初中部	50	30	16	4
福贡县第一中学高中部	50	34	14	2

续表

学校	调查人数	应该	不确定	不应该
福贡县民族中学	49	31	15	3
兰坪县民族中学初中部	48	29	14	5
兰坪县民族中学高中部	49	41	6	2
兰坪县河西乡中心学校	50	33	11	6
合计	681	483	159	39

对于"你觉得学校需要经常开展少数民族文化活动吗"这个问题，在681名普通中学生当中，选择"很需要"的有493人，所占比例为72.39%（见表2—96）。

表2—96　　学校是否需要经常开展少数民族文化活动　　（人）

学校	调查人数	很需要	不需要	不确定
怒江州民族中学初中部	77	55	7	15
怒江州民族中学高中部	99	66	8	25
泸水市民族中学	56	44	3	9
贡山县茨开镇中心学校	52	36	3	13
贡山县第一中学高中部	51	41	4	6
贡山县独龙江乡中心学校	50	39	3	8
福贡县第一中学初中部	50	40	4	6
福贡县第一中学高中部	50	40	6	4
福贡县民族中学	49	30	4	15
兰坪县民族中学初中部	48	37	3	8
兰坪县民族中学高中部	49	31	5	13
兰坪县河西乡中心学校	50	34	8	8
合计	681	493	58	130

七 学生对于当地教育扶贫工作的评价

在681名普通中学生当中,认为当地的教育扶贫政策对减轻学生家庭经济负担"有明显的帮助"的学生仅有183名,占26.87%;认为"没有帮助"的学生有124名,占18.21%;而认为"有一点帮助"的学生有374名,占54.92%(见表2—97)。

表2—97　　当地教育扶贫政策对减轻学生家庭经济负担的效果　　（人）

学校	调查人数	有明显的帮助	有一点帮助	没有帮助
怒江州民族中学初中部	77	7	37	33
怒江州民族中学高中部	99	20	58	21
泸水市民族中学	56	4	45	7
贡山县茨开镇中心学校	52	28	24	
贡山县第一中学高中部	51	23	24	4
贡山县独龙江乡中心学校	50	12	23	15
福贡县第一中学初中部	50	5	34	11
福贡县第一中学高中部	50	17	29	4
福贡县民族中学	49	22	22	5
兰坪县民族中学初中部	48	14	25	9
兰坪县民族中学高中部	49	15	25	9
兰坪县河西乡中心学校	50	16	28	6
合计	681	183	374	124

对于"你所在的学校是否缺乏音乐、体育和美术老师"这个问题,在681名普通中学生当中,选择"不缺乏"的有445人,所占比例为65.35%;有148人选择"缺乏",所占比例为21.73%;另有88人选择"不清楚"。

对于"你对学校的教学基础设施满意吗"这个问题,在681名学生当中,选择"满意"的仅有290人,所占比例为42.58%;另外有103人选择"不满意",有288人选择"感觉很一般"(见表2—98)。

表2—98　　　　学生对学校的教学基础设施的满意度　　　　(人)

学校	调查人数	满意	不满意	感觉很一般
怒江州民族中学初中部	77	22	16	39
怒江州民族中学高中部	99	32	19	48
泸水市民族中学	56	38	1	17
贡山县茨开镇中心学校	52	40	2	10
贡山县第一中学高中部	51	24	2	25
贡山县独龙江乡中心学校	50	12	25	13
福贡县第一中学初中部	50	17	11	22
福贡县第一中学高中部	50	17	7	26
福贡县民族中学	49	25	4	20
兰坪县民族中学初中部	48	27	3	18
兰坪县民族中学高中部	49	17	5	27
兰坪县河西乡中心学校	50	19	8	23
合计	681	290	103	288

对于"你对学校的后勤服务满意吗"这个问题,在681名普通中学生当中,选择"满意"的仅有244人,所占比例为35.83%;另有120人选择"不满意",有317人选择"感觉很一般"(见表2—99)。

对于"导致本地学生辍学的原因都有哪些"这一问题(此为多选题),在681名普通中学生当中,高达628人选择了"对读书不感兴趣",所占比例为92.22%,而选择"家庭经济困难"的有448人,所占比例为65.79%;另外有212人选择了"受读书无用论的影响",有97人选择了"学校的教学质量差"(见表2—100)。

表2—99　　　　学生对学校后勤服务的满意度　　　　　（人）

学校	调查人数	满意	不满意	感觉很一般
怒江州民族中学初中部	77	13	17	47
怒江州民族中学高中部	99	26	25	48
泸水市民族中学	56	35	4	17
贡山县茨开镇中心学校	52	39	4	9
贡山县第一中学高中部	51	23	6	22
贡山县独龙江乡中心学校	50	5	12	33
福贡县第一中学初中部	50	8	18	24
福贡县第一中学高中部	50	15	5	30
福贡县民族中学	49	16	11	22
兰坪县民族中学初中部	48	11	10	27
兰坪县民族中学高中部	49	20	6	23
兰坪县河西乡中心学校	50	33	2	15
合计	681	244	120	317

表2—100　　　　导致本地学生辍学的原因　　　　　（人）

学校	调查人数	家庭经济困难	学校的教学质量差	对读书不感兴趣	受读书无用论的影响
怒江州民族中学初中部	77	35	14	70	17
怒江州民族中学高中部	99	79	10	89	33
泸水市民族中学	56	45	9	54	16
贡山县茨开镇中心学校	52	18	2	52	8

续表

学校	调查人数	家庭经济困难	学校的教学质量差	对读书不感兴趣	受读书无用论的影响
贡山县第一中学高中部	51	29	10	48	10
贡山县独龙江乡中心学校	50	40	4	47	25
福贡县第一中学初中部	50	37	13	43	18
福贡县第一中学高中部	50	43	10	46	23
福贡县民族中学	49	33	5	47	19
兰坪县民族中学初中部	48	17	9	42	27
兰坪县民族中学高中部	49	35	5	46	7
兰坪县河西乡中心学校	50	37	6	44	9
合计	681	448	97	628	212

对于"你所在学校平时主要开展哪些课外活动"这个问题（此为多选题），在681名普通中学生当中，有631人选择了"体育活动"，所占比例高达92.66%；有483人选择了"文化艺术活动"，所占比例为70.93%；另外选择"社会实践活动"的有175人，选择"课外科技活动"的有124人。

对于"你觉得当地教育事业存在的不足主要有哪些"这个问题（此为多选题），在681名普通中学生当中，认可度较高（认可度在50%以上）的选项有2个，其中有529人选择"学生的学习动力不足"，有355人选择"城乡教育质量的差距很大"。相比之下，选择"城乡学校的基础设施存在较大差距"的学生只有264人，这说明怒江州的城乡学校在基础设施方面的差距正在逐渐缩小，但是在教育质量方面的差距依然较大（见表2—101）。

表2—101　　　　　当地教育事业存在的不足　　　　　　（人）

学校	调查人数	城乡教育质量的差距很大	城乡学校的基础设施存在较大差距	学生的学习动力不足	没有充分体现本地少数民族特色	父母没有给孩子提供家庭教育	社会上对教育不够重视
怒江州民族中学初中部	77	28	22	63	22	8	17
怒江州民族中学高中部	99	67	44	80	24	30	39
泸水市民族中学	56	32	16	47	13	21	3
贡山县茨开镇中心学校	52	11	13	52	3	30	10
贡山县第一中学高中部	51	18	19	30	15	12	17
贡山县独龙江乡中心学校	50	46	27	41	20	28	15
福贡县第一中学初中部	50	22	19	42	19	14	14
福贡县第一中学高中部	50	37	23	43	11	32	14
福贡县民族中学	49	15	22	30	15	24	4
兰坪县民族中学初中部	48	18	15	32	20	10	15
兰坪县民族中学高中部	49	33	20	36	15	11	14
兰坪县河西乡中心学校	50	27	24	33	14	12	5
合计	681	355	264	529	191	232	167

八　学生对于完善当地教育扶贫工作的建议

对于"自己所在学校在哪些方面还需要改进"这个问题（此为多选题），在681名普通中学生当中，有404人选择了"整顿学风以改变部分学生的不良习气"，这也是唯一一个认可度在50%以上的选项（见表2—102）。

表 2—102　　所在学校需要改进的地方　　（人）

学校	调查人数	努力提高教师的教学水平	加强学校的基础设施建设	学校对老师的教学要有奖惩措施	培养少数民族文化的传承人	整顿学风以改变部分学生的不良习气	多引进高水平的新教师	采用多种教学方式	加强与省内外名校的交流
怒江州民族中学初中部	77	29	47	23	30	22	35	24	24
怒江州民族中学高中部	99	41	39	37	30	59	41	53	65
泸水市民族中学	56	17	22	26	24	34	7	17	17
贡山县茨开镇中心学校	52	11	13	6	35	46	3	32	38
贡山县第一中学高中部	51	11	21	9	15	33	7	20	12
贡山县独龙江乡中心学校	50	44	49	41	33	37	22	20	18
福贡县第一中学初中部	50	19	22	23	22	28	12	12	14
福贡县第一中学高中部	50	26	22	19	9	39	14	21	22
福贡县民族中学	49	13	19	18	8	31	7	17	10
兰坪县民族中学初中部	48	16	8	16	11	26	13	19	15
兰坪县民族中学高中部	49	19	20	20	9	27	14	20	18
兰坪县河西乡中心学校	50	19	29	15	17	22	11	22	14
合计	681	265	309	253	253	404	186	277	267

对于"当地的教育扶贫工作需要完善哪些策略"这个问题（此为多选题），在 681 名普通中学生当中，认可度较高（在 50% 以上）的选项有 5 个，从高到低依次是：家庭经济状况不同的学生，其资助金额也应不同；增加对贫困学生的资助金额；让更多的农村儿童能接受幼儿园教育；加强农村学校基础设施建设；让更多的学生获得资助（见表 2—103 和表 2—104）。

表 2—103　　当地的教育扶贫工作需要完善的策略（1）　　（人）

学校	调查人数	增加对贫困学生的资助金额	多引进一些高水平的教师到农村学校	家庭经济状况不同的学生，其资助金额也应不同	让更多的学生获得资助
怒江州民族中学初中部	77	42	34	30	39
怒江州民族中学高中部	99	64	51	56	40
泸水市民族中学	56	33	21	22	30
贡山县茨开镇中心学校	52	28	5	33	36
贡山县第一中学高中部	51	22	9	16	23
贡山县独龙江乡中心学校	50	49	49	46	48
福贡县第一中学初中部	50	29	30	28	25
福贡县第一中学高中部	50	23	24	30	29
福贡县民族中学	49	21	23	15	18
兰坪县民族中学初中部	48	14	20	31	15
兰坪县民族中学高中部	49	18	14	34	18
兰坪县河西乡中心学校	50	24	26	31	21
合计	681	367	306	372	342

表 2—104　　当地的教育扶贫工作需要完善的策略（2）　　（人）

学校	调查人数	对大中专毕业生进行就业帮扶	国内大学对怒江州学生进行定向招生	让更多的农村儿童能接受到幼儿园教育	加强农村学校基础设施的建设
怒江州民族中学初中部	77	16	31	40	30
怒江州民族中学高中部	99	19	64	71	79
泸水市民族中学	56	11	15	21	18

续表

学校	调查人数	对大中专毕业生进行就业帮扶	国内大学对怒江州学生进行定向招生	让更多的农村儿童能接受到幼儿园教育	加强农村学校基础设施的建设
贡山县茨开镇中心学校	52	37	31	26	20
贡山县第一中学高中部	51	12	22	27	12
贡山县独龙江乡中心学校	50	42	23	18	29
福贡县第一中学初中部	50	18	18	23	18
福贡县第一中学高中部	50	14	16	38	35
福贡县民族中学	49	12	15	29	31
兰坪县民族中学初中部	48	9	12	23	26
兰坪县民族中学高中部	49	12	24	19	29
兰坪县河西乡中心学校	50	13	16	27	24
合计	681	215	287	362	351

第七节 职业技术学校学生的问卷调查情况

一 职业技术学校学生的基本情况

课题组在怒江州的2所职业技术学校向学生发放了175份调查问卷，实际收回有效问卷165份。在参与问卷调查的165名职业技术学校学生中，有男生84人，女生81人；2017级71人，2018级73人、2019级21人；在165名学生当中，有143人是少数民族，所占比例为86.67%（见表2—105）。

表 2—105　　　　　　　　　学生的民族结构　　　　　　　　　　（人）

学校	调查人数	傈僳族	白族	怒族	普米族	独龙族	彝族	汉族	其他民族
怒江州民族中等专业学校	100	35	23	8	1	1	5	20	7
兰坪县中等职业技术学校	65	23	34	1	3	1	1	2	
合计	165	58	57	9	4	2	6	22	7

在 165 名学生中，有 73 名学生来自建档立卡贫困户家庭，有 7 名学生的家庭位于县城，有 40 名学生的家庭位于乡（镇）政府所在地，有 118 名学生的家庭位于农村。

对于"你到职业技术学校读书的主要原因是什么"这个问题，在 165 名职业技术学校学生中，有 134 人选择"为了将来找好工作而学习某项技能"。

对于"你选择现在所学专业的主要原因是什么"这个问题，有 76 人选择了"学这个专业将来好就业"，有 73 人选择了"自己喜欢这个专业"（见表 2—106）。

表 2—106　　　　学生选择现在所学专业的主要原因　　　　（人）

学校	调查人数	学这个专业将来好就业	自己喜欢这个专业	自己随便选的	家人或朋友帮助选的
怒江州民族中等专业学校	100	48	39	4	9
兰坪县中等职业技术学校	65	28	34		3
合计	165	76	73	4	12

二　家庭教育支出状况

对于"你家每年用于你身上的教育支出大概是多少"这个问题，在 165 名职业技术学校学生中，有 34 人选择"3000 元以下"，但同时选择"10000 元以上"的也有 38 人（见表 2—107）。

表2—107　　　　学生所在家庭每年的教育支出　　　　　　　　（人）

学校	调查人数	3000元以下	3000—4999元	5000—6999元	7000—9999元	10000—14999元	15000元以上
怒江州民族中等专业学校	100	8	13	15	29	27	8
兰坪县中等职业技术学校	65	26	19	12	5	3	
合计	165	34	32	27	34	30	8

对于"你所在家庭承担你的上学费用是否有困难"这个问题，在165名职业技术学校学生中，有5人选择了"有困难且承担不起"，有124人选择了"有困难但勉强能承担"，有36人选择了"没有困难"（见表2—108）。

表2—108　　　　学生所在家庭能否承担上学费用　　　　　　　（人）

学校	调查人数	有困难且承担不起	有困难但勉强能承担	没有困难
怒江州民族中等专业学校	100	2	75	23
兰坪县中等职业技术学校	65	3	49	13
合计	165	5	124	36

三　学生对于所在学校教育质量的评价

对于"你自己觉得自己所在学校的教育质量怎么样"这个问题，在165名职业技术学校学生中，有58人选择了"比较好"，所占比例仅为35.15%，另有93人选择了"一般"，有14人选择了"比较差"（见表2—109）。

表2—109　　　　学生对职业技术学校教育质量的评价　　　　　（人）

学校	调查人数	比较好	一般	比较差
怒江州民族中等专业学校	100	26	62	12
兰坪县中等职业技术学校	65	32	31	2
合计	165	58	93	14

对于"你所在班级的课堂气氛是否活跃"这个问题，在165名职业技术学校学生中，有69人选择"比较活跃"，所占比例仅为41.82%（见表2—110）。

表2—110　　　　　　　　学校的课堂气氛　　　　　　　　（人）

学校	调查人数	比较活跃	比较沉闷	一般
怒江州民族中等专业学校	100	31	15	54
兰坪县中等职业技术学校	65	38	7	20
合计	165	69	22	74

对于"你觉得在职业技术学校学到的东西对于你将来找工作的帮助大不大"这个问题，在165名职业技术学校学生中，有78人选择"会有很大的帮助"，有84人选择"会有一点帮助"，有3人选择"没有什么帮助"。

对于"你对所在学校教师的教学水平的总体看法是怎样的"这个问题，在165名职业技术学校学生中，有73人选择了"大部分认真负责，教学水平较高"，有54人选择了"大部分认真负责，教学水平一般"，另有36人选择了"大部分不认真负责，教学水平一般"或者"大部分不认真负责，教学水平差"（见表2—111）。

表2—111　　　学生对所在学校教师的教学水平的评价　　　（人）

学校	调查人数	大部分认真负责，教学水平较高	大部分认真负责，教学水平一般	大部分不认真负责，教学水平一般	大部分不认真负责，教学水平差
怒江州民族中等专业学校	100	32	36	30	2
兰坪县中等职业技术学校	65	41	18	6	
合计	165	73	54	36	2

对于"你觉得本校教师的实践教学（指导实训、实习等）水平怎么样"这个问题，在165名职业技术学校学生中，仅有65人选择"整

体比较高",所占比例为39.39%,另有95人选择"整体比较差"(见表2—112)。

表2—112 学生对本校教师实践教学水平的评价 (人)

学校	调查人数	整体比较高	整体一般	整体比较差
怒江州民族中等专业学校	100	29	4	67
兰坪县中等职业技术学校	65	36	1	28
合计	165	65	5	95

对于"你觉得老师的课堂教学是否具有启发性"这个问题,在165名职业技术学校学生中,仅有79人选择了"有一定的启发性",所占比例为47.88%(见表2—113)。

表2—113 老师的教学方式是否有启发性 (人)

学校	调查人数	有一定的启发性	没有启发性	感觉一般
怒江州民族中等专业学校	100	37	25	38
兰坪县中等职业技术学校	65	42	7	16
合计	165	79	32	54

对于"你对自己的就业前景感到乐观吗"这个问题,在165名职业技术学校学生中,仅有61人选择"很乐观",所占比例为36.97%,另有93人选择"感觉一般",有11人选择"很不乐观"(见表2—114)。

表2—114 学生对自己的就业前景是否感到乐观 (人)

学校	调查人数	很乐观	感觉一般	很不乐观
怒江州民族中等专业学校	100	32	58	10
兰坪县中等职业技术学校	65	29	35	1
合计	165	61	93	11

四 学生在学习中面临的困难

对于"你在学习中面临的困难主要有哪些"这个问题(此为多选题),在165名职业技术学校学生中,认可度在50%以上的选项有2个,即"学校的教学设备太落后"和"老师的教学方式太单一"。此外选择"学习效率低下"和"对读书提不起兴趣"的学生也为数不少(见表2—115)。

表2—115　　　　学生在学习中面临的主要困难　　　　　(人)

学校	调查人数	对读书提不起兴趣	老师的教学方式太单一	学校的教学设备太落后	所在班级学风不好	学校对老师的考核不严格	老师的教学水平不高	学习效率低下
怒江州民族中等专业学校	100	31	56	53	20	31	3	41
兰坪县中等职业技术学校	65	33	29	35	19	12		27
合计	165	64	85	88	39	43	3	68

五 学生对于当地教育信息化的评价

对于"你们的老师经常使用多媒体设备来讲课吗"这个问题,在165名职业技术学校学生中,有28人选择"很少使用",有88人选择"偶尔使用",有49人选择"经常使用"。

对于"你们的老师使用多媒体设备主要用来做什么"这个问题,在165名职业技术学校学生中,有34人选择"播放PPT",有128人选择"播放关于课本内容的视频"。

对于"你希望老师大量使用多媒体设备来进行教学吗"这个问题,在165名职业技术学校学生中,有91人选择"希望",有31人选择"不希望",另有43人选择"不确定"。

对于"你觉得学校有必要开展远程教育(通过互联网上国内名校教师的课)吗"这个问题,在165名职业技术学校学生中,有60人选择"很有必要",所占比例仅为36.36%;另有36人选择"没有必要", 有69人选择"不确定"(见表2—116)。田野调查数据充分说明, 怒江州职业技术学校的学生对于教育信息化的认可度并不高。

表2—116　　　　　学校开展远程教育的必要性　　　　　　　　(人)

学校	调查人数	很有必要	没有必要	不确定
怒江州民族中等专业学校	100	41	20	39
兰坪县中等职业技术学校	65	19	16	30
合计	165	60	36	69

六　关于少数民族文化进校园工作的状况及评价

对于"你了解本民族的传统文化吗"这个问题, 在165名职业技术学校学生中, 仅有49人选择"非常了解", 所占比例为29.70%, 另有101人选择"了解一点点", 有15人选择"不了解"。从田野调查数据来看, 怒江州当地职业技术学校的学生对于本民族(见表2—117)传统文化的了解状况不容乐观。

表2—117　　　　学生对于本民族传统文化的了解程度　　　　　(人)

学校	调查人数	非常了解	了解一点点	不了解
怒江州民族中等专业学校	100	28	59	13
兰坪县中等职业技术学校	65	21	42	2
合计	165	49	101	15

对于"你们学校主要采取哪些方式来宣传当地的少数民族文化"这个问题(此为多选题), 在165名职业技术学校学生中, 有151人选择了"学习少数民族歌舞", 所占比例为91.52%; 有88人选择了"在少数民族节日开展宣传活动", 所占比例为53.33%, 相比之下, 选择"学习制作少数民族手工艺品、服饰等""组织学生朗读少数民族的民间故事"和"学习演奏少数民族乐器"的学生就很少了(见表2—118)。

表2—118　　　学校宣传当地少数民族文化的方式　　　　　（人）

学校	调查人数	学习少数民族歌舞	学习制作少数民族手工艺品、服饰等	在少数民族节日开展宣传活动	组织学生朗读少数民族的民间故事	学习演奏少数民族乐器
怒江州民族中等专业学校	100	89	39	47	4	8
兰坪县中等职业技术学校	65	62	16	41	2	6
合计	165	151	55	88	6	14

对于"你愿意向外界宣传本民族的传统文化吗"这个问题，在165名职业技术学校学生中，有138人选择了"愿意"，所占比例为83.64%（见表2—119）。

表2—119　　　学生向外界宣传本民族传统文化的意愿　　　　（人）

学校	调查人数	愿意	不愿意	不确定
怒江州民族中等专业学校	100	81	7	12
兰坪县中等职业技术学校	65	57	3	5
合计	165	138	10	17

对于"你觉得有必要在学校开设反映本地少数民族文化的课程吗"这个问题，在165名职业技术学校学生中，仅有77人选择了"有必要"，所占比例为46.67%。

表2—120　　　学校开设本地少数民族文化课程的必要性　　　（人）

学校	调查人数	有必要	没有必要	不清楚
怒江州民族中等专业学校	100	45	22	33
兰坪县中等职业技术学校	65	32	14	19
合计	165	77	36	52

对于"你觉得本地的职业技术学校是否应该培养怒江州少数民族文化的传承人"这个问题,在165名职业技术学校学生中,有96人选择了"应该",所占比例为58.18%(见表2—121)。

表2—121　　本校是否应该培养本地少数民族文化的传承人　　　　　　(人)

学校	调查人数	应该	不应该	不确定
怒江州民族中等专业学校	100	56	4	40
兰坪县中等职业技术学校	65	40	7	18
合计	165	96	11	58

对于"你的学校需要经常开展少数民族文化活动吗"这个问题,在165名职业技术学校学生中,有117人选择了"很需要",所占比例为70.91%,另有19人选择了"不需要",有29人选择了"不确定"。

七　学生对当地教育扶贫工作的评价

对于"当地的教育扶贫政策对减轻你家里经济负担的效果是怎样的"这个问题,在165名职业技术学校学生中,有44人选择"有很大的帮助",有86人选择"有一点帮助",有35人选择"没有什么帮助"(见表2—122)。

表2—122　　教育扶贫政策对减轻学生家庭经济负担的效果　　　　　　(人)

学校	调查人数	有很大的帮助	有一点帮助	没有什么帮助
怒江州民族中等专业学校	100	18	55	27
兰坪县中等职业技术学校	65	26	31	8
合计	165	44	86	35

对于"你喜欢自己目前所学的专业吗"这个问题,在165名职业技术学校学生中,有110人选择"喜欢",有50人选择"感觉一般"(见表2—123)。

表2—123　　　　学生对自己所学专业的喜爱程度　　　　　(人)

学校	调查人数	喜欢	不喜欢	感觉一般
怒江州民族中等专业学校	100	57	5	38
兰坪县中等职业技术学校	65	53		12
合计	165	110	5	50

对于"你毕业后希望去哪里工作"这个问题,在165名职业技术学校学生中,有48人选择"到外省工作",有46人选择"到其他地州工作",只有27人选择"在怒江州本地工作",另有44人选择"自主创业"(见表2—124)。

表2—124　　　　　　学生的就业意向　　　　　　　(人)

学校	调查人数	到外省工作	到其他地州工作	在怒江州本地工作	自主创业
怒江州民族中等专业学校	100	25	32	21	22
兰坪县中等职业技术学校	65	23	14	6	22
合计	165	48	46	27	44

对于"你对学校里的实训场地和实训设备满意吗"这个问题,在165名职业技术学校学生中,仅有51人选择"满意",有41人选择"不满意",有73人选择"感觉一般"(见表2—125)。

表 2—125　　学生对学校里实训场地和实训设备的满意度　　（人）

学校	调查人数	满意	不满意	感觉一般
怒江州民族中等专业学校	100	20	29	51
兰坪县中等职业技术学校	65	31	12	22
合计	165	51	41	73

对于"你对学校的后勤服务满意吗"这个问题，在165名职业技术学校学生中，仅有39人选择了"满意"，有50人选择了"不满意"，另有76人选择了"感觉一般"（见表2—126）。

表 2—126　　学生对学校后勤服务的满意度　　（人）

学校	调查人数	满意	不满意	感觉一般
怒江州民族中等专业学校	100	17	37	46
兰坪县中等职业技术学校	65	22	13	30
合计	165	39	50	76

对于"你觉得本地学生辍学的原因主要有哪些？"这一问题（此为多选题），在165名职业技术学校学生中，有147人选择"对读书不感兴趣"，所占比例高达89.09%，有125人选择"家庭经济困难"，所占比例为75.76%（见表2—127）。

表 2—127　　导致本地学生辍学的主要原因

学校	调查人数	家庭经济困难	学校的教学质量差	对读书不感兴趣	受读书无用论的影响
怒江州民族中等专业学校	100	72	39	89	40
兰坪县中等职业技术学校	65	53	11	58	14
合计	165	125	50	147	54

对于"你所在学校平时主要开展哪些课外活动"这个问题（此为多选题），在165名职业技术学校学生中，有136人选择"体育活动"，有120人选择"社会实践活动"，有113人选择"文化艺术活动"，只有19人选择"科技活动"。

八 学生对于完善当地教育扶贫工作的建议

对于"你觉得自己所在学校在哪些方面还需要改进"这个问题（此为多选题），在165名职业技术学校学生中，有116人选择了"加强学校基础设施建设"，而对于其余选项的认可度均不足50%（见表2—128）。

表2—128　　　　　　　　所在学校需要改进的地方

学校	调查人数	提高教师的教学水平	加强学校基础设施建设	学校对老师的教学成绩要有奖惩措施	专业设置要符合当地经济的特点	加强与当地企业的合作	努力培养当地少数民族文化的传承人	整顿学风以改变部分学生的不良习气	多引进高水平的教师
怒江州民族中等专业学校	100	28	73	31	46	33	29	22	17
兰坪县中等职业技术学校	65	15	43	22	27	21	16	20	12
合计	165	43	116	53	73	54	45	42	29

对于"当地的教育扶贫工作需要完善哪些策略"这个问题（此为多选题），在165名职业技术学校学生中，认可度较高（50%以上）的选项有4个，从高到低依次是：让尽可能多的学生获得资助、增加对贫困学生的资助金额、对大中专毕业生进行就业帮扶、改变社会对职业技术教育的偏见（见表2—129）。

表 2—129　　当地的教育扶贫需要采取的完善策略

学校	调查人数	增加对贫困学生的资助金额	让尽可能多的学生获得资助	家庭经济状况不同的学生，资助金额也要不同	对大中专毕业生进行就业帮扶	改变社会对职业技术教育的偏见	政府要加强对毕业生自主创业的扶持
怒江州民族中等专业学校	100	63	65	45	54	53	47
兰坪县中等职业技术学校	65	36	44	21	36	32	34
合计	165	99	109	66	90	85	81

第三章　怒江州教育扶贫工作存在的问题

通过广泛的田野调查，结合 259 份少数民族学生家庭调查问卷、518 份教师调查问卷和 846 份学生调查问卷的数据，以及个案访谈情况，课题组发现怒江州在教育扶贫工作中所取得的成效主要包括：有效降低了辍学率、改善了当地学校（尤其是乡村学校）的教学基础设施条件、减轻了贫困学生家庭的经济负担等。特别是 14 年免费教育政策的实施，在一定程度上减轻了学生家庭在教育支出方面的负担，同时"一村一幼"计划的实施也填补了当地农村学前教育的空白。

但是，课题组在田野调查中也发现，怒江州的教育扶贫工作仍然存在着诸多问题，主要表现为：工作理念和工作机制滞后、群众满意度不高、教育质量低下且校际差异大、教育扶贫资金严重短缺、乡村学校的师资队伍比较薄弱、学校在传承少数民族文化方面缺乏作为、职业教育发展滞后且缺乏地方民族特色。这些问题的存在，在很大程度上阻碍了怒江州教育扶贫工作的深入推进，也影响了教育扶贫政策在当地的实施效果。

第一节　工作理念和工作机制滞后

一　在工作理念上重"硬件"轻"软件"

教育作为一项特殊的社会公共服务，尤其是贫困地区的教育工作，牵涉面广、周期长、见效慢，决定了教育扶贫必然是一项长期性、艰巨性的工作。教育扶贫的特质要求我们在教育扶贫过程中切忌急功近利、急于求成。但是,出于自我利益最大化的理性考量,地方官员更倾向于将各种资源投入修建校舍、购买设备等易于凸显工作业绩的学校硬件设施建设方面,那些"看不见、摸不着"的软件建设很难引起他们的重视。[①] 当前,怒江州的教育扶贫工作理念比较重视教育"硬件"的建设,但对于教育"软件"的重视力度明显不够,这集中地表现在当地政府所制定的《怒江州教育脱贫攻坚3年行动计划(2018—2020年)》上。

《怒江州教育脱贫攻坚3年行动计划(2018—2020年)》提出的工作目标是:到2020年,怒江州各个县(市)的教育总体发展水平得到显著提升,完成县域义务教育均衡目标任务,实现建档立卡贫困人口教育基本公共服务全覆盖;保障建档立卡贫困家庭孩子接受并完成义务教育,不让一个学生因为家庭经济困难而失学。为了实现这一目标,怒江州制定了较为详细的教育扶贫项目表。

表3—1　　　　怒江州教育脱贫攻坚3年行动计划项目

项目名称	建设性质	建设地点	主要建设内容	财政投入(万元)
贫困村学前教育基础设施建设	新建、改扩建	4县(市)	新建、改扩建145所幼儿园,建设校舍22240平方米,按标准配套设备设施	8896.00
		泸水市	改扩建14所幼儿园,建设校舍3846平方米,按标准配套设备设施;2018年建4所,2019年建7所,2020年建3所;其中老窝镇2所,鲁掌镇1所,六库镇5所,洛本卓乡1所,古登乡4所,大兴地镇1所	1538.40
		福贡县	学前教育基础设施24所	1274.40
		贡山县	新建、改扩建11所幼儿园,其中丙中洛镇2所、茨开镇4所、捧当乡1所、普拉底乡4所,建设校舍1361平方米,按标准配套设备设施	544.40
		兰坪县	新建、改扩建96所幼儿园,其中金顶镇8所、通甸镇4所、河西乡12所、中排乡19所、石登乡13所、营盘镇12所、兔峨乡23所、啦井镇5所	5538.80

---

① 付卫东、曾新:《十八大以来我国教育扶贫实施的成效、问题及展望——基于中西部6省18个扶贫开发重点县(区)的调查》,《华中师范大学学报》(人文社会科学版)2019年第5期,第48—50页。

续表

项目名称	建设性质	建设地点	主要建设内容	财政投入（万元）
义务教育保障项目建设	改扩建	4县（市）	改扩建义务教育学校197所，新建校舍面积110327平方米，运动场面积248735平方米，以及附属设施及设施设备购置。2018年改扩建48所学校，2019年改扩建90所学校，2020年改扩建59所学校	86555.40
		泸水市	改扩建义务教育学校51所，新建校舍面积30378平方米，投资8359.29万元，运动场面积64758平方米，投资3244.26万元，以及附属设施及设施设备购置投资8521.82万元；2018年改扩建8所，2019年改扩建20所，2020年改扩建23所	20125.37
		福贡县	改扩建义务教育学校20所，新建校舍面积8180平方米，运动场面积49312平方米，以及附属设施设备购置。2018年改扩建12所，2019年改扩建6所，2020年改扩建2所	6626.02
		贡山县	改扩建义务教育学校7所，新建校舍面积6300平方米，运动场面积12600平方米，以及附属设施及设施设备购置。2018年改扩建5所学校，即茨开镇完小、丙中洛中学、普拉底乡九年一贯制学校、独龙江乡九年一贯制学校、普拉底乡腊早小学；2019年改扩建2所学校，即丙中洛镇中心学校及捧当乡中心学校	2722.00
	新建、改扩建	兰坪县	改扩建义务教育学校119所，新建校舍面积65469平方米，运动场面积122065平方米，购置附属设施及设备。2018年改扩建23所，2019年改扩建62所，2020年改扩建34所	57082.01

续表

项目名称	建设性质	建设地点	主要建设内容	财政投入（万元）
普通高中教育基础设施建设	新建、改扩建	四县（市）	改扩建普通高中学校6所，新建校舍面积30700平方米，运动场面积64694平方米，以及购置附属设施及设备	23349.32
		泸水市	改扩建普通高中学校2所，新建校舍面积17100平方米，运动场面积25000平方米，以及购置附属设施及设备。2018年改扩建泸水一中，2019年改扩建怒江州民族中学	10037.60
		兰坪县	改扩建普通高中学校2所，新建校舍面积13600平方米，运动场面积22534平方米，以及购置附属设施及设备。2018年建设兰坪县第一中学，2019年建设兰坪县民族中学	11636.12
	改扩建	福贡县	改扩建福贡一中，运动场面积2000平方米，以及购置附属设施及设备	942.80
		贡山县	改扩建贡山一中，运动场面积15160平方米。2018年建设贡山一中足球场人工草坪11000平方米；2019年建设贡山一中篮球场雨棚4160平方米	732.80
怒江州职教中心建设	新建	怒江州职教中心建设	怒江州职教中心占地309亩，校舍13万平方米。可以容纳在校生9000人，其中全日制在校生6000人，短期适用技能培训3000人	44900.00
教师队伍建设		4县（市）	从昆明市、曲靖市和玉溪市每年各选派50名中青年优秀教师到怒江州的中小学、幼儿园支教，三年共选派450名教师，每人每年给予3万元补助。置换出当地支教学校的中青年教师到三市优质学校跟岗学习，每人每年给予3万元补助	2700.00
怒江州中小学教师培训		4县（市）	以"国培计划"项目实施支持为主，通过"走出去+送进来"的方式，培训校（园）长150名、骨干教师300名、骨干班主任600名；以州、县（市）组织开展全员培训为辅，通过"送教下乡+网络研修"的方式，培训怒江州教师6984人次	1684.50

第三章 怒江州教育扶贫工作存在的问题

续表

项目名称	建设性质	建设地点	主要建设内容	财政投入（万元）
易地扶贫搬迁教育资源配置		兰坪、泸水、福贡	新建幼儿园12所，新建小学4所，改扩建小学5所，迁建上江镇新建村小学1所，新建初级中学1所，改扩建初级中学1所，新建上江镇高级中学1所。新建校舍321014平方米、新建运动场151796平方米，包括征地、附属工程、设施设备建设。2018年建设10所（新建6所幼儿园，新建1所小学，改扩建2所小学和1所初级中学）；2019年建设8所（新建4所幼儿园，新建2所小学，改扩建2所小学）；2020年建设7所（新建2所幼儿园、新建小学1所，改扩建小学1所、迁建小学1所、新建初级中学1所、新建高级中学1所）	123737.24
"直过民族"普通话培训		4县（市）	全州三年共培训32478人次，其中，泸水市10614人次，福贡县15666人次，贡山县2851人次，兰坪县3347人次	4900.65

从表3—1"怒江州教育脱贫攻坚3年行动计划项目表"中可以看出，怒江州在2018—2020年的绝大部分教育扶贫资金都用在了教育硬件设施建设上面，比如教学楼、运动场、附属设施和教学设备等，总的教育扶贫预算资金为29.1822亿元，其中基础设施建设的预算资金就占了98.5%。怒江州把绝大部分教育扶贫资金用在教育硬件设施建设上面，固然有其合理的一面（怒江州教育硬件设施的历史欠账太多），但这也反映出当地政府过于重视教育硬件建设而轻视软件建设的弊端，尤其是对师资队伍建设缺乏足够的重视。其实，教师是办学的第一资源，没有高素质的师资队伍，再多的教育硬件设施往往也是无济于事的。

在怒江州的教育脱贫攻坚规划中，在师资队伍建设方面的主要措施就是从昆明市、曲靖市和玉溪市每年各选派50名中青年优秀教师到怒江州的中小学和幼儿园支教，然后每年再置换出怒江州当地学校的150名中青年教师到这三个城市的优质学校跟岗学习,这一措施固然会有一定的效果,但是对其的期望不能过高。至于以"国培计划"项目实施支持为主,在2018—2020年培训校(园)长150名、骨干教师300名和骨干班主任600名的计划,对其效果的期望同样不能过高,原因主要有两个:首先,覆盖面比较有限;其次,培训缺乏针对性。

课题组的田野调查数据也充分说明了这些。在评价近几年来怒江州的教育扶贫所取得的成效时(此为多选题),在204名县城普通学校教师中,认可度较高(认可度在50%及以上)的选项有4个,从高到低依次是:减轻了贫困学生家庭的经济负担、改善了学校的基础设施、缩小了城乡学校的差距、有效降低了辍学率(见第二章表2—17、表2—18、表2—19);在151名乡镇学校教师中,认可度较高的选项有5个,从高到低依次是:减轻了贫困学生家庭的经济负担、改善了学校的基础设施、缩小了城乡学校的差距、提高了学校的教育质量、有效降低了辍学率(见第二章表2—30、表2—31、表2—32);在110名农村学校教师中,认可度较高的选项有7个,从高到低依次是:减轻了贫困学生家庭的经济负担、改善了学校的基础设施、提高了学校的教育质量、缩小了城乡学校的差距、有效地降低了辍学率、提高了师资队伍的教学水平(见第二章表2—58、表2—59);在53名职业技术学校的教师中,认可度较高的选项有4个,从高到低依次是:减轻了贫困学生家庭的经济负担、改善了学校的基础设施、缩小了城乡学校的差距、有效降低了辍学率(见第二章表2—70、表2—71、表2—72)。

综合来看,在评价近几年来怒江州当地的教育扶贫所取得的成效时,4类教师都高度认可的选项有4个,分别是:减轻了贫困学生家庭的经济负担、改善了学校的基础设施、缩小了城乡学校的差距、有效降低了辍学率。也就是说,怒江州的教育扶贫所取得的成效主要是在4个方面,其中有2个与学生资助政策有关,另外2个与教育硬件设施有关,它们与师资队伍的关系并不大。

二 部门之间的协同机制不健全

课题组通过调研发现,怒江州当地的教育扶贫工作存在着部门之间协同机制不健全的问题。以从 2016 年 9 月就在怒江州开始实施的 14 年免费教育政策为例。按照云南省人民政府的要求,该项教育扶贫政策主要由怒江州各个县(市)的教育局、财政局及扶贫办负责具体实施,共同管理、共同监督,但实际上 14 年免费教育项目的各个具体实施部门之间的协同机制并不健全。

以怒江州教育局在申报 14 年免费教育项目的专项资金时统计"建档立卡户学生"的流程为例。其具体的工作流程如下:(1)校方向学生(家长)询问其"建档立卡户"身份;(2)学校统计"建档立卡户学生"名单;(3)统计名单交由县(市)教育局备案;(4)县(市)教育局至县(市)扶贫办核实名单;(5)县(市)教育局使用核实后的新名单进行资金测算。

在现实中,建档立卡户由怒江州各个县(市)的扶贫办实行统一动态管理,会定期变更,因此在实施流程(1)时,部分学生及家长所提供的信息是不准确的,因而到了流程(2)的时候,就会出现一定的统计偏差,但由于项目的各个具体实施部门之间的协同度不高,导致"建档立卡户学生遗漏名单"的统计工作未能有效落实,因而学校往往未能在第一时间将"建档立卡户学生遗漏名单"上报至县(市)教育局,而县(市)扶贫办也未能在第一时间将"建档立卡户学生遗漏名单"反馈至县(市)教育局。

由于部门之间的协同机制不健全,必然会带来教育扶贫工作相关统计数据的偏差。例如,2017 年怒江州实施 14 年免费教育项目的测算统计人数与实际人数之间就存在一定的偏差(见表 3—2)。

之所以会产生这么大的人数偏差,其主要原因,一是建档立卡户是由怒江州 4 个县(市)的扶贫办实行统一动态管理的,故"建档立卡户学生"人数波动幅度较大,而县(市)教育局与扶贫办之间的协同机制并不健全,因此预算申报人数与资金实际需求人数之间就会存在差异。二是 2017 年怒江州新建了一批乡村幼儿园,导致 2017

年学前教育的学生人数明显多于2016年统计时的学生人数,但新增学生数没有被及时纳入统计范围,这同样涉及政府部门之间的协同机制问题。

表3—2　2017年度怒江州14年免费教育项目人数偏差情况

范围			人数差额(人)
学前2年	免费教育类	实际数	9865
		测算数	8669
		差数	1196
	适度生活补助	实际数	2089
		测算数	2260
		差数	−171
高中3年	免费教育类	实际数	8497
		测算数	8135
		差数	362
	适度生活补助	实际数	2168
		测算数	1336
		差数	832

三　教育扶贫工作不够精细化

教育精准扶贫的核心要义是因地制宜,突出精准。但在目前的教育扶贫工作中,却往往存在着"一刀切"或"大水漫灌"的现象,过于注重整齐划一和统一标准,缺少对不同地区、不同类别贫困生的特殊需求和个性化特点的关照,容易造成教育扶贫对象的遗漏和扶贫资源的浪费。[①] 以学生资助工作为例,现实中存在粗放式扶贫的思维惰性,缺乏精准化的工作理念。部分地区在制定贫困家庭学生资助政

---

① 付卫东、曾新:《十八大以来我国教育扶贫实施的成效、问题及展望——基于中西部6省18个扶贫开发重点县(区)的调查》,《华中师范大学学报》(人文社会科学版)2019年第5期,第50—51页。

策的过程中,忽视了不同学生的家庭贫困程度差异,采用相同的资助标准,使贫困等级不同的学生享受着同等额度的资助。①

课题组的田野调查数据显示,在怒江州的259户少数民族学生家庭中,认为当地教育扶贫工作存在的不足是"一些政策的覆盖面不够广"的有50户,占19.31%;认为"教育扶贫政策不够精准"的有38户,占14.67%(见第二章表2—12)。这充分说明:对于建档立卡户中的一些特别困难家庭,比如说,对于低保户、残疾人家庭,以及残疾儿童、留守儿童和单亲家庭儿童,怒江州当地的相关部门缺乏特殊的关注,而只规定建档立卡户的学生都享受统一的资助标准,大搞"一刀切",缺乏精细化的管理办法。

特别需要指出的是,14年免费教育政策在2016年9月开始实施时并未出台配套资金管理办法,针对"家庭经济困难学生"标准、"免保教费"支出范围等均未作出明确规定。由于怒江州、迪庆州和昭通市对政策的解读并不一致,且所参考的资金管理办法也不尽相同,从而导致各地区出现"家庭经济困难学生"标准不一致、"免保教费"支出范围不清晰等问题。由于14年免费教育政策本身对于家庭经济困难学生的标准并未作出明确规定,故在政策的实际推行过程中,怒江州的相关政府部门会根据自身的理解将生活补助优先满足建档立卡户学生,导致一些非建档立卡户的特殊困难学生难以被兼顾到。

此外,14年免费教育政策专项资金中的"免保教费"资金,地方政府往往参照《云南省城乡义务教育学校公用经费管理办法》进行管理,该文件明确规定,此类资金不允许被用于支付临聘人员工资,但在该项政策实施前,一些学校所收取的保教费中就有一定的比例主要用于支付临聘人员工资。因此,各地学校对"免保教费"资金的支出范围存在差异:怒江州允许私立学校使用部分"免保教费"资金支付临聘人员工资,公立学校临聘人员工资则由政府进行补贴。

---

① 代蕊华、于璇:《教育精准扶贫:困境与治理路径》,《教育发展研究》2017年第7期,第10页。

在同样实施14年免费教育政策的迪庆州，则允许部分学校使用"免保教费"资金的30%用于支付临聘人员工资。

四 考核评价机制不健全

课题组在调研时发现，怒江州当地的教育扶贫考核评价机制过于注重那些容易被量化的指标尤其是"教育硬件"指标，而对于那些不好量化的指标尤其是"教育软件"指标则有所忽视。与经济型的产业扶贫等项目相同的是，教育扶贫项目作为政府主导的行为，同样需要接受上级的检查、考核与评价。因此，以基层政府官员和干部为代表的项目执行者和参与者关注的焦点往往不在于满足贫困群体的需求，而是为了能更好更快地达成上级所规定的各项任务考核指标。[1] 由于上级政府对于教育事业的考核主要集中在一些可以量化的指标上，地方政府也往往把公共支出偏好放在那些可以量化的指标上，比如标准化学校的建设。县级政府把重点放在标准化建设的推进，完善这些学校的各项硬件指标方面，因而在公共财政支出上优先保障这些学校的需要，其他非标准化学校则处于基本保证正常运转状态。趋利避害的本性人皆有之，政府官员自然也不例外。政府官员在自身利益最大化的行为动机驱使下，往往会在公共决策时偏好有利于自己的政绩工程，以此积累升迁资本。[2]

怒江州教育扶贫工作的考核办法是把《怒江州教育脱贫攻坚3年行动计划（2018—2020年）》的落实情况作为教育督政的重点任务，对4个县（市）的教育扶贫工作实施进展和成效进行评价，将学前三年毛入园率、义务教育均衡发展目标完成情况、九年义务教育巩固率、"控辍保学"工作成效、高中阶段教育毛入学率等作为对各个县（市）教育扶贫工作考核的重点内容。

可以很明显地看出，怒江州教育扶贫工作的考核重点除了入学

---

[1] 张振洋：《当代中国项目制的核心机制和逻辑困境——兼论整体性公共政策困境的消解》，《上海交通大学学报》（哲学社会科学版）2017年第1期，第40页。

[2] 林云：《多民族地区义务教育均衡发展研究——以云南省为例》，中国社会科学出版社2019年版，第187—189页。

（园）率和辍学率之外，其他的基本上都是"看得见摸得着"的基础设施建设项目，也就是容易被量化的各项教育硬件指标。但是，怒江州对于教育软件指标，尤其在乡村师资队伍建设方面的考核力度是十分不够的，而其主要原因就是这些指标不好量化，难以"凸显"地方政府官员的政绩，所以在考核评价中很容易被边缘化。

更为关键的一点是，教育扶贫政策的直接受益者是家长、学生和教师，因此在开展教育扶贫的考核评价工作时，就应该多听取他们的呼声，多征求群众的意见。但是，在怒江州的教育扶贫考核评价工作中却往往看不到家长、学生和教师的身影，也听不到他们的声音。这种情形正如国内学者马良灿所指出的那样，虽然农村贫困群体被称为重要的利益相关者，享有形式上的参与权利，但在现实图景中处境不利的贫困者却始终无法真正参与讨论和决策。处在权力网络边缘或外围的农村贫困群体，因缺少必要的社会资本和政治资本而被排除在政策制定的议程之外，即便这些项目规划与自身权益密切相关，但其需求和呼声也无人理会，其公共形象被建构为被救助者和表达感激者。[①]

第二节　当地群众的满意度不高

虽然怒江州的教育扶贫工作在控辍保学、贫困生资助和教学基础设施建设等方面取得了一定的成绩，但是课题组在进行田野调查时发现，作为教育扶贫的直接受益者或参与者，怒江州的家长、教师和学生对当地教育扶贫工作的满意度并不高。

一　学生家长的满意度不高

田野调查数据显示，在259户少数民族学生家庭中，认为怒江州的教育扶贫政策对减轻学生家庭的经济负担"有明显的帮助"的家庭有131户（占50.58%），认为"有一点帮助但并不明显"的有

[①] 马良灿：《项目制背景下农村扶贫工作及其限度》，《社会科学战线》2013年第4期，第215页。

115户（占44.40%），认为"没有任何帮助"的有13户（占5.02%）（见第二章表2—10）。由此可见，学生家庭对于怒江州当地教育扶贫工作的满意度并不高。其中，满意度最高的是贡山县丙中洛镇的丙中洛村委会，达到了86.67%，满意度最低的则是泸水市大兴地镇的鲁奎地村委会，仅为14.29%。少数民族学生家庭总体的满意度刚刚过半，这说明怒江州的教育扶贫工作尤其是学生资助工作需要改进的地方还有很多。

怒江州的教育扶贫工作要实现"依靠教育实现脱贫"的政策目标，其落脚点就在于确保贫困家庭学生的就业质量，同时对学生资助的力度也必须足够大，如果无法做到这一点，教育扶贫的效果必然大打折扣。田野调查数据显示，怒江州的学生家长对于当地教育扶贫工作的满意度不高，其主要的原因就是毕业生的就业问题和贫困学生的资助问题。

田野调查数据显示，在259户少数民族学生家庭中，认为当地教育扶贫工作存在的不足是"对毕业生的就业问题不重视"的高达91户，占35.14%；认为是"对贫困学生的资助力度不够"的有69户，占26.64%；认为是"一些政策的覆盖面不够广"的则有50户，占19.31%（见第二章表2—12）。

二 教师的满意度偏低

（一）县城普通学校教师的评价

田野调查数据显示，对于怒江州"当地教育扶贫政策的实施效果是怎样的"这一问题，在204名县城普通学校（含幼儿园）教师中，只有90人选择了效果"比较好"，所占比例仅为44.12%；其余114人选择了"效果一般"或"效果比较差"（见第二章表2—16）。总体来看，怒江州的县城普通学校教师对于当地教育扶贫工作的满意度并不高，其中县城高中教师的评价尤其不理想，因为选择效果"比较差"的12名教师全部都是高中教师。

关于怒江州"当地的教育扶贫所取得的成效"这一问题（此为多选题），在204名县城普通学校教师中，认可度较低（认可度在

50%以下）的选项有8个，其中"发展了职业教育""提高了教师的待遇""发展了高中教育""培养了双语教师"这4个选项的认可度均在20%以下（见第二章表2—17、表2—18、表2—19）。这说明在县城普通学校教师心目中，当前怒江州教育扶贫工作比较突出的短板是在职业教育、高中教育、教师待遇和双语教师培养方面。

对于怒江州"当地教育扶贫存在的问题"（此为多选题），认可度较高（认可度在50%及以上）的选项有5个，从高到低依次是：优秀教师引进不力、教师的日常工作负担重、教师的工资低、学校的配套设施（食堂、宿舍、图书馆等）建设不完善、教师的福利待遇差（见第二章表2—20、表2—21、表2—22）。很明显，县城普通学校教师的满意度偏低，主要问题还是出在师资队伍建设上。

（二）乡镇学校教师的评价

在参与问卷调查的151名乡镇学校教师中，对于怒江州教育扶贫政策的实施效果给予"比较好"评价的有93人，占61.59%，这个比例也较低，其余58名教师选择了"一般"或"比较差"（见第二章表2—29）。在评价近几年来怒江州的教育扶贫政策所取得的主要成效时，认可度较低（在50%以下）的选项有7个，其中对于"发展了职业教育""发展了高中教育"和"培养了双语教师"这3个选项的认可度均在20%以下（见第二章表2—30、表2—31、表2—32）。

从田野调查的数据可以看出，乡镇学校教师认为怒江州的教育扶贫所取得的成效主要表现在贫困生资助、14年免费教育政策的实施、学校硬件设施建设、"控辍保学"等方面；而当前怒江州教育扶贫工作比较突出的短板则是在职业教育、高中教育和双语教师培养方面。

对于"当地教育扶贫存在的问题"（此为多选题），在151名乡镇学校教师中，认可度较高（50%及以上）的选项有4个，从高到低依次是：学生上学路途太远、学校的配套设施建设不完善、教师的日常工作负担重、优秀教师引进不力（见第二章表2—33、表2—34、表2—35）。与县城普通学校教师相比，乡镇学校教师同样也认为学校的配套设施建设不完善、教师的日常工作负担重和优秀教师引进不力是当地教育扶贫工作存在的问题，但与县城普通学校教师不同的地方在于：乡镇学校教师认为"学生上学路途太远"才是当前最大的问题，当然这与近几年来怒江州大规模的"拆点并校"有着莫大的关系。

（三）农村学校教师的评价

对于"当地教育扶贫政策的实施效果是怎样的"这一问题，在110名参与问卷调查的农村学校教师中，有64名教师选择了"比较好"，所占比例为58.18%（见第二章表2—56）。农村学校教师对于怒江州教育扶贫政策的满意度要高于县城普通学校教师（44.12%），但是低于乡镇学校教师（61.59%）。

对于"当地教育扶贫所取得的成效"这一问题，农村学校教师认可度较低（认可度在50%及以下）的选项有5个，其中对于"发展了高中教育""提升了职业技术学校的办学水平""培养了一批双语教师"这3个选项的认可度均不足20%（见第二章表2—58、表2—59）。调查结果显示，在农村学校教师心目中，怒江州教育扶贫工作比较突出的短板是在职业教育、高中教育和双语教师培养方面。

对于"当地教育扶贫存在的问题"，在110名参与问卷调查的农村学校教师中，认可度较高（认可度在50%及以上）的选项有7个，从高到低依次是：优秀教师引进不力、学校配套建设资金不足、教师的工作负担重、学校现有教学基础设施较为落后、学生上学路途太远、教师工资低、教师福利差（见第二章表2—60、表2—61）。由此可见，农村学校教师的满意度较低，同样也是与当地的师资队伍建设有着很大的关系。

（四）职业技术学校教师的评价

在参与问卷调查的53名职业技术学校教师中，对当地教育扶贫政策的实施效果给予"比较好"评价的有24人，给予"一般"评价的有26人，给予"比较差"评价的有3人（见第二章表2—69）。职业技术学校教师给予"比较好"评价的比例仅为45.28%，略高于县城普通学校教师的满意度，但是明显低于乡镇学校教师和农村学校教师的满意度。

对于怒江州"当地的教育扶贫所取得的成效"这一问题（此为

多选题），在53名职业技术学校教师中，认可度较低（在50%及以下）的选项有8个，其中认可度低于20%的选项分别是："把少数民族文化引入了校园""发展了高中教育""培养了双语教师""提高了教师的待遇"（见第二章表2—70、表2—71、表2—72）。这说明在职业技术学校教师心目中，师资队伍建设、高中教育和少数民族文化进校园工作是当前怒江州教育事业的短板。

对于怒江州"当地教育扶贫存在的问题"（此为多选题），职业技术学校教师对于"优秀教师引进不力"的认可度达到了69.82%，这说明怒江州的职业技术教育非常欠缺高水平的师资力量。此外，对于"学校的配套设施建设不完善""教师的日常工作负担重""教师的工资低"这三个选项的认可度也都在50%以上（见第二章表2—73、表2—74、表2—75）。由此可见，怒江州当地的职业技术学校教师满意度偏低，其主要原因还是师资队伍建设的问题。

综合来看，县城普通学校教师、乡镇学校教师、农村学校教师和职业技术学校教师这4个群体，对于怒江州教育扶贫工作的满意度在44.12%和61.59%之间。之所以满意度普遍比较低，主要是因为怒江州在优秀教师引进、学校配套设施（食堂、宿舍、图书馆等）建设、减轻教师的工作负担、优化学校布局、提高教师工资福利待遇方面做得不够好，同时也反映出高中教育、职业教育和双语教育是当前怒江州教育事业的三大短板。

三 学生的满意度低

（一）普通中学生的评价

在怒江州的681名普通中学生当中，认为当地的教育扶贫政策对减轻学生家里经济负担"有明显的帮助"的学生有183名，仅占26.87%，认为"没有帮助"的学生有124名，占18.21%，而认为"有一点帮助"的学生是最多的，有374名，占54.92%（见第二章表2—97）。其中，泸水市民族中学、怒江州民族中学初中部和福贡县第一中学初中部的满意度比较低，这说明怒江州当地的贫困生资助力度还有待进一步加强。

对于"你对学校的教学基础设施(教室、学生电脑、体育运动设施等)满意吗"这个问题,在681名普通中学生当中,选择"满意"的有290人,所占比例仅为42.58%,另有103人选择"不满意",有288人选择"感觉很一般"(见第二章表2—98)。满意度最高的是贡山县茨开镇中心学校(县城学校),达到了76.92%,其他满意度达到50%以上的学校有泸水市民族中学和福贡县民族中学;贡山县独龙江乡中心学校的满意度仅为24.00%,其满意度在所有学校里是最低的,仅为贡山县茨开镇中心学校的三分之一。

对于"你对学校的后勤服务满意吗"这个问题,在681名学生当中,选择"满意"的仅有244人,所占比例为35.83%,另有120人选择"不满意",有317人选择"感觉很一般"(见第二章表2—99)。满意度最高的是贡山县茨开镇中心学校,达到了75.00%,其他满意度达到50%以上的学校有泸水市民族中学和兰坪县河西乡中心学校;贡山县独龙江乡中心学校的满意度仅为10.00%,在所有学校里是最低的,此外怒江州民族中学和福贡县第一中学的满意度也比较低。总的来看,普通中学生对于后勤服务的满意度甚至低于对教学基础设施的满意度。

(二)职业技术学校学生的评价

在165名职业技术学校学生中,认为当地的教育扶贫政策对减轻家里的经济负担"有明显的帮助"的学生有44人,所占比例仅为26.67%,另有86人认为"有一点帮助",有35人认为"没有什么帮助"(见第二章表2—122)。总体来看,大部分当地职业技术学校的学生认为怒江州的教育扶贫政策对于减轻家里的经济负担还是发挥了一定作用的,但是其效果还不够明显。

对于"你对学校里的实训场地和实训设备满意吗"这个问题,在165名职业技术学校学生中,仅有51人选择"满意",所占比例为30.91%;有41人选择了"不满意";另外有73人选择了"感觉一般"(见第二章表2—125)。从田野调查数据来看,怒江州职业技术学校的学生对于自己所在学校的教学基础设施条件并不满意。

对于"你对学校的后勤服务满意吗"这个问题,在165名职业技术学校学生中，有39人选择"满意"，所占比例仅为23.64%，另有50人选择了"不满意"，有76人选择了"感觉一般"（见第二章表2—126）。从田野调查数据来看，怒江州职业技术学校的学生对于自己所在学校的食宿条件是很不满意的。

第三节　教育质量低下且校际差异大

"有"教育，并不一定意味着有"好的"教育，低质量的教育、低水平的教育虽然比没有教育强一些，但从根本上讲仍然无力帮助贫困地区和贫困人口摆脱贫困状态。[①] 客观地说，怒江州教育扶贫工作的力度还是比较大的，也取得了一定的成果，但是因为当地教育事业的整体发展水平非常低，历史欠账太多，所以怒江州的教育扶贫工作实际上还存在诸多问题，其中最关键的一点就是教育质量低下且校际差异大，从而影响了教育扶贫政策在当地的实施效果。总而言之，怒江州虽然基本上解决了"有学上"的问题，但并没有解决"上好学"的问题，这在怒江州的家长和学生们对于当地教育质量的评价中得到了证明。

一　家长和学生的评价比较低

课题组的田野调查数据显示，在259户少数民族学生家庭中，觉得当地学校的教育质量"比较好"的有144户，占55.60%；认为"一般"的有109户，占42.08%；认为"比较差"的有6户，占2.32%（见第二章表2—6）。也就是说，学生家长对于怒江州学校教育质量的认可度仅为55.60%。认可度最高的是贡山县独龙江乡的献九当村委会和贡山县丙中洛镇的秋那桶村委会，均为80.00%；认可度最低的是福贡县匹河怒族乡的老姆登村委会，仅为22.22%。而相比较学生家长的评价，学生对于怒江州学校教育质量的评价则更低。

---

① 李兴洲：《新中国70年教育扶贫的实践逻辑嬗变研究》，《教育与经济》2019年第5期，第4—5页。

对于"你觉得自己所在学校的教育质量怎么样"这个问题,在怒江州的681名普通中学生当中,有337人选择"比较好",有301人选择"一般",另有43人选择"比较差"(见第二章表2—82)。认为自己所在学校教育质量比较好的学生人数不足总人数的一半,这说明怒江州的学校教育质量确实存在很大的问题。

课题组还发现,在大多数情况下县城学校学生对本校教育质量的评价要明显低于乡镇学校学生。在泸水市,怒江州民族中学的学生对本校教育质量的好评率仅为44.89%(其中初中生的评价又低于高中生),而泸水市民族中学的学生的好评率却高达78.57%;在福贡县,福贡县第一中学的学生对于本校教育质量的好评率仅为28.00%,而福贡县民族中学的学生的好评率却达到了59.18%。在兰坪县,兰坪县民族中学的学生对于本校教育质量的好评率为59.79%,而兰坪县河西乡中心学校的学生的好评率则达到了66.00%。不过也有例外,在贡山县,县城学校(贡山县茨开镇中心学校和贡山县第一中学高中部)的学生对本校教育质量的好评率为67.96%,而贡山县独龙江乡中心学校的学生的好评率仅为12.00%,二者之间的差距非常大。

对于"你对自己未来的中考(或高考)前景感到乐观吗"这个问题,在681名普通中学生当中,选择"乐观"的仅有203人,占29.81%,选择"不乐观"的有115人,另有363人选择"不确定"。对中考(或高考)前景的乐观程度最高的是泸水市民族中学,有62.50%的学生对自己的中考前景感到乐观,它也是唯一的乐观程度高于50%的学校(见第二章表2—87)。不到三成的中学生对其高考(或中考)的前景感到乐观,这在一定程度上是对怒江州教育质量的否定。

对于"你觉得本地的教育事业存在的不足主要有哪些"这个问题(此为多选题),在681名普通中学生当中,有529人选择"学生的学习动力不足",所占比例为77.68%;有355人选择"城乡教育质量的差距很大",所占比例为52.13%。相比之下,选择"城乡学校的基础设施存在较大差距"的学生只有264人,所占比例仅有38.77%(见第二章表2—101)。这说明怒江州城乡学校的基础设施的差距正在逐渐缩小,但是城乡教育质量的差距依然很大,同时学生的学习动力严重不足的现状也反映出怒江州的教育质量确实存在很大的问题。

二 高中教育质量问题

按照《云南省教育事业发展"十三五"规划》的要求，云南省的高中阶段毛入学率在2020年要达到90%以上，而2019年怒江州的高中阶段毛入学率仅为73.35%，离达标要求还有17个百分点的差距。截至2019年12月，怒江州共有高（完）中9所（民办学校2所），其中怒江州民族中学是一级三等中学，泸水市第一中学、福贡县第一中学和兰坪县第一中学是二级一等中学，贡山县第一中学是二级二等中学，而其余的4所中学尚未评定等级。由此可以看出，怒江州高中教育的整体发展水平是相当低的。

2018年，怒江州实际参加高考的学生人数为2881人，其中理科最高分为688分（在云南省排第118位），文科最高分为644分（在云南省排第462位）。怒江州一本上线率为5.82%，有147人上线；本科上线率为28.33%（含一本及预科），有721人上线。与全省相比，怒江州的一本上线率只有云南省平均值（17.74%）的三分之一，为全省倒数第一，比全省倒数第二的西双版纳州还低了2.8个百分点。本科上线率只有全省平均值（55.04%）的二分之一，比倒数第二的西双版纳州低11.86个百分点。2018年，怒江州一本上线学生比2017年减少了13人，下降幅度为8.1%，本科上线学生比2017年更是减少了200人，下降幅度达到21.7%。与全省相比，2018年怒江州的一本上线率只有云南省平均值（17.74%）的三分之一，为全省倒数第一，比全省倒数第二的西双版纳州还低了2.77个百分点。本科上线率只有全省平均值（55.04%）的二分之一，比倒数第二的西双版纳州低了11.86个百分点（见表3—3）。①

---

① 刘苏荣：《深度贫困地区教育扶贫面临的问题及政策建议——基于云南省怒江州的565份调查问卷》，《西南民族大学学报》（人文社会科学版）2020年第2期，第84页。

表3—3　　　　2018年云南省部分州市高考上线情况

	一本上线率（%）	本科上线率（%）
云南省平均水平	17.74	55.04
昆明市	25.61	63.58
大理州	24.73	67.49
楚雄州	21.68	72.94
曲靖市	20.92	64.02
迪庆州	9.25（全省第14名）	40.89（全省第13名）
西双版纳州	8.59（全省第15名）	40.19（全省第15名）
怒江州	5.82（全省第16名）	28.33（全省第16名）

资料来源：刘苏荣《深度贫困地区教育扶贫面临的问题及政策建议——基于云南省怒江州的565份调查问卷》，《西南民族大学学报》（人文社会科学版）2020年第2期，第84页。

通过梳理自2015年以来怒江州的历年高考成绩，可以明显地发现其每年的一本上线率基本上都在6%左右徘徊，而本科上线率更是呈现出逐年下降的趋势，从2015年的45.67%下降到2019年的30.17%，形势可谓相当的严峻。

表3—4　　　　怒江州近几年的高考情况

	实考人数（人）	一本上线人数（人）	一本上线率（%）	本科上线人数（含一本、二本、三本）（人）	本科上线率（含预科）（%）
2015年	2689	165	6.14	1228	45.67
2016年	2485	153	6.16	1174	47.24
2017年	2539	160	6.30	921	36.27
2018年	2881	147	5.82	721	28.33
2019年	2841	183	6.44	857	30.17

第三章　怒江州教育扶贫工作存在的问题

怒江州高中教育质量的低下导致当地很多家长宁可多出钱也要让自己的孩子转学到云南省其他州市的高中，甚至有的教师也把自己的孩子转学到其他州市，学生家长对怒江州本地高中的信任度比较低，这是目前怒江州高中教育所面临的残酷现实。怒江州的初中和小学教育往往局限于完成九年义务教育的任务，很多学校不讲质量，不谈竞争，缺乏为高中阶段培养优秀学生的决心。在教育质量低下、人才培养质量不高的情况下，教育扶贫政策显然难以在怒江州取得理想的效果。①

不仅是整体教育质量低下，而且怒江州不同高中之间的差距也是非常巨大的。例如，在 2018 年高考中，怒江州民族中学的本科上线率最高，达到了 69.40%，而兰坪县民族中学的本科上线率最低，仅为 1.17%。怒江州一共有 147 人上了一本线，其中怒江州民族中学一校就占了 106 人，怒江州楚云中学（民办学校）和兰坪县民族中学均无人上一本线，这种校际差距可谓触目惊心。

表 3—5　　　　　　　2018 年怒江州高考情况分析　　　　　　　（人）

	本科上线人数	本科上线率（不含预科）（%）	一本上线人数	一本文科	一本理科	二本上线人数	二本文科	二本理科
怒江州	721	22.47	147	50	97	574	279	295
泸水市第一中学	55	10.64	1		1	54	26	28
怒江州民族中学	390	69.40	106	40	66	284	131	153
怒江州楚云中学	7	1.41				7	7	0
泸水市直属（往届）	6	46.15				6	2	4
福贡县第一中学	27	12.44	5	2	3	22	6	16
福贡县直属（往届）	17	35.42	3		3	14	7	7

---

① 刘苏荣：《深度贫困地区教育扶贫面临的问题及政策建议——基于云南省怒江州的 565 份调查问卷》，《西南民族大学学报》（人文社会科学版）2020 年第 2 期，第 84 页。

续表

	本科上线人数	本科上线率（不含预科）(%)	一本上线人数	一本文科	一本理科	二本上线人数	二本文科	二本理科
贡山县第一中学	21	21.21	5	2	3	16	7	9
兰坪县第一中学	91	16.46	15	4	11	76	45	31
兰坪县民族中学	3	1.17				3	1	2
兰坪县海源中学	8	3.94	3	1	2	5	3	2
兰坪县直属（往届）	96	39.18	9	1	8	87	44	43

资料来源：刘苏荣《深度贫困地区教育扶贫面临的问题及政策建议——基于云南省怒江州的565份调查问卷》，《西南民族大学学报》（人文社会科学版）2020年第2期，第88页。

从怒江州2017—2019年高考各个科目的成绩来看，考生的数学和英语成绩严重偏低，从而极大地拖累了怒江州学生的高考总成绩，而且理综成绩也是严重偏低且大幅度低于文综成绩，以下是怒江州部分高中的历年高考成绩。

2019年，怒江州的高考情况同样不容乐观。2019年怒江州参加高考的学生人数为2841人，从高考成绩来看，文史类600分以上考生仅有20人，比2018年还减少了6人，理工类600分以上考生有30人，比2018年增加了9人；本科上线857人，其中一本上线183人，一本上线率为6.44%，本科上线率为30.17%（比2018年提升了7.70个百分点）。

尤其严重的是，由于怒江州大部分学生的高考分数太低，导致其即使勉强上了本科线，往往只能就读民办院校（即原来的三本院校），而民办院校的学费大概是公办本科院校的三倍左右。这在无形中极大地加重了怒江州贫困学生家庭本来就已经很沉重的经济负担，加上民办院校毕业生的就业竞争力并不强，从而就有可能导致"因学致贫"现象的发生，进而影响教育扶贫政策在当地的实施效果。

第三章 怒江州教育扶贫工作存在的问题

表3—6　　　　　　2017年怒江州文科高考成绩　　　　　　（分）

学校	语文	数学	英语	文综
怒江州民族中学	106.60	71.30	82.37	187.90
泸水市第一中学	101.24	56.83	68.21	170.21
兰坪县第一中学	100.33	52.08	62.07	176.27
兰坪县民族中学	96.79	45.43	61.19	159.79
福贡县第一中学	97.47	50.65	57.08	165.00
贡山县第一中学	97.13	47.49	69.77	168.01
怒江州楚云中学	85.00	30.63	42.91	133.18
兰坪县海源中学	91.72	36.78	50.39	143.66
全州	97.04	48.90	61.75	163.00

表3—7　　　　　　2017年怒江州理科高考成绩　　　　　　（分）

学　校	语文	数学	英语	理综
怒江州民族中学	105.02	76.07	79.41	131.49
泸水市第一中学	100.19	50.54	71.30	110.36
兰坪县第一中学	99.34	56.93	65.40	107.14
兰坪县民族中学	97.5	51.83	68.11	104.51
福贡县第一中学	96.54	53.21	68.05	103.06
贡山县第一中学	92.64	44.47	55.23	81.83
怒江州楚云中学	97.67	68.33	61.33	110.33
兰坪县海源中学	96.07	52.90	60.40	103.24
全州	98.12	56.79	66.15	106.50

表 3—8　　　　　　　2018 年怒江州文科高考成绩　　　　　　（分）

学　校	语文	数学	英语	文综
泸水市第一中学	90.97	63.14	63.69	175.61
兰坪县第一中学	91.57	67.06	63.33	183.91
兰坪县民族中学	84.02	51.16	55.63	162.09
福贡县第一中学	88.43	68.66	63.17	171.75
贡山县第一中学	88.19	56.84	65.95	170.04

表 3—9　　　　　　　2018 年怒江州理科高考成绩　　　　　　（分）

学　校	语文	数学	英语	理综
泸水市第一中学	90.7	65.6	58.5	101.2
兰坪县第一中学	90.2	70.6	61.8	118.4
兰坪县民族中学	86.6	55.0	54.4	93.3
福贡县第一中学	88.0	75.2	68.9	119.3
贡山县第一中学	92.5	73.9	74.3	132.2

表 3—10　　　　　　2019 年怒江州文科高考成绩　　　　　　（分）

学　校	语文	数学	英语	文综
泸水市第一中学	101.24	53.38	69.57	179.13
兰坪县第一中学	99.39	50.76	61.29	175.77
兰坪县民族中学	94.94	39.98	58.59	157.43
福贡县第一中学	96.32	49.29	64.85	173.60
贡山县第一中学	95.53	39.44	61.62	157.24

表 3—11　　　　　2019 年怒江州理科高考成绩　　　　　（分）

学　校	语文	数学	英语	理综
泸水市第一中学	99.00	62.27	63.62	105.43
兰坪县第一中学	101.14	65.71	66.69	117.50
兰坪县民族中学	94.26	51.53	52.85	95.99
福贡县第一中学	102.78	65.62	71.09	119.53
贡山县第一中学	103.17	60.48	72.52	112.14

三　义务教育质量问题

（一）初中教育质量问题

课题组在调研中发现，怒江州的初中教育质量也同样比较低下。例如，2018 年怒江州的整体中考成绩是比较差的，当年共有 7112 名学生参加了考试，比 2017 年增加了 1077 人。在 7112 名考生中，500 分以上（满分 600 分）的有 601 人，仅占 8.45%，优秀率更是仅为 1.59%（540 分以上），而 400 分以下的考生则占了 69.26%。若将总分转化为百分制的话，则怒江州的中考总平均分是 55.7 分，也就是不及格。总的来说，怒江州的中考成绩整体上呈现出的态势是：尖子生极少、中上生较少、中下生居多、差生最多。①

2018 年，怒江州中考成绩的总平均分为 334 分（2017 年为 367 分），总分优秀以上人数为 113 人（540 分及以上），优秀比例为 1.59%；总分为良好（420—539 分）的有 1703 人，良好比例为 23.95%；总分为及格（360—419 分）的有 1176 人，及格比例为 16.54%；总分为不及格（359 分及以下）的有 4120 人，不及格比例

---

① 刘苏荣：《深度贫困地区教育扶贫面临的问题及政策建议——基于云南省怒江州的 565 份调查问卷》，《西南民族大学学报》（人文社会科学版）2020 年第 2 期，第 84 页。

为57.93%（2017年仅为46.19%）。尤其夸张的是，总分为300分以下的考生竟然有2771人，所占比例为38.96%，比2017年增加了近13个百分点。总的来看，怒江州2018年的中考成绩与2017年相比，呈现出明显的下滑趋势。

表3—12　　　　　　　怒江州中考成绩分析

年度	实考人数（人）	570—579分	540—569分	530—539分	520—529分	510—519分	500—509分	380—499分	300—379分	300分以下
2017	6035	1	65	69	111	138	148	2306	1617	1580
2018	7112	6	107	90	126	134	138	1970	1770	2771

怒江州的初中教育质量不仅整体较低，而且校级差异也是比较巨大的。例如，怒江州参与2018年云南省中考的学生来自4个县（市）的27所学校，2018年中考总平均分最高的是兰坪县海源中学，为493.79分，最低的是泸水市古登中学，仅为203.40分。在27所学校中，只有兰坪县海源中学、贡山县普拉底中学和贡山县丙中洛中学这3所学校的总平均分比2017年有所提升，而其余的24所学校均有不同程度的下降，标准差低于50分的学校仅有1所（兰坪县海源中学），说明绝大部分学校的学生学习能力及水平存在巨大的差异。

与2017年中考相比，2018年云南省中考语文试卷的难度系数有所降低，但怒江州考生的总体成绩却严重下滑：平均分比2017年降低了16.24分，及格人数减少了1745人，及格率下降了35.5个百分点。语文平均分最高的是怒江州民族中学（初中部），为80.28分；最低的是泸水市古登中学，仅为39.72分，二者之间的分差高达40.56分。

表 3—13　　　　2018 年怒江州中考成绩前 10 名学校

学校	2017年总平均分（分）	2017年全州总体排名	2018年总平均分（分）	2018年全州总体排名
兰坪县海源中学	461.55	1	493.79	1
兰坪县河西中学	442.80	3	432.34	2
怒江州民族中学	450.81	2	430.48	3
兰坪县民族中学	422.47	4	421.49	4
贡山县普拉底中学	368.40	14	380.92	5
贡山县丙中洛中学	347.18	19	363.93	6
贡山县第一中学	395.96	7	362.46	7
兰坪县啦井中学	393.72	8	360.36	8
兰坪县石登中学	408.79	5	357.03	9
兰坪县营盘中学	366.54	15	352.01	10

表 3—14　　　　怒江州中考语文考试成绩分析

年度	实考人数（人）	平均分（分）	难度	及格人数（人）	及格率（％）	最高分（分）	最低分（分）	满分人数（人）
2017	6035	80.52	0.67	4515	74.8	117	2	0
2018	7049	64.28	0.54	2770	39.3	109	1	0
差值	+1014	-16.24	-0.13	-1745	-35.5	-8	-1	0

与 2017 年中考相比，2018 年云南省中考数学试卷的难度系数增加了，但怒江州考生的总体成绩却有所提高：平均分比 2017 年提升了 3.97 分；及格人数增加了 1128 人，及格率增加了 12 个百分点。平均分最高的是兰坪县海源中学，为 97.28 分；最低的是泸水市古登中学，为 32.69 分，二者之间的分差高达 64.59 分。平均分在 80 分以上的仅有 4 所学校，即兰坪县海源中学、怒江州民族中学（初中部）、兰坪县河西中学和兰坪县民族中学。

表3—15　　　　　　怒江州中考数学考试成绩分析

年度	实考人数（人）	平均分（分）	难度	及格人数（人）	及格率（%）	最高分（分）	最低分（分）	满分人数（人）
2017	6031	57.18	0.48	1769	29.3	111	1	0
2018	7050	61.15	0.51	2897	41.4	120	3	1
差值	+1019	+3.97	+0.03	+1128	+12.1	+9	+2	+1

与2017年中考相比，2018年云南省中考英语试卷的难度系数降低了，但怒江州考生的总体成绩仍然有所下滑：平均分比2017年降低了8.64分，及格人数减少了235人，及格率下降了8.6个百分点。平均分最高的是兰坪县海源中学，为104.44分，最低的是泸水市古登中学，为34.06分，二者之间的分差高达70.38分。平均分及格的学校仅有4所，即兰坪县海源中学、兰坪县河西中学、兰坪县民族中学和怒江州民族中学（初中部）。

表3—16　　　　　　怒江州中考英语考试成绩分析

年度	实考人数（人）	平均分（分）	难度	及格人数（人）	及格率（%）	最高分（分）	最低分（分）	满分人数（人）
2017	6033	63.33	0.53	2097	34.8	120	18	2
2018	7098	54.69	0.46	1862	26.2	120	4	4
差值	+1065	-8.64	-0.07	-235	-8.6	0	-14	+2

总的来看，与高中教育一样，怒江州的初中教育质量整体上也是非常低的，同时也存在校际差异巨大的问题。

（二）小学教育质量问题

同样地，课题组在调研中发现怒江州还存在着小学教育质量偏低的问题。例如，2018年怒江州参加小学6年级升初中学业水平考试（以下简称"小考"）的学生人数为7255人，检测科目为语文、数学、科学、品德与社会4门学科,每科100分,总分400分。全州"小考"最高分为388分,来自泸水市老窝镇中心学校;最低分为4分,来自福贡县石月亮乡亚左洛完小。

表3—17　　　　怒江州2018年"小考"成绩分析

	平均分（总分400分）（分）	及格率（分）	优秀率（%）
怒江州	280.97	72.68	5.87
怒江州直属实验小学	335.62	97.42	20.30
兰坪县	292.89	82.02	7.80
贡山县	283.15	77.92	4.86
泸水市	273.96	72.68	4.44
福贡县	255.21	44.71	2.07

从怒江州4个县（市）的相关数据来看,同样呈现出优秀学生比例低、县际差异大、校级差异大的严重问题。分县（市）来看,兰坪县最高分384分,来自兰坪县城区第一小学;最低分40分,来自兰坪县中排乡中心学校和兰坪县石登乡中心学校。泸水市最高分388分,来自泸水市老窝镇中心学校;最低分39分,来自泸水市大兴地镇中心学校。福贡县最高分372.5分,来自福贡县城区完小;最低分4分,来自福贡县石月亮乡亚左洛完小。贡山县最高分382分,来自贡山县茨开镇中心学校（城区学校）;最低分59分,来自贡山县丙中洛镇中心学校。总体来看,城区学校的成绩要明显好于乡村学校,但也只是相对而言的,并不能掩盖怒江州的小学教育质量整体比较低下的问题。

四　怒江州教育质量低下的原因分析

（一）教育理念和教学方式落后

在怒江州,很多学校领导和教师的教育质量意识比较淡薄。例如，当地有的小学校长甚至认为既然已经实现"普九"了，那么小学阶段的教学质量检测就可以取消了；相当一部分教师认为，目前的主要工作任务是实现城乡义务教育的均衡发展，其中"控辍保学"工作才是关键，而教育质量已经不重要了。

怒江州很多教师的课堂教学理念比较落伍，教学方式老套。部分学校教师的教育质量意识不强，钻研教育教学的主动性不强，对课堂教学的管理较为松散。当地很多教师在课堂上照本宣科，填鸭式的教学方式大行其道，启发式和问题导向式的教学方式严重缺失，致使很多学生知其然而不知其所以然，学生对课堂不感兴趣，人才培养的质量明显偏低。

其实，怒江州很多教师尤其是乡村教师都参加过"国培计划""省培计划"、珠海市对口帮扶培训等多种师资培训。但是，我国现有的乡村教师培训目标漠视城乡差异，与城区教师培训目标没有实质性的差别，忽视乡村地区教师教学环境的特殊性。例如，当前乡村学校面临的一个严重问题是留守儿童问题，然而，现有的培训很少有涉及这方面的针对性内容，培训本身自然也就很难达到预期的效果。[①] 与此同时，怒江州当地的学校缺乏要求教师把参加教师培训的收获应用到自己的日常教学中的硬性规定，因此当地学校很多参加过"国培计划""省培计划"、珠海市对口帮扶培训等的教师在返回学校以后，其课堂教学模式依然陈旧，呈现出"学、用两张皮"的现象。[②]

与此同时，课题组的田野调查数据也很能说明怒江州教师的教学方式问题。例如，对于"班上的课堂气氛是否活跃"这一问题，在681名普通中学生当中，选择气氛"比较活跃"的只有308人，所占比例仅为45.23%；另有373人选择了气氛"比较沉闷"或气氛"一般"（见第二章表2—84）。课堂气氛之所以不活跃，当然与教师的教学方式比较落后有着直接的关系。

[①] 张嫚嫚、魏春梅：《乡村教师培训存在的问题分析及对策思考》，《教师教育研究》2016年第5期，第75页。

[②] 刘苏荣：《深度贫困地区教育扶贫面临的问题及政策建议——基于云南省怒江州的565份调查问卷》，《西南民族大学学报》（人文社会科学版）2020年第2期，第84—85页。

（二）教学质量管理体系的缺失

贫困地区多数学校不想改变原有的分配机制，趋向于吃"大锅饭"，搞平均主义，似乎这样比较公平，便于操作，也不易产生矛盾。一年下来，干得好的老师最多也就是多得几百元，而干得差的，甚至没干事的最多也就是少得几百元。这种做法实际上并没有达到根据"绩效"进行奖励的目的，直接导致了干与不干一个样，干好干坏一个样，完全背离了绩效工资改革"多劳多得，优绩优酬"的精神。从某种程度上说，这种方式打压了有积极创造性教师的工作热情，丧失了绩效考核的真正作用，甚至起了反作用。[①]

严格来说，怒江州的学校普遍缺乏教学质量管控体系：无教学成绩既定目标，无期中期末考试质量分析，无教学过程检测，也无针对性的举措，教学质量管理停留在无序和粗放状态，造成许多教师没有成绩压力，感觉教得好不好无所谓，得过且过。[②] 在怒江州，当地不少教师在评上高级职称以后，其专业发展就会缺乏动力，在日常教学工作中出现一些懈怠现象。怒江州各级各类学校的日常教学管理工作在很大程度上缺乏应有的激励机制，教师干好干坏一个样，没有形成科学的、系统的教学质量提升方案，尚未形成良好的竞争氛围。很多学校的绩效工资分配制度不尽合理，教职工提升教学质量的积极性不高，在课题组的田野调查中，有部分乡村学校教师反映其所在学校奖惩不分明，现行的绩效工资分配制度不合理，缺乏调动教师工作积极性的长效机制。

田野调查数据显示，对于"班上的老师会带领你们对月考、期中考、期末考的考试结果进行分析吗"这个问题，在681名普通中学生当中，有402人选择"经常分析"，所占比例为59.03%，另有279人选择"偶尔分析"或者"不分析"（见第二章表2—86）。也就是说，超过40%的老师并没有养成经常对月考、期中考、期末考等类考试的结果进行分析和反思的习惯，它集中地反映出怒江州的学校在

[①] 胡邦永、罗甫章：《贫困地区教育均衡发展研究》，西南交通大学出版社2016年版，第148页。

[②] 刘苏荣：《深度贫困地区教育扶贫面临的问题及政策建议——基于云南省怒江州的565份调查问卷》，《西南民族大学学报》（人文社会科学版）2020年第2期，第85页。

教学质量管控体系方面整体上处于缺失的状态。

（三）严重缺乏优秀教师

怒江州的学校教育质量比较低下的一个非常关键的原因就是当地学校严重缺乏优秀教师，这在课题组的田野调查中得到了充分的证明。

田野调查数据显示，对于"当地教育扶贫存在的问题"（此为多选题），在怒江州的 204 名县城普通学校教师中，认可度较高（在 50% 以上）的选项有 5 个，其中认可度最高的是"优秀教师引进不力"（见第二章表 2—20、表 2—21、表 2—22）；在 151 名乡镇学校教师中，认可度较高（在 50% 以上）的选项有 4 个，其中也包含了"优秀教师引进不力"（见第二章表 2—33、表 2—34、表 2—35）；在 110 名农村学校教师中，认可度较高（在 50% 以上）的选项有 7 个，其中认可度最高的也是"优秀教师引进不力"（见第二章表 2—60、表 2—61、表 2—62）；在 53 名职业技术学校教师中，认可度较高（在 50% 以上）的选项有 4 个，其中认可度最高的仍然还是"优秀教师引进不力"（见第二章表 2—73、表 2—74、表 2—75）。在四种类型的教师中有三种教师都把"优秀教师引进不力"看作怒江州教育扶贫存在的最大问题，这反映出怒江州非常缺乏优秀教师的现实，而这也正是当地的教育质量长期在低水平徘徊的主要原因。

对于"你对所在学校老师的教学水平作何评价"这一问题，在 681 名普通中学生当中，选择"大部分认真负责，教学水平高"的有 381 人，占 55.95%；选择"大部分认真负责，教学水平一般"的有 276 人，另有 20 人选择"大部分不认真负责，教学水平一般"；有 4 人选择"大部分不认真负责，教学水平差"（见第二章表 2—83）。换句话说，怒江州普通中学生对于本校教师教学水平的满意度不到 60%，而在怒江州民族中学、贡山县独龙江乡中心学校、福贡县第一中学和兰坪县民族中学，学生对于本校教师教学水平的满意度甚至还不到 50%。学生对于所在学校教师教学水平的满意度比较低，这也充分证明了怒江州确实非常缺乏高水平的优秀教师。

当前，怒江州尤其缺乏优秀的高中教师，主要表现在以下几个方面：(1) 引进的省外教师队伍不稳定。由于离家较远或不适应当地的生活环境，大部分省外教师思想不稳定，辞职率较高。

(2) 招聘计划难以完成。近三年以来，怒江州每年的高中教师招聘计划都未能完成：2015 年计划引进 29 名，实际签约 25 人；2016 年计划引进 40 名，实际签约 32 人；2017 年计划引进 27 名，实际签约 21 人；2018 年计划引进 35 名，实际签约 33 人。

(3) 优秀高校毕业生引进难度大。怒江州恶劣的自然条件和极为闭塞的交通导致很多外地教师不愿来，而本地教师中师范院校的毕业生很少且教学水平较低，这严重制约了学校教育质量的提升。怒江州在 2017 年引进了 21 名高中教师，其中州（市）地方院校毕业生占了 43%（9 名），在 2018 年引进了 33 名高中教师，其中州（市）地方院校毕业生同样占了 43%（14 名）。

以兰坪县民族中学为例，课题组在调研时发现：该校在 2012 年尚有高中教师 104 人，之后由于考取公务员调走了 4 人（均为语文教师），省外招聘来的教师先后有 13 人辞职，另外调往其他学校和单位 7 人，致使现在该校仅有高中教师 80 人。由于该校一直沿用 2007 年核定的高中教师 70 人的编制，导致该校一直无法引进新教师，目前全校一共只有 9 名高中语文教师，其数量严重不足。目前，兰坪县民族中学高中部有 26 个教学班、1354 名学生，按照高中师生比 1∶13 来计算的话，至少需要配备 104 名高中教师，因此教师缺口比较大。

此外，怒江州属于典型的边远山区，因为精力、身体素质和学生管理压力大等因素，当地的高中教师到 50 岁左右其实就已经难以较好地完成日常教学工作任务了。以兰坪县第一中学为例，截至 2019 年 6 月，该校有 166 名专任教师，中专学历 3 人，专科学历 13 人，研究生学历 3 人，本科学历 147 人（其中 39 名为函授学历），平均年龄已经突破 40 岁，教师队伍老化的现象较为严重，这对教育质量带来的负面影响不容忽视。

（四）教学辅助设备资源的浪费

对于少数民族偏远落后地区的乡村中小学来说，信息技术在这些地方应用不足，教育信息传播的媒体渠道受限，对教与学都没有形成足够的影响和促动,直接造成了教育信息传播的不均衡,其不足主要表现在两个方面:其一,部分学校虽然配备了信息技术教师,但是网络联通配置和软件资源处于短缺甚至空白的状态,加之缺少专业人员维护和教师信息素养的欠缺,多媒体设备形同虚设。其二,多媒体设备主要被用来播放PPT,没有真正做到信息技术与课程教学的整合。①课题组在调研时发现,怒江州的部分教师尤其是乡村学校教师之所以使用多媒体设备进行教学,在很多情况下是为了应付上级部门的检查和考核,而不是为了提高教学质量,也就是说,多媒体教学方式并未形成一种"常态",由此导致一些学校的多媒体教学设备实际上成为一种"摆设"。

近几年来,作为国家层面重点扶持的"三区三州"深度贫困地区之一,怒江州当地学校的硬件设施可谓发生了翻天覆地的变化,多数学校都配齐了功能室、实验室和计算机网络教室,教学器材也是种类繁多。截至2018年底,怒江州中小学计算机网络教室覆盖率已经达到了40%,而多媒体设备覆盖率已经达到了80%。但是,这些教学辅助设备资源并没有被充分利用,很多学校不开实验课,不用功能室,有的教师根本就不使用多媒体设备进行教学,不使用网络数据平台,大量的教学辅助设备资源被白白浪费掉。②

田野调查数据显示,对于"你所在学校的多媒体设备使用情况怎么样"这个问题,在110名参与问卷调查的农村学校教师中,有67人选择"有且用得多",所占比例为60.91%;有21人选择"有但很少使用",有22人选择"没有多媒体设备"。从这一组统计数字来看,怒江州农村学校的多媒体教学设备使用情况并不乐观,经常使用多媒体教学设备上课的老师仅占到六成。课题组还注意到,福贡县子里甲乡和匹河乡的一些农村学校还没有配备多媒体教学设备。

课题组在田野调查时还发现,怒江州大部分小学科学课程没有按

---

① 罗青、钱春富:《边疆民族地区县域内义务教育均衡发展研究》,云南大学出版社2018年版,第124页。

② 刘苏荣:《深度贫困地区教育扶贫面临的问题及政策建议——基于云南省怒江州的565份调查问卷》,《西南民族大学学报》(人文社会科学版)2020年第2期,第85页。

照课程标准做演示实验，更谈不上让学生自己动手做实验了，大多数老师（尤其是乡村学校教师）的实验课都是在黑板上讲授，学生缺乏动手能力的训练。课题组在福贡县的乡村学校做调研时，部分理科教师直言其本人并没有在课堂上做过实验，学校配备的实验器材在很多时候是被闲置了。

第四节 教育扶贫资金严重短缺

我国很多贫困地区经济基础薄弱，财政拮据，且大多为"吃饭财政"。财政对教育的拨款主要用于人头经费，教育经费很难实现"三个增长"，达到"三个比例"。我国现行的"分级办学、分级管理"的教育制度，致使县级政府承担了过多的义务教育经费，而中央政府承担的相对较少。尤其是税费改革后，农民的负担减轻了，但与此同时，县级财政的收入也大大减少，无力承担对基础教育的资金投入。① 对于贫困地区而言，地方财政比较薄弱，财政收入增长难度较大，财政支出基本上用于保证地方刚性支出，难以拨出足额的教育扶贫经费。② 作为"三区三州"深度贫困地区之一，怒江州当前的地方财政自给率不到15%，因此投入教育扶贫工作中的资金实际上是非常少的。2018年，怒江州地方一般预算收入为10.8605亿元，地方一般公共预算支出为138.9151亿元；中央和省级财政转移支付108.8亿元（一般性转移支付57.3亿元，专项转移支付51.5亿元），比2017年增加了30.1亿元，增长率为38.2%；安排地方政府一般债务转贷资金16.25亿元，比2017年增长了近1倍。总的来看，怒江州地方财政对于上级财政转移支付的依赖程度非常高，导致当地的教育扶贫工作经常面临着严重的资金短缺问题。

从对怒江州4个县（市）的学生家长、教师和学生的问卷调查结

---

① 司树杰、王文静、李兴洲主编：《中国教育扶贫报告（2016）》，社会科学出版社2016年版，第41—42页。
② 史志乐：《教育扶贫与社会分层——兼论阻断贫困代际传递的可能性》，《教育理论与实践》2019年第4期，第18页。

果来看，对于"当地教育扶贫存在的问题"（此为多选题），当地群众比较认同的选项有六个：贫困生资助的标准低、学校基础设施建设（含配套设施建设）滞后、优秀教师引进不力、教师的待遇低、教师的工作负担重、学生上学路途太远（根源在于怒江州地方财政压力下的大规模"拆点并校"）。在这六个主要问题中，有五个都与资金问题有关，关键还是一个"钱"字，由此可见，怒江州的教育扶贫资金是非常短缺的。

一　教育基础设施建设资金经常不到位

由于受比较恶劣的地理环境因素的制约，怒江州各级各类学校的建设成本普遍都比较高，而且建设用地非常缺乏，加之该州下辖的4个县（市）都是国家级扶贫开发重点县，地方财政的配套能力非常弱，导致教育基础设施建设所投入的资金经常不到位，主要表现在三个方面：首先，怒江州的教育基础设施建设项目点多且面广，而当地县级财政的自给率非常低（均不足15%），所以建设项目的前期工作经费经常没有着落，从而在很大程度上制约了项目的建设进度。其次，怒江州面临山高坡陡、交通不便、地质条件差和降水量多等种种不利的自然环境因素，因此在进行教育基础设施建设时，除了主体工程以外，还需要进行挖山平整和边坡治理、挡墙支护等附属工程的施工，导致建设项目的实际工程造价普遍比云南省的其他州市要高得多，因此很多教育基础设施建设项目的预算资金往往只能满足项目主体工程建设之需，而在土地协调及附属工程建设方面往往存在较大的资金缺口。受地形地貌的限制，怒江州的多数学校建设用地都是在山上，其建设成本相较于地势平坦地区而言，每平方米大概要高出500—1000元。最后，受地形地貌的影响，怒江州当地的学校（尤其是村办小学和教学点）建筑材料经常需要二次搬运，从而导致了教育基础设施建设成本的增加。

根据当地的教育扶贫规划，在2018—2020年怒江州需要新增在校生23800人，按照国家关于学前教育、义务教育、高中教育和职业教育的办学标准，怒江州需要新建校舍48.24万平方米（投资11.03亿元），新建运动场54.4万平方米（投资3.2亿元），需要购置教学设施即设备（投资4.47亿元），需要建设附属工程（投资6.5亿元），合计25.2亿元。其中，学前教育4.42亿元、义务教育13.2亿元、高中教育2.78亿元、职业教育4.66亿元。除了已被纳入怒江州教育系统"全面改薄计划"的7.11亿元外，目前的资金缺口还高达18.09亿元。

在学前教育方面，课题组在贡山县调研时，发现按照《怒江州第三期学前教育行动计划（2018—2020年）》，贡山县在2020年底之前新建了牛郎当、巴坡、献九当等20个农村学前教育教学点，实现20个村委会的学前教育全覆盖。但是，由于建设资金迟迟未下达，贡山县农村学前教育教学的建设进度比较缓慢。截至2018年底，只完成了1个学前教育教学点——独龙江乡迪政当村委会学前教育教学点的建设，开工建设了1个学前教育教学点——独龙江乡献九当村委会学前教育教学点。而造成此现状的主要原因在于项目资金不到位，而贡山县的地方财政又无力解决项目的前期工作经费。

在义务教育方面，课题组在泸水市民族中学（位于泸水市大兴地镇）调研时，发现按照标准化办学的标准，该校目前还急需新建理科实验楼、学生宿舍楼和教职工办公楼各一栋，而教学一体机的缺口至少有15台，其中仅实验楼和宿舍楼这两个项目的建设经费就至少需要1000万元，但是目前资金依旧没有着落。

与此同时，课题组在兰坪县教育局调研时也发现，截至2019年底，因为县级财政困难，兰坪县的义务教育均衡发展项目建设缺口资金达4.4亿元，学校设施设备购置缺口资金达0.7亿元，易地扶贫搬迁安置点学校建设缺口资金达1.5亿元。

在职业教育方面，怒江州于2016年5月启动了怒江州职教中心项目的建设，项目总投资62900万元、占地面积309亩、建筑面积13.2万平方米的怒江州职教中心已经于2017年完工并投入使用，但目前该项目的到位资金仅为18000万元，资金缺口高达44900万元。

因为教育扶贫资金的严重不足，不仅一些计划中的教育扶贫项目迟迟不能开工，而且就连一些已经竣工的项目都面临着项目债务的问题。目前，整个怒江州各级各类学校累计拖欠工程款11.87亿元，其中，泸水市25816万元，福贡县2498万元，贡山县939万元，兰坪县80829万元，怒江州直属学校8660万元。之所以有这么多的竣工项目欠账，一是因为上级财政的补助标准较低。例如，当前怒江州义务教育学校建设成本核算标准为2000元/㎡，但实际上这个标准是难以确保工程建设质量的。二是怒江州地方财力有限，导致教育扶贫项目的配套资金很难得到落实。三是教育扶贫项目的配套附属工程量大，造成在建工程项目的资金缺口较大。

因为建设资金的严重不足，导致怒江州很多学校繁荣教学基础设施的质量不高，而学生的满意度也就比较低。课题组的田野调查数据显示，对于"你对学校的教学基础设施（教室、学生电脑、体育运动设施等）满意吗"这个问题，在681名普通中学生当中，选择"满意"的仅有290人，所占比例为42.58%；另有103人选择"不满意"，有288人选择"感觉很一般"（见第二章表2—98）。对于"你对学校里的实训教学场地和实训设备满意吗"这个问题，在165名职业技术学校学生中，仅有51人选择"满意"，所占比例为30.91%；另有41人选择"不满意"，有73人选择"感觉一般"（见第二章表2—125）。

课题组在调研中还发现，虽然怒江州各种类型的学校均存在教学基础设施建设资金短缺的问题，但表现得最为严重的其实还是农村学校。课题组在贡山县独龙江乡的巴坡小学（离乡政府驻地20公里）调研时，该校的校长介绍说：

> 巴坡小学现有四个班级，从学前班到三年级，共有65位同学。巴坡小学目前只有一栋教学楼，是独龙江乡的几所村办小学当中年代最久、面积最小的教学楼。除了教学楼太小且太破旧之外，学校的操场也是年久失修，坑坑洼洼的，加上独龙江乡每年的降雨量都特别大，操场上常年积水，从而严重影响学生的体育活动。更严重的是，因为教学楼太小，无法安置学前班学生午睡，有的老师就将自己的厨房让出来给学前班的小朋友午休，所以现在很多老师都是在自己的客厅里做饭，而且学前班的30个儿童平时上课和搞活动

的场地就只有一间13平方米的教室，显得非常拥挤。

二 易地扶贫搬迁教育配套项目经费短缺

根据《云南省怒江傈僳族自治州全力推进深度贫困脱贫攻坚实施方案（2018—2020年）》，结合当地的易地扶贫搬迁安置点建设工程，2018—2020年，怒江州需要专门为安置点新建幼儿园26所，新建义务教育学校6所，改扩建义务教育学校3所，改扩建幼儿园1所，新建校舍的总面积为270059.88平方米，新建运动场的总面积为77693.24平方米。2018年建设8所，其中泸水市4所，福贡县3所，兰坪县1所；2019年建设28所，其中泸水市9所，福贡县9所，兰坪县10所；2020年泸水市建设1所。计划总投资为123158.47万元，但大部分的建设资金实际上都是难以到位的。

例如，为确保县城易地扶贫搬迁安置点教育配套项目的建设，福贡县先后规划了福贡一中、拉甲木底完小改扩建项目和新建江西一幼、江西二幼等教育扶贫工程项目。4个建设项目的基建部分预计需要资金1.637336亿元，设施设备部分预计需要资金0.5亿元，两项合计需要资金2.137336亿元，但实际上这笔项目资金迟迟没有着落。

三 学校的后勤保障资金严重不足

教育扶贫经费的不足必然会导致一些教育扶贫项目"虎头蛇尾"。比如，在"营养餐计划"中，食堂的建设、人工、运营资金没有专项补贴，相关管理人员的工资、编制问题也没有解决。[①] 当前怒江州义务教育阶段寄宿制学校的后勤保障能力比较弱，其主要原因就在于学校的后勤保障资金严重不足。因为山高坡陡、谷深水急、上学路途遥远和交通设施严重落后的客观现实，怒江州义务教育阶段的寄宿生占在校生的比例相当高，目前当地有义务教育阶段在校生67000人，

---

① 史志乐：《教育扶贫与社会分层：兼论阻断贫困代际传递的可能性》，《教育理论与实践》2019年第4期，第18页。

其中寄宿生就有 54000 人，学校后勤保障体系所需的"四大员"，除了宿管员由教师兼任，校医由当地医院派驻以外，炊事员和保安员共需配备 1430 人。但由于怒江州地方财力非常有限，后勤保障人员尚未完全得到落实。怒江州学校后勤工作人员的工作量很大，而其工资待遇却非常低，其现有的工资标准仅为 1350 元/月/人，根本就没有任何吸引力，导致怒江州义务教育阶段学校后勤人员队伍不稳定，从而对学校的后勤保障工作产生了十分不利的影响。

后勤保障资金不足所带来的直接后果就是学校后勤服务质量的下降，这在课题组对怒江州当地学生的问卷调查中得到了证实。对于"你对学校的后勤服务满意吗"这个问题，在 681 名普通中学生当中，选择选择"满意"的仅有 244 人，所占比例为 35.83%；有 120 人选择"不满意"，所占比例 17.62%；另有 317 人选择"感觉很一般"（见第二章表 2—99）。在 165 名职业技术学校学生中，仅有 39 人选择"满意"，所占比例为 23.64%；有 50 人选择"不满意"，另有 76 人选择"感觉一般"（见第二章表 2—126）。总的来看，仅有三分之一的怒江州当地学生对其所在学校的后勤服务感到满意，其主要原因无疑就是学校的后勤保障资金缺口太大，从而导致学校后勤服务的质量难以得到保障。

四 学生资助经费不足

我国已经对义务教育普遍实行了"一费制"和"两免一补"政策，从而有力地推动了义务教育的普及，也基本解决了贫困家庭子女"上不起学"的难题。在实施"两免一补"政策之后，学杂费、书本费由国家和地方财政承担，而且对寄宿生的生活费提供补助，但学生在校学习还要支付诸如交通费、住宿学习用品费、生活费等基本费用，一些地方的学校还会收取校服费、班费、补课费、资料费、保险费等弹性教育费用。这些费用对于低收入家庭和贫困家庭来说是一项数额巨大的教育支出，为贫困家庭带来了沉重的经济负担。对于有义务教育阶段在校生的贫困家庭而言，虽然教育支出较多但仍在家庭收入范围之内；但是，对于有处于高中或者大学阶段在校生的贫困家庭而言，教育支出明显高于家庭收入，从而直接给贫困家庭带来了严重的经济负担。①

课题组的田野调查数据显示，在259户少数民族学生家庭中，对于"能否承担得起孩子的教育支出"这个问题，选择"完全能承担"的仅有42户，所占比例为16.22%；选择"勉强能够承担"的有151户，选择"承担不起"的有66户（见第二章表2—5）。也就是说，80%以上的少数民族学生家庭自认为其在教育方面的经济负担仍然是比较沉重的。

对于"你所在家庭承担你的上学费用是否有困难"这个问题，在681名普通中学生当中，选择"没有困难"的有291人，所占比例仅为42.73%；而选择"有困难，但勉强能承担"的有365人，选择"有困难且承担不起"的有25人（见第二章表2—81）。在165名职业技术学校学生中，有36人选择了"没有困难"，所占比例仅为21.82%；有124人选择了"有困难但勉强能承担"，有5人选择了"有困难且承担不起"（见第二章表2—108）。总体来看，虽说教育扶贫政策已经在一定程度上减轻了很多贫困学生家庭的经济负担，但是在怒江州，大部分家庭在承担子女的教育支出方面仍然面临着较大的经济压力。

在大学生资助方面，怒江州目前对建档立卡户大学生的资助政策主要有两个：一是从2016年起，云南省对考入一本院校的建档立卡户大学生，在本科学习期间给予每年5000元的学费奖励。而怒江州每年考入一本院校的建档立卡户学生不多，大部分学生是考入二本院校或专科学校的。二是从2016年起云南省对考入普通高校的"直过民族"（怒江州主要有怒族、傈僳族和独龙族）建档立卡贫困子女在专科或本科学习期间给予每年5000元的学费奖励，此项奖励与第一项建档立卡户大学生学费奖励不能重复享受，所以建档立卡户大学生每年最多只能得到5000元的资助。

兰坪县教育局的工作人员给课题组的老师算过一笔账：兰坪县大学生每年在校期间的基本支出费用远远超过5000元，以在昆明就读

---

① 史志乐：《走进贫困的教育》，经济日报出版社2019年版，第99—100页。

的大学生为例，考入公办的一本、二本大学的学费支出在5000元左右；生活费每天按30元算，每年要支出6000元；昆明到兰坪的车费单程230元左右，每年上学途中需支出920元车费，再加上从县城到各乡镇的车费，学生每年的车费支出在1300元左右；必需的生活用品每年支出1500元左右；必备的学习用品每年支出1500元左右；衣服、鞋子按每年三套，每套按600元算，需支出1800元。这样算下来的话，学生每年的教育支出就在17100元左右。而考入民办二本院校及民办高职学校的学生，所缴的学费每年在15000—25000元，这些学生每年的上学费用在27000—37000元。也就是说，怒江州对贫困大学生的资助力度其实是远远不够的。

在义务教育阶段学生资助方面，2012年怒江州实现了义务教育阶段寄宿生生活补助费全覆盖，每年按10个月计算，小学每生每年可以获得补助1000元，初中每生每年获得补助1250元。按照怒江州寄宿生目前的生活补助费计算，每月20天，按10个月计算的话，每年200天，每天2餐，共计有400餐；小学生每天两个正餐的生活费只有5元，每餐只有2.5元；初中生每天两个正餐的生活费只有6.25元，每餐只有3.125元。怒江州学校执行此标准已经有七八年了，当地物价上涨而寄宿生生活补助费不变，自然就很难做到荤素搭配、营养均衡的目的，这对于当地学生的身体健康是相当不利的。

表3—18　　　　　　　　怒江州食品价格对比

品名	单位	2012年 市场均价（元）	2018年 市场均价（元）
大米	1市斤	1.5	4.0
马铃薯	1市斤	0.3	2.0
猪肉	1市斤	8.0	15.0
青菜、白菜	1市斤	0.2	2.0
萝卜	1市斤	0.5	2.0
鸡蛋	1个	0.5	1.5

第五节 乡村学校的师资队伍比较薄弱

乡村学校的师资队伍建设历来是教育扶贫的重点和难点,之前的政策偏向于稳定乡村教师队伍,这实际上是一项基础工程,即先有数量后有质量。但是,如果长期只要求稳定乡村师资的数量,而不是有效提升乡村教师的教学能力与水平,就不能保证教育扶贫的质量和可持续发展。[①] 教育扶贫的主战场是在农村学校,但目前整个怒江州的县城学校和乡镇中心学校的教师相对比较富余,而条件艰苦的农村小学(含幼儿园)和教学点的教师则比较缺乏,农村学前教育师资更是严重缺乏,从而严重影响到教育扶贫政策在当地的实施效果。[②]

从对怒江州当地的县城普通学校教师、乡镇学校教师、农村学校教师和职业技术学校教师的田野调查数据来看,当前怒江州的教育扶贫主要存在六个方面的问题:贫困生资助的标准低、学校基础设施建设(含配套设施建设)滞后、优秀教师引进不力、教师的待遇低、教师的工作负担重、学生上学路途太远。在这六个问题当中,有3个都与师资队伍建设有关,而怒江州师资队伍的问题主要还是集中在乡村学校,特别是农村学校。

一 乡村学校教师的招聘难度大

对于"当地教育扶贫存在的问题"(此为多选题),在151名乡镇学校教师中,认可度较高(50%及以上)的选项有4个,从高到低依次是:学生上学路途太远、学校的配套设施建设不完善、教师的日常工作负担重、优秀教师引进不力(见第二章表2—33、表2—34、表2—35)。在110名农村学校教师中,认可度较高的选项有7个,从高到低依次是:优秀教师引进不力、学校配套建设资金不足、教师的

---

① 刘晓红:《教育扶贫的多元投入机制研究》,《西南民族大学学报》(人文社会科学版)》2018年第12期,第223页。

② 刘苏荣:《深度贫困地区教育扶贫面临的问题及政策建议——基于云南省怒江州的565份调查问卷》,《西南民族大学学报》(人文社会科学版)2020年第2期,第85页。

工作负担重、学校现有教学基础设施较为落后、学生上学路途太远、教师工资低、教师福利差（见第二章表2—60、表2—61）。综合来看，一共涉及8个方面的问题，其中有4个都与师资问题相关。

从田野调查数据可以看出，怒江州的乡镇学校教师与农村学校教师均认为"优秀教师引进不力"和"教师的日常工作负担重"是当地教育扶贫存在的两大不足，而且农村学校教师还把"优秀教师引进不力"列为头号问题。简而言之，怒江州的乡村学校面临着教师招聘难的问题，但在农村学校这一问题尤其严重。

之所以会出现这种现象，是因为在我国的教育体系中，农村小学处于末端，它与乡镇中心完小和县城小学之间存在明显的教育差距。在这种教育格局下，"重视教育"或者"具备条件"的农村家长纷纷选择送孩子去更高层级的学校，而留在村小则成为一种无奈的选择。①基于此，加上当地农村学校的工作环境相对恶劣，所以怒江州的农村学校自然难以吸引到优秀人才来任教。

田野调查数据显示，在110名参与问卷调查的农村学校教师中，有89人为怒江州本地人，所占比例为80.91%，特别是在福贡县匹河乡、福贡县子里甲乡和兰坪县河西乡的农村学校教师中，没有1名非怒江州户籍的教师（见第二章表2—40）。这就充分说明，怒江州的农村学校很难吸引到外地户籍的大中专毕业生来此任教。

从任教时间来看，在110名参与问卷调查的农村学校教师中，有52人的任教时间不满3年，所占比例为47.27%，任教时间在5年及以下的教师有73人，所占比例为66.36%（见第二章表2—43）。换句话说，在这110名农村教师中，接近一半教师的任教时间不足3年，三分之二教师的任教时间不足5年，特别是在福贡县匹河乡，当地参与问卷调查的9名农村学校教师的任教时间全部在5年以下。这充分说明怒江州的农村学校严重缺乏有一定教学经验的教师，这对教育质量所带来的负面影响是不容忽视的。

---

① 单丽卿：《教育差距与权利贫困——基于连片特困地区扶贫开发实践困境的讨论》，《中共福建省委党校学报》2015年第3期，第26页。

课题组成员在与福贡县匹河怒族乡中心完小（该学校管理着本乡所有的农村小学和学前教育办学点）的副校长交流时，他就谈道：

> 匹河乡当地的农村学前教育办学点往往都建在山上，交通不便，教师的待遇低，而且没有编制，所以很难招到老师。一个村委会的学前教育办学点往往只有一个老师，而且都是学前教育志愿者，办学点的幼儿数量也很少，一个农村学前教育办学点往往只有10—30个儿童。至于学前教育办学点老师的学历，本科的和专科的都有，都是些应届毕业生，但他们在学校里读的基本上都不是学前教育专业。他们中的很多人都是因为考虑到以后在报考公务员和事业单位的时候，可以在分数上享受照顾政策，所以才来应聘农村学前教育志愿者的。

二 乡村学校师资队伍的总体质量不高

在师资队伍建设层面，边疆民族地区的主要问题是缺少高质量的师资。这个问题主要表现在两个方面：其一，高职称、高学历教师严重缺乏。在云南省贡山县，具有高级职称的教师凤毛麟角，高学历的教师大多属于支教性质的特岗教师。其二，现有教师对民族山区教育教学的适应性明显不足，如大多来源于单一化的专业培养而难以胜任包班制、包校制和复式教学等现实任务，这其实是缺乏高质量师资的具体表现。[①] 在怒江州，音乐、体育、美术和信息技术课的师资比较紧缺，而农村学校这一现象尤其突出，而且教师大多是通过函授、自学考试等方式来提高自身的学历的，他们没有接受过系统的、扎实的专业教育，其知识结构和能力往往难以适应当前素质教育的要求。

例如，在兰坪县河西乡中心学校（九年一贯制学校），全校目前共有121名专职教师，其中，有25人为中专或高中学历，有1人为初中学历，有77人为专科学历，有18人为本科学历。在18名本科

---

① 罗青、钱春富：《边疆民族地区县域内义务教育均衡发展研究》，云南大学出版社2018年版，第121页。

学历教师中,有12人通过函授方式获得学历,有1人通过高等教育自学考试的方式获得学历,而第一学历为本科的仅有5人;在77名专科学历教师中,有48人通过函授的方式获得学历,有6人通过高等教育自学考试的方式获得学历,有4人通过广播电视大学函授的方式获得学历,而第一学历为专科的仅有19人。

田野调查数据显示,在110名参与问卷调查的农村学校教师中,毕业于云南省的地州高校(含昆明学院)师范专业的有49人,占44.55%;毕业于云南省地州高校(含昆明学院)的非师范专业的有29人,占26.36%;毕业于怒江州本地的职业技术学校的有21人,占19.09%(见第二章表2—44)。也就是说,毕业于云南省地州高校(含昆明学院)以及怒江州本地职业技术学校的教师就占了参与问卷调查的农村学校教师总数的近90%,而且其中有相当一部分教师还是毕业于非师范专业。在这种情况下,怒江州农村学校的教育质量显然不容乐观。

三 乡村学校教师的待遇较低

国务院在2015年发布的《关于进一步完善城乡义务教育经费保障体系的通知》明确指出:中央继续对中西部地区及东部部分地区义务教育教师工资经费给予支持,省级人民政府加大对本行政区域内财力薄弱地区的转移支付力度。县级人民政府确保县域内义务教育教师工资按时足额发放,教育部门在分配绩效工资时,要加大对艰苦边远贫困地区和薄弱学校的倾斜力度,但是并没有规定具体的分担比例。在"以县为主"的财政体制下,怒江州显然难以保证乡村教师待遇的稳步提高。

田野调查数据显示,在110名参与问卷调查的农村学校教师中,有23人的每月可支配收入在5000元以上,占20.91%;有67人的每月可支配收入在4000元以上,占60.91%;另有36名农村学校教师的每月可支配收入在3000元以下,占32.73%,这些教师都是没有编制的农村学前教育志愿者,他们每月的经济收入仅有2000元左右(见第二章表2—41)。虽然学校包吃住,但农村学前教育志愿者与在编教师的待遇差距非常大，同工不同酬的现象比较突出，导致师资队伍极其不稳定。而即便是在编的乡村学校教师，他们的待遇水平也明显低于当地乡（镇）政府的公务员。

田野调查数据显示，对于近几年来"当地教育扶贫所取得的成效"这一问题（此为多选题），在151名乡镇学校教师当中，对"提高了教师的待遇"的认可度不足30%（见第二章表2—31）。在110名农村学校教师中，对"提高了学校教师的工资和福利待遇"的认可度同样不足30%（见第二章表2—58）。从调查结果可以看出，大多数乡村学校教师对于他们当前的工资待遇水平是非常不满意的。在福贡县匹河怒族乡调研时，课题组发现，当地8个农村学前教育办学点的教师均为大学生志愿者（非在编教师），月工资仅为1800元，如此低的待遇水平，肯定是留不住人的。①

虽说当前怒江州的乡村教师都能享受到乡村教师补助，但是在110名参与问卷调查的农村学校教师中，认为怒江州乡村教师生活补助的标准"比较合适"的仅有32人，所占比例为29.09%；认为"明显偏低"的有78人，所占比例高达70.91%（见第二章表2—51）。也就是说，有三分之二以上的农村学校教师认为怒江州发放的"乡村教师生活补助"标准明显偏低了，虽说一个月有几百元的乡村教师生活补助，但是他们觉得与自己平常的辛苦付出相比，二者之间还是存在相当大的差距的。

田野调查数据显示，对于目前怒江州发放的乡村教师生活补助"能否保障教师在农村学校安心教书"这一问题，在110名参与问卷调查的农村学校教师中，选择"能"的仅有27人，占24.55%；有54名教师选择"不能"，占49.09%；另有29人选择"不确定"。也就是说，仅有不到四分之一的农村教师认为目前怒江州发放的乡村教师生活补助能保障教师在农村学校安心教书，可见，当地的乡村教师生活补助的标准确实有待提高。需要特别指出的是，怒江州的乡镇学

---

① 刘苏荣：《深度贫困地区教育扶贫面临的问题及政策建议——基于云南省怒江州的565份调查问卷》，《西南民族大学学报》（人文社会科学版）2020年第2期，第85页。

校教师也能享受乡村教师生活补助,但是与那些离乡(镇)政府驻地有二三十公里路程的农村学校教师相比,二者之间的工作环境和工作强度显然不可同日而语。

四 农村学校周边环境恶劣导致难以留住人才

一般来说,贫困地区的学校难以吸引到优秀人才的原因主要有以下几点:(1)贫困地区学校的内部工作环境大多很差,学校周边环境更是让人望而生畏,人烟稀少甚至荒无人烟,信息闭塞。在这样的环境中,人的心境自然会感到压抑,工作积极性也会大打折扣,甚至失去工作的兴趣,更谈不上对事业的热爱与忠诚。(2)贫困地区恶劣的客观自然环境,给教师的婚姻、家庭造成诸多不利影响,进而导致贫困地区教师队伍的频繁流动。(3)贫困地区的客观自然环境给年轻人的终身发展造成巨大的影响。很多青年人更加重视自身价值的实现,重视自身知识的获取与提高,他们追求终身就业能力而非终身就业饭碗。他们渴望获得教育和培训的机会,因此希望到更好的环境中去获得更新的知识与经验,实现个人能力的增值。[①]

作为"三区三州"深度贫困地区之一,怒江州的自然环境非常恶劣,全州的地质灾害隐患有1400多处,高山峡谷占了国土面积的98%以上,交通非常不便利,因此乡村学校即使暂时招聘到了新教师,往往也留不住人。课题组在调研时发现,怒江州境内从县城到乡镇的道路,其设计时速一般在40码以内,而从乡(镇)政府驻地到村委会所在地的公路等级普遍都比较低,其设计时速一般在20码以内,因此在路途上所花时间也就比较长。在110名参与问卷调查的农村学校教师中,有83名教师所在的学校与乡(镇)政府驻地的路程超过了10公里,有50名教师所在的学校与乡(镇)政府驻地的路程超过了20公里(见第二章表2—48)。考虑到怒江州当地乡(镇)政

---

① 胡邦永、罗甫章:《贫困地区教育均衡发展研究》,西南交通大学出版社2016年版,第99—100页。

府到下辖的各个村委会基本上都是比较简易的低等级公路，而且部分公路还是土石路面，交通状况整体上比较差，因此当地农村学校教师与外界的交流就受到了极大的限制。

田野调查数据显示，在110名参与问卷调查的农村学校教师中，有90名教师所在学校到乡（镇）政府驻地需要30分钟以上的车程，有50名教师所在的学校到乡（镇）政府驻地需要1个小时以上的车程，有23名教师所在的学校到乡（镇）政府驻地需要2个小时以上的车程，还有7名教师所在的学校到乡（镇）政府驻地需要3个小时以上的车程。在这种情况下，怒江州的农村学校想要留住人才，其难度就可想而知了。

课题组在贡山县独龙江乡的龙元小学（离乡政府驻地22公里）调研时，该校的一名教师告诉课题组成员：

> 龙元小学交通不便，车子很难进到学校里来，所以学生的营养餐、大米和蔬菜都要依靠老师和学生自己去搬运。每到冬天的时候，独龙江乡停电的日子就会比较多，因此我们学校的老师经常每天要花很多的时间烧火做饭，还要帮学生烧水洗脚、洗澡。当然，这些都是基础性的困难，其实我们学校还存在一些隐性的困难，在本校的6名教师中，有4名教师包括我在内都是非怒江州籍的，因为这里交通不便，所以每逢节假日我们都难得回一趟家。平时有点什么事要请假的话，也很不现实，当个别老师感到心理压抑的时候，往往也只能尝试着自己慢慢地调整心态。

五 农村学校教师编制缺口很大

怒江州农村学校目前面临的一个问题就是教师的编制缺口很大，其中农村学前教育教师的编制缺口尤其大。政策性缺编与结构性缺员，在客观上会造成边疆民族地区师资队伍的严重不足。以小学阶段为例，根据现行教师编制管理规定，学校师生统一执行1∶19分配或调配，造成有些乡村完小教师编制已经饱和，但实际上教师数量远远不能满足教学需求。当前，由于农村人口出生率逐年降低，而且一些孩子随着进城打工的父母到城里上学，因此有些学校不得不实行隔年招生，农村小学按照1∶19来核定教师编制已经不合时宜，有时候五六个学生也要招一个班，这就意味着一个班要一个教师编制。因此，边疆民族地区许多村办小学或者教学点教师编制明为满编，但实际上编制并不足。①

我国目前的乡村学校编制核定是"自上而下"进行的，即县级政府根据地方财政收入确定投放到教育部门的教师编制人数，教育部门根据学校生师比和班师比进行定量配比，学校再根据本校实际情况进行补充，在"财政供养人口只减不增"的政策背景下，教育部门很难在县级政府争取到更多的乡村教师编制。② 在这种情况下，怒江州农村学校教师编制存在巨大的缺口也就不足为奇了。

按照《云南省教育事业发展"十三五"规划》的要求，2015—2020年，怒江州需要新增在园生8000人，按照幼儿园1∶7的师生比，必须达到每个幼儿园（或者办学点）不低于2名专任教师的标准。但是，截止到2019年6月，怒江州在职在编的学前教育教师仅为598人，且主要集中在城镇幼儿园里，在2020年底之前还需新增学前教育教师1142人（主要是农村学前教育教师），教师编制的缺口非常之大。怒江州目前主要采取招募乡村幼儿园志愿者（非在职在编的学前教育教师）的方式来弥补当地农村学前教育师资的巨大缺口，且不要求志愿者一定具有学前教育专业或者师范专业背景，但是其工资待遇仅为每月2000元左右，所以很难招募到合格的乡村幼儿园志愿者，即便暂时招募到了，往往也不能留住人，从而严重影响办学质量。

在部门走访时，福贡县教育局的工作人员告诉课题组成员：

---

① 罗青、钱春富：《边疆民族地区县域内义务教育均衡发展研究》，云南大学出版社2018年版，第143页。
② 付卫东、范先佐：《〈乡村教师支持计划〉实施的成效、问题及对策——基于中西部6省12县（区）120余所农村中小学的调查》，《华中师范大学学报》（人文社会科学版）2018年第1期，第167—169页。

第三章 怒江州教育扶贫工作存在的问题

其实,自2013年以后,我们福贡县就再也没有新增过学前教育教师的编制了,所以乡村学前教育教师岗位招聘的都是些学前教育志愿者。贡山县因为紧挨着藏区,在教师招聘政策上有所照顾,所以它的情况相对要好一些,当地学校可以通过引进特岗教师的方式来补充一部分农村学前教育的师资,但同时仍然需要招聘一些农村学前教育志愿者作为补充。

田野调查数据显示,在110名参与问卷调查的农村学校教师中,认为"本校存在教师编制不足的情况"的有79人,占71.82%;认为"本校不存在教师编制不足的情况"的仅有16人,占14.55%(见第二章表2—45)。课题组在泸水市秤杆乡调研时发现,该乡共有12个村办幼儿园,但是只有15名教师,包括7名特岗教师、1名在职在编教师和7名学前教育志愿者,差不多1所村办幼儿园只有一名教师,而全乡的村办幼儿园教师编制却只有1个,这是一个非常令人尴尬的现实。

在110名参与问卷调查的农村学校教师中,有38人是通过当地政府部门组织的事业单位人员上岗考试(普岗)成为教师的,所占比例为34.55%,有36人是通过特岗教师上岗考试(特岗)成为教师的,另有农村学前教育志愿者26人,以及代课教师10人。这充分说明怒江州当地的村办小学和幼儿园教师编制严重不足,在参与问卷调查的110名农村学校教师当中,接近三分之二的人员都是没有编制的。特别令人关注的是,在泸水市秤杆乡的15名农村学校教师中,仅有1人有事业编制,在福贡县匹河乡的9名农村学校教师中,也是仅有1人有事业编制;在贡山县独龙江乡的15名农村学校教师中,仅有2人有事业编制,在福贡县子里甲乡的15名农村学校教师中,也是仅有2人有事业编制。在严重缺乏教师编制的情况下,怒江州农村学校教师队伍的稳定性十分令人担忧。

六 教师的工作任务重

在中西部省份的农村地区,很多学校存在着教师总量不足、教师年龄结构老化、教师缺编严重以及结构性缺编等问题,加之学校的位置偏远、条件差,虽然政府近年来对农村地区、民族地区的教师进行财政补贴,但仍然很难吸引年轻、优秀的教师到此任教,这就导致很多农村学校基本上实行包班制,即一名或者两名教师负责一个班级,由于极度的缺编,这些老师往往负责一个班级的全部(或多数)学科知识的传授。① 课题组在怒江州调研时发现,当地乡村学校除了流行包班制以外,更为严重的是,由于后勤保障人员数量严重不足,学校里的专任教师兼职生活教师的现象较为普遍,在一些偏远的农村学校,教师除了要管理好学生的生活外,还要负责校园基础设施的维护工作,如水管、电力线路的维修等。课题组在福贡县匹河乡中心完小调研时,该校的副校长就向我们反映说:

> 我们学校现有寄宿生 933 人,有保安兼门卫 2 人、宿管员 2 人,还缺正规保安至少 2 人、宿管员至少 4 人,导致老师们的很多精力都被消耗在教学以外的其他地方。如果我们学校的保安和宿管员都配齐了的话,老师们就不用下了晚自习以后还要去管理学生到深夜十一二点钟,就可以有更多的时间去潜心研究教学工作了。

在 110 名参与问卷调查的农村学校教师中,有 83 名教师每天的工作时间都超过了 8 个小时,所占比例为 75.45%;有 43 名教师每天的工作时间在 10 个小时及以上,所占比例为 39.09%。也就是说,有四分之三的农村教师每天的工作时间超过了 8 个小时。在 110 名农村学校教师中,每周的教学工作量超过 20 节课的有 65 人,每周的教学

---

① 罗青、钱春富:《边疆民族地区县域内义务教育均衡发展研究》,云南大学出版社 2018 年版,第 150 页。

工作量在15节课及以上的有102人（见第二章表2—46），也就是说，绝大多数农村教师每周的教学工作量都在15节以上。在110名农村学校教师中，有81人在2019年春季学期的任课在3门以上，其中有49人的任课在5门及以上（见第二章表2—47）。怒江州农村学校教师的工作量之大由此可见一斑。

对于"在日常工作和生活中主要面临哪些客观困难"这个问题（此为多选题），在110名参与问卷调查的农村学校教师中，认可度较高（认可度在50%及以上）的选项有6个，依次分别是：学生文化基础薄弱、环境闭塞、生活条件艰苦、部分家长不重视学前教育、娱乐方式单一、学生汉语基础差（见第二章表2—52、表2—53）。也就是说，怒江州的农村学校教师不仅面临着工作和生活环境极差的问题，还面临着学生文化基础薄弱、汉语基础差和部分家长不重视学前教育等问题。

对于"在日常工作和生活中你主要面临哪些方面的压力"这一问题（此为多选题），在110名参与问卷调查的农村学校教师中，认可度较高（在50%及以上）的选项有3个，从高到低依次是：经济收入太低，教学、生活、安全都要管，与家长的沟通比较困难。与此同时，我们也注意到，"家庭问题"和"职称晋升问题"这两个选项的认可度也达到了30%以上（见第二章表2—54、表2—55）。总的来看，怒江州农村学校教师的日常工作任务比较重，但是其经济收入与他们的付出实际上是很不相称的，同时他们与学生家长的沟通也面临着一定的困难。

第六节　学校在传承当地少数民族文化方面缺乏作为

人才是少数民族文化传承的基础，而学校又是培养人才的摇篮，在怒江州这样的少数民族众多的深度贫困地区，教育扶贫工作的一项重要任务就是通过学校教育来培养当地少数民族文化的传承人。近年来，怒江州少数民族文化传承人的"断代"现象开始凸显，出现了青黄不接、后继乏人的局面。由于在人口数量上的绝对劣势，文化传承危机对于怒江州的3个人口较少民族（独龙族、怒族和普米族）来说尤其严重。但是，怒江州的学校在传承当地少数民族文化方面却缺乏应有的作为。

一 怒江州少数民族非物质文化传承面临的危机

怒江州有22个世居少数民族，因此拥有着非常丰富的少数民族文化遗产。为了推动怒江州少数民族文化遗产保护工作的开展，2010年成立了怒江州非物质文化遗产保护中心，之后怒江州的各个县（市）也相继成立了非物质文化遗产保护中心。截至2019年6月，怒江州有国家级非物质文化遗产代表性项目6个，代表性传承人6人；有省级非物质文化遗产代表性项目17个，代表性传承人36人（已去世11人）；另有州级非物质文化遗产代表性项目167个、县级非物质文化遗产代表性项目53个。

表3—19　　2019年怒江州国家级和省级非物质文化遗产项目

	类别	项目名称	级别	流传地域
1	传统音乐	傈僳族民歌	国家级	泸水市傈僳族聚居区
2	传统舞蹈	普米族搓蹉	国家级	兰坪县普米族聚居区
3	传统舞蹈	达比亚舞	国家级	福贡县怒族聚居区
4	民俗	独龙族卡雀哇节	国家级	贡山县独龙江乡
5	民俗	怒族仙女节	国家级	贡山县丙中洛镇、捧当乡
6	民俗	傈僳族刀杆节	国家级	泸水市鲁掌镇
7	濒危民族语言与文字	独龙族语言	省级	贡山县独龙江乡
8	濒危民族语言与文字	怒族"若柔"语言	省级	兰坪县兔峨乡
9	传统音乐	独龙族民歌	省级	贡山县独龙江乡
10	传统音乐	怒族民歌"哦得得"	省级	福贡县匹河怒族乡
11	传统音乐	民歌开益	省级	兰坪县拉玛人聚居区

续表

	类别	项目名称	级别	流传地域
12	传统音乐	传统器乐"口弦"	省级	福贡县
13	传统音乐	傈僳族"期奔"演奏	省级	福贡县
14	传统舞蹈	普米族四弦舞乐	省级	兰坪县普米族聚居区
15	传统舞蹈	傈僳族刮克舞	省级	福贡县怒族聚居区
16	民俗	傈僳族阔时节	省级	泸水市傈僳族聚居区
17	民俗	傈僳族澡塘歌会	省级	泸水市傈僳族聚居区
18	民俗	尚旺节	省级	泸水市洛本卓乡白族（勒墨人）聚居区
19	保护区和文化之乡	马吉乡古当村傈僳族传统文化保护区	省级	福贡县马吉乡
20	保护区和文化之乡	丙中洛镇怒族传统文化保护区	省级	贡山县丙中洛镇
21	保护区和文化之乡	独龙江乡独龙族传统文化保护区	省级	贡山县独龙江乡
22	保护区和文化之乡	上江镇新建村傈僳族民歌之乡	省级	泸水县上江镇新建村
23	保护区和文化之乡	河西乡箐花村普米族传统文化保护区	省级	兰坪县河西乡箐花村

近几年来，怒江州的少数民族传统文化保护传承及开发利用工作虽然取得了一定的成绩，但是，随着当地城镇化进程的加速发展，这些宝贵的少数民族传统文化面临着巨大的传承危机。

（一）民族文化传承人年龄偏大

民族传统文化是一个民族在历史发展过程中积淀下来的具有特色的文化成分，千百年来，人们习惯并普遍采用的是家庭式的传习方式。随着现代社会的发展，虽然有些文化项目改变了传习方式，由家族式的传习扩展到了民间师徒式的传习和以文化交流为主的传习上，但由于传习空间的限制,传统文化与科学技术飞速发展的外界大环境格格不入,从而导致其在传习过程中走向自我封闭,最终可能与时代隔绝。[①]

由于怒江州的旅游业和文化产业的发展水平非常低,在当地传承非物质文化遗产缺乏足够的资金支持,因此怒江州的很多年轻人都选择出去打工,而不愿意留在家乡传承本民族的传统文化。目前怒江州的民族文化传承人基本上都是以50岁以上的老年人为主,年轻人只占极少数,传承人队伍面临着断代的危险。与此同时,除了国家级和省级非遗传承人有一点传承补助外,州、县(市)两级传承人的补助均得不到保障,因而缺乏传承的动力。

例如,课题组在贡山县文化馆调研时,了解到该县共有各级非物质文化传承人44人,以下是贡山县各级非物质文化传承人的基本情况。

表3—20　　　　贡山县非物质文化遗产传承人名录

	姓名	出生年月	民族	项目名称	命名时间	级别
1	李汉良	1955.8	怒族	怒族民歌	2002.5	国家级
2	王国光	1967.12	独龙族	独龙族卡雀哇节	2014.9	国家级
3	丰秀兰	1949.10	怒族	怒族民间音乐	2007.4	省级
4	路济亚	1954.7	怒族	怒族传统手工艺	1999.6	省级
5	赵国祥	1953.6	怒族	怒族仙女节	2014.9	省级
6	肯玉珍	1953.7	独龙族	独龙族民歌	2014.9	省级
7	啊波	1940.5	怒族	怒族传统手工艺	2005.9	州级
8	江良	1972.4	独龙族	独龙族语言	2005.9	州级
9	王加明	1962.3	怒族	怒族民间音乐	2005.9	州级

[①] 苏德主编:《民族教育政策:文化思考与本土构建》,教育科学出版社2014年版,第12—13页。

第三章 怒江州教育扶贫工作存在的问题

续表

	姓名	出生年月	民族	项目名称	命名时间	级别
10	董寸莲	1957.3	独龙族	独龙族卡雀哇节	2012.6	州级
11	孔秀珍	1959.3	独龙族	独龙族民歌	2012.6	州级
12	肯国清	1947.11	独龙族	独龙族卡雀哇节	2012.6	州级
13	丁永明	1945.6	独龙族	独龙族卡雀哇节	2012.6	州级
14	金学强	1955.3	独龙族	独龙族传统手工艺	2012.6	州级
15	普秀香	1976.8	独龙族	独龙族传统手工艺	2012.6	州级
16	杨春民	1959.6	怒族	怒族民歌	2007.6	州级
17	彭志华	1964.3	怒族	怒族器乐演奏	2007.6	州级
18	李自才	1949.11	独龙族	独龙族民间祭祀	2012.6	州级
19	江建华	1958.5	独龙族	独龙族传统手工艺	2012.6	县级
20	当青	1945.6	独龙族	独龙族民歌	2012.6	县级
21	江林清	1945.5	独龙族	独龙族民歌	2012.6	县级
22	龙玉芳	1958.3	独龙族	独龙族民歌	2012.6	县级
23	新永生	1969.8	独龙族	独龙族传统手工艺	2012.6	县级
24	王口此	1944.9	独龙族	独龙族民歌	2012.6	县级
25	王春梅	1980.5	独龙族	独龙族传统手工艺	2012.6	县级
26	杨志明	1972.2	独龙族	独龙族传统手工艺	2012.6	县级
27	孔秀花	1977.5	独龙族	独龙族传统手工艺	2012.6	县级
28	丙秀芳	1938.5	独龙族	独龙族民歌	2012.6	县级
29	木春华	1939.4	独龙族	独龙族剽牛祭祀	2012.6	县级
30	李信	1933.6	怒族	怒族民歌	2012.6	县级
31	李英	1961.3	怒族	怒族民歌	2012.6	县级
32	虎小平	1969.4	藏族	藏族传统手工艺	2012.6	县级
33	李玉秀	1921.3	独龙族	独龙族民歌	2012.6	县级

续表

	姓名	出生年月	民族	项目名称	命名时间	级别
34	张贵香	1934.8	独龙族	独龙族民歌	2012.6	县级
35	孟开	1946.3	独龙族	独龙族民歌	2012.6	县级
36	杨明迪	1933.7	独龙族	独龙族民歌	2012.6	县级
37	龙元军	1986.1	独龙族	独龙族竹编工艺	2012.6	县级
38	王寸红	1959.6	独龙族	独龙族民歌	2012.6	县级
39	李秀英	1966.8	怒族	怒族传统手工艺	2012.6	县级
40	王秀花	1964.8	独龙族	独龙族传统手工艺	2012.6	县级
41	李宝顺	1965.6	怒族	怒族民歌	2007.6	县级
42	约汉	1956.9	独龙族	独龙族民歌	2007.6	县级
43	木文英	1940.6	独龙族	独龙族民歌	2007.6	县级
44	代松	1934.5	独龙族	独龙族传统手工艺	2007.6	县级

从表3—20可以看出，在贡山县现有的44名非物质文化遗产传承人中，50岁以上的（即1969年及以前出生）有38人，60岁以上的有29人，70岁以上的有17人，80岁以上的有7人。有三分之二的传承人的年龄在60岁以上，接近40%的传承人的年龄在70岁以上，这充分说明贡山县当地的非物质文化遗产面临着严重的传承危机。

（二）文化管理部门缺乏民族文化专业人才

课题组在调研时发现，怒江州4个县（市）的文化管理部门均存在民族文化专业人才奇缺的问题。例如，福贡县文化馆的工作人员数量严重不足，虽然名义上有9个人的编制，但事实上只有5人在编在岗，其中从事非物质文化遗产保护工作的仅有1人，而且他还身兼多职，在很大程度上对当地非物质文化遗产的调查、搜集整理、保护和传承产生了不利的影响。更为严重的是，怒江州现在从事民族文化管理的工作人员年龄普遍偏大（大部分都在40岁以上），很多人不具备相关的文化专业知识（一些工作人员是从其他政府部门转岗过来的），有的人连当地少数民族的语言都不精通，因缺乏民族文化情感而造成了工作技能与工作岗位的明显错位。

（三）缺乏场地和经费

怒江州4个县（市）的文化管理部门的工作经费都非常有限，同时还缺乏开展文化工作的场地。例如，目前福贡县文化馆没有独立的馆舍，也缺乏专门的文化成果展示场地，因而无法举办少数民族传统乐器、传统舞蹈、手工艺等各类培训班，也没有非遗实物陈列展览室。在非遗项目和非遗传承人的申报工作中，因为没有专项申报经费，截至2018年底，福贡县2017年10月第三批州级非遗文化传承人的申报费用，以及2018年3月第六批省级非遗传承人的申报费用尚未得到解决。

二 教育行政管理部门缺乏对少数民族文化的敏感性

在少数民族地区，政策执行者的文化敏感性的强弱直接影响着教育政策实施的成效。政策执行者的文化敏感性主要是指，政策执行者了解少数民族地区特殊的自然、历史和人文环境的特殊性，能准确地认识当地少数民族文化，能准确地看待少数民族育儿方式、风俗习惯对儿童接受学校教育的影响。政策执行者所具有的文化敏感性，能够帮助执行者在政策执行过程中做出及时而准确的判断，能够实事求是地关注到少数民族教育的特殊性，有助于把当地的文化资源转化为推进政策执行的有利因素，促进当地教育事业的发展。[①]

少数民族文化的传承依靠的是"人"这个主体，所以科学化、专门化和系统化的学校教育成为传承少数民族文化的最佳途径。但是，课题组发现，怒江州制定的《怒江州教育脱贫攻坚3年行动计划（2018—2020年）》并没有明确提到要通过学校教育来保护和传承当地的少数民族文化，也没有涉及少数民族文化的任何内容，这无疑是

---

① 苏德：《民族教育政策：行动反思与理论分析》，教育科学出版社2013年版，第162—163页。

十分令人遗憾的一件事情。总的来看,怒江州的教育扶贫措施基本上关注的都是主流文化,而对于本地少数民族文化的关注度不够,对于学校教育在传承当地少数民族(特别是人口较少民族)文化中的作用并不重视。① 也就是说,怒江州的教育行政管理部门缺乏对当地少数民族文化的敏感性,而由此导致的结果就是其对传承少数民族文化工作的消极态度,这在课题组的田野调查中得到了很好的证明。

对于"当地教育扶贫所取得的成效"这个问题(此为多选题),在204名县城普通学校教师中,选择"把少数民族文化引入了校园"的仅有65人,选择"培养了双语教师"的仅有12人(见第二章表2—19);在151名乡镇学校教师中,选择"把少数民族文化引入了校园"的仅有48人,选择"培养了双语教师"的仅有17人(见第二章表2—32);在110名农村学校教师中,选择"把少数民族文化引入校园"的仅有39人,选择"培养了一批双语教师"的仅有21人(见第二章表2—59);在53名职业技术学校教师中,选择"把少数民族文化引入了校园"的仅有10人,选择"培养了双语教师"的仅有6人(见第二章表2—72)。也就是说,城乡学校教师认为,怒江州的教育扶贫工作在传承当地少数民族文化方面并没有取得多少成效,而这与教育行政管理部门缺乏对当地少数民族文化的敏感性有着重要的因果关系。

三 民族文化进校园工作缺乏长效机制

当前,很多民族地区的教育行政管理部门和学校对于民族文化进校园工作采取的是急功近利的态度,缺乏长效机制,具体表现为:民族文化内容的选择过于注重歌舞,对其他形式的文化关注较少,而且民族文化进校园工作缺乏多元文化观的指导。② 此外,现有的民族文化进校园政策虽然基本上都提出了要注重相关师资队伍的建设、加大

---

① 刘苏荣:《深度贫困地区教育扶贫面临的问题及政策建议——基于云南省怒江州的565份调查问卷》,《西南民族大学学报》(人文社会科学版)2020年第2期,第88页。
② 苏德:《民族教育政策:行动反思与理论分析》,教育科学出版社2013年版,第107—108页。

经费投入力度等要求，但对于如何保障和推进政策的有效落实并未做出具体说明，主要表现在三个方面：一是原则性条款较多，缺少具体配套措施的支撑。如在经费方面并未做出明确规定。二是注重规范性条款建设，未完善相应的监督考核机制。三是各级政府、各相关部门、各级各类学校的主体责任比较模糊，影响了民族文化进校园政策的落实。[①]

课题组在位于福贡县匹河乡的福贡县民族中学进行调研时，了解到该校在2016年底就启动了民族文化传承基地的建设工作，近期目标是在2016—2019年培养一批民族歌舞演唱人才和怒族达比亚演奏人才；中期目标是在2020—2024年培养出更多更全面的各类人才，学生要达到"四会"：会说本民族语言、会唱一首本民族歌曲、会跳一支本民族的舞蹈、会认知本民族文化。其主要措施是：（1）成立三个兴趣小组——民族歌舞兴趣小组、民族美术兴趣小组、民族体育兴趣小组，学校成立民族舞蹈队和合唱队，排练时间为每天下午放学之后到上晚自习之前的这段课余时间。（2）邀请当地民间艺人到学校对达比亚舞蹈培训班学员进行培训，培训时间为每周四的中午12点20分至13点50分。（3）根据组建三个兴趣小组的计划，购置各种教学设备，主要包括怒族和傈僳族服饰（盛装）、怒族和傈僳族民歌教材、乐器（含少数民族乐器）、歌舞道具等。

令人遗憾的是，福贡县民族中学开展民族文化传承工作的主要目的其实是参加各种文艺演出。该校的民族文化传承工作实施方案规定得很明确，三个兴趣小组的具体评估办法是：（1）在每学年学校为纪念"五四"运动组织文艺演出时进行评估。（2）在学校开展的大型运动会开幕式上组织文艺演出时进行评估。（3）在各部门、各学校到校做工作检查而进行汇报演出时给予评估。（4）在参加当地每年举办的各种民间活动（如开春节等）中进行评估。（5）在全县乃至全州全省举行的各种文艺体育活动的开幕式或邀请赛中进行评估。

[①] 袁凤琴、胡美玲、李欢：《民族文化进校园40年：政策回溯与问题前瞻》，《民族教育研究》2018年第6期，第29页。

课题组调研发现，怒江州的民族文化进校园工作普遍缺乏专项资金支持，导致相关工作难以有效推进。福贡县民族中学开展民族文化传承工作，每年预计需要至少10000元的经费，而该笔经费的来源是"由学校向上级主管部门争取"，也就是说，经费缺乏来自制度层面的保障。课题组在泸水市大兴地镇中心学校调研时，该校的校长向我们反映说：

> 目前民族文化进校园工作最大的问题是没有专项资金，导致有些工作根本就开展不了，而且我们学校没有专业的老师来指导这项工作。纯粹依靠我们学校层面去推动的话，一方面是加大了老师们的工作压力，另一方面也确实很难取得较好的效果，因为很多老师在这方面并不专业。

怒江州目前共建立了怒江州民族中等专业学校、怒江州民族中学、怒江州实验小学、怒江州直属幼儿园、泸水市民族中学、兰坪县民族中学、兰坪县河西乡中心学校、福贡县省定民族完小、福贡县民族中学、贡山县独龙江乡中心学校10个民族文化传承基地学校，在一定程度上起到了示范带动作用。但是，怒江州各所学校开展民族文化进校园工作的具体做法存在很大的差别，对于"带哪些民族文化进校园""民族文化进校园之后具体怎么开展工作""工作的效果怎么考核评价"等一系列问题缺乏深入的思考。课题组在调研时发现，怒江州有的学校是向县（市）文化馆的文化工作者学，有的学校是向当地民间艺人学，教的人懂什么就教什么，学生也就跟着学什么，没有相应的文件规定和标准，显得很不规范。简而言之，怒江州在有限范围内开展的少数民族文化进校园工作更多的是各个学校的"短期自发行为"，缺乏长效机制的保障，其效果自然难以令人满意。

课题组在怒江州非物质文化保护中心进行调研时，工作人员向我们描述了当地少数民族文化进校园工作所面临的尴尬处境：

> 当前怒江州少数民族文化进校园工作面临的困难主要有三

个：一是缺乏专业老师，导致学生对于少数民族文化的认识不够全面；二是缺乏积极性，因为很多学校本身对于这项工作并不重视；三是缺乏专项资金，导致这项工作不具有可持续性，没有形成常态。

四 学校教师的民族文化意识比较淡薄

民族地区教师的"文化敏感性"是指民族地区教师对学生文化背景的了解和感知程度，以及根据这种了解来开展文化适切的教学的能力，文化敏感性是民族地区教师应该具备的素养。然而，在现实当中，民族地区教师缺乏对本民族历史、文化、语言、风俗的了解和认同，缺乏有意识的学习和研究，对民族传统文化缺乏正确的评价，缺乏民族文化的自觉意识。① 课题组在田野调查时发现，怒江州当地学校教师的民族文化意识比较淡薄，对少数民族文化的关注度比较低。

（一）农村学校教师

对于"当地的教育扶贫存在的问题"（此为多选题），在110名农村学校教师中，选择"不重视少数民族文化进校园工作"的仅有24人，选择"双语教师的培养工作不到位"的有26人，选择"没有编写本地少数民族文化教材"的有25人（见第二章表2—61）。对于"当地的教育扶贫需要完善哪些策略"这一问题（此为多选题），在110名农村学校教师中，选择"加强少数民族文化进校园工作"的有33人，选择"加强双语教师的培养工作"的有18人，选择"编写本地少数民族文化教材"的仅有24人（见第二章表2—63）。

农村学校教师在怒江州的所有教师群体中，是与当地少数民族群众接触最频繁的群体，他们能近距离地接触到当地最真实的少数民族传统文化。然而，田野调查数据显示，怒江州的农村学校教师对于学校在传承当地少数民族文化中的重要作用却缺乏足够的认识，这无疑是一件让人倍感遗憾的事情。

---

① 王鉴：《中国少数民族教育政策体系研究》，民族出版社2011年版，第250页。

(二) 乡镇学校教师

对于"当地的教育扶贫存在的问题"（此为多选题），在151名乡镇学校教师中，选择"不重视少数民族文化进校园工作"的有7人，选择"双语教师的培养工作不到位"的有10人，选择"没有编写本地少数民族文化教材"的有13人（见第二章表2—35）。对于"当地的教育扶贫需要完善哪些策略"这一问题（此为多选题），在151名乡镇学校教师中，选择"加强少数民族文化进校园工作"的有46人，选择"加强双语教师的培养工作"的有25人，选择"编写本地少数民族文化教材"的有16人（见第二章表2—38）。

从田野调查的数据来看，对于少数民族文化传承工作的重要性，乡镇学校教师的认可度同样不高，其中对于"加强双语教师的培养工作"和"编写本地少数民族文化教材"这两个选项的认可度均不足20%，这无疑十分令人惊讶。

(三) 县城普通学校教师

对于"当地的教育扶贫存在的问题"（此为多选题），在204名县城普通学校教师中，选择"不重视少数民族文化进校园工作"的有15人，选择"双语教师的培养工作不到位"的有12人，选择"没有编写本地少数民族文化教材"的有29人（见第二章表2—22）。对于"当地的教育扶贫需要完善哪些策略"这一问题（此为多选题），在204名县城普通学校教师中，选择"加强少数民族文化进校园工作"的有48人，选择"加强双语教师的培养工作"的有21人，选择"编写本地少数民族文化教材"的有26人（见第二章表2—25）。从田野调查数据来看，怒江州县城普通学校教师对待当地少数民族文化的态度同样是比较淡漠的。

(四) 职业技术学校教师

同样地，针对职业技术学校教师的田野调查数据也反映出他们较为淡薄的民族文化意识。对于"当地的教育扶贫存在的问题"（此为多选题），在53名职业技术学校教师中，选择"不重视少数民族文化进校园工作"的有6人，选择"双语教师的培养工作不到位"的有12人，选择"没有编写本地少数民族文化教材"的有8人（见第二章表 2—75）。对于"当地教育扶贫需要完善哪些策略"这一问题（此为多选题），选择"重视少数民族文化进校园工作"的有 9 人，选择"加强双语教师的培养工作"的有 6 人，选择"编写本地少数民族文化教材"的有 9 人（见第二章表 2—78）。

五 学生对待少数民族文化的态度不够积极

在现代学校教育场域里，民族传统文化在大多数少数民族学生的意识领域中越来越淡薄，造成的直接后果就是民族语言、建筑服饰、生活习俗等慢慢淡化或消亡，继而形成了少数民族学生对自身传统文化的不认同，从心理上与自身的民族文化疏离，成为缺失民族文化归属感的群体。[①] 课题组的田野调查数据显示，与教师一样，怒江州的学生对待当地少数民族文化的态度也是不够积极的。

（一）普通中学生

田野调查数据显示，对于"你了解本民族的传统文化吗"这一问题，在 681 名普通中学生当中，有 157 人选择"非常了解"，所占比例仅为 23.05%，另有 453 人选择"了解一点点"，有 71 人选择"不了解"（见第二章表 2—91）。从田野调查的数据来看，怒江州当地少数民族文化在青少年当中的影响力并不大，情况非常不乐观。

在怒江州 681 名普通中学生当中，对于"你觉得自己所在学校是否有必要采用双语教学"这个问题，选择"有必要"的有 298 人，所占比例仅为 43.76%；另有 232 人选择"没有必要"，有 151 人选择"不确定"（见第二章表 2—92）；对于"你觉得怒江州本地教育事业存在的不足主要有哪些"这个问题（此为多选题），仅有 191 人选择"没有充分体现本地少数民族特色"，所占比例为 28.05%（见第二章表 2—101）。

（二）职业技术学校学生

怒江州当地少数民族文化在职业技术学校学生当中的影响力同样也

[①] 李孝川：《云南边境地区民族教育考察》，人民出版社 2017 年版，第 208 页。

不大，田野调查数据很好地证明了这一点。对于"你了解本民族的传统文化吗"这一问题，在165名职业技术学校学生中，仅有49人选择了"非常了解"，所占比例为29.70%（见第二章表2—117）。

对于"你觉得有必要在学校开设反映本地少数民族文化的课程吗"这个问题，在165名职业技术学校学生中，仅有77人选择"有必要"，所占比例为46.67%（见第二章表2—120）。这些田野调查数据说明，怒江州职业技术学校的学生对于培养少数民族文化传承人的重要性缺乏足够的认识。

第七节 职业教育发展滞后且缺乏地方民族特色

职业教育是为受教育者掌握特定职业岗位知识与技能，获得从业资格认定做准备的教育，它能够精准对接就业，对消除因就业胜任力薄弱所导致的贫困具有重要作用。现代职业教育将为每一个走向工作岗位的社会个体尤其是贫困家庭成员提供职业培训机会，为其成功就业助力提能。[1] 因此，职业教育对于"三区三州"深度贫困地区有着重大的现实意义。

但是，我国一些民族地区整体教育质量偏低，缺乏优质教育资源，尤其是在职业教育方面大量存在着与社会发展脱轨的情况，教育成果向就业的总体转换率低，导致经济发展落后，贫困问题丛生。[2] 课题组在调研中发现，当前怒江州的职业教育存在着诸多问题，主要表现为：与地方民族特色产业不匹配、当地群众的认可度低、师资队伍整体素质偏低、农村劳动力转移培训的层次低且覆盖面不广、创业培训效果不佳等。

---

[1] 司树杰、王文静、李兴洲主编：《中国教育扶贫报告（2016）》，社会科学出版社2016年版，第169—170页。

[2] 羌洲、曹宇新：《民族地区教育扶贫的经验启示》，《甘肃社会科学》2019年第3期，第146页。

第三章 怒江州教育扶贫工作存在的问题

一 学历职业教育存在的问题

（一）职业技术学校的专业设置与地方民族特色产业不匹配

在功利主义和技术主义导向下，民族地区的职业教育重视学生对"现代性"职业工作岗位普遍意义上所要求的知识与技能的习得，而融入了民族传统文化的职业教育专业设置、课程开发的举措较少，在一定程度上忽略了民族地区职业教育发展所依存的文化背景。民族地区职业教育的发展不能一味迎合我国现代化、工业化、信息化进程中涌现出的新职业、新岗位的需要，而置其"民族"特征于不顾。[①] 课题组在调研时发现，怒江州职业技术学校的专业设置明显与地方民族特色产业不匹配，涉农专业较少。由于专业设置比较单一，与地方民族特色产业的关联度不高，导致其对学生、家长和社会都缺乏吸引力。[②]

怒江州的地方特色产业以农业为主，当地政府目前重点扶持的是草果、特色养殖、中草药、蔬菜、砂仁、核桃、漆树、花椒八大产业，同时还积极发展农村服务业，着力解决农副产品产销不对路、信息不对称等问题。此外，怒江州还着力打造乡村旅游和民族节庆品牌，大力建设民族旅游文化村，培育民族旅游文化经营户，加快金融、科技、信息等现代服务业发展，积极推进城乡农贸市场改造和农村电子商务建设。在怒江州民族中等专业学校目前开办的专业中，有1个与第一产业相关，有5个与第二产业相关，其余均与第三产业相关。但是，与第一产业相关的是"园林技术"专业，它与当地大力发展的地方特色农业关联性太低。与第三产业相关的专业虽然开设较多，但是与当地需要大力发展的农村电子商务、民族文化旅游等产业实际上的关联度也不高。[③]

[①] 刘易霏：《中等职业学校传承发展区域民族文化的实践与研究——以广西百色市为例》，冶金工业出版社2019年版，第34页。

[②] 刘苏荣：《"三区三州"深度贫困地区职业教育的困境与出路——以云南省怒江州为例》，《职业技术教育》2019年第15期，第57页。

[③] 刘苏荣：《"三区三州"深度贫困地区职业教育的困境与出路——以云南省怒江州为例》，《职业技术教育》2019年第15期，第57页。

表3—21　怒江州民族中等专业学校的专业设置情况　　　　　　　　（人）

学校	专业	年级	2018—2019学年				
			女生人数	男生人数	建卡户人数	农村户口人数	外地州籍人数
怒江州民族中等专业学校	供用电技术	2016	4	66	45	68	3
		2017	3	34	24	37	1
	焊接技术应用	2016	0	9	2	9	0
	计算机网络技术	2016	8	12	12	20	2
		2017	1	0	0	1	0
	护理（中专）	2016	67	13	34	72	14
		2017	119	32	95	146	13
		2018	152	38	109	186	5
	建筑工程施工	2016	0	17	3	0	0
		2017	0	13	10	13	0
		2018	4	31	15	30	3
	口腔修复工艺	2017	2	6	2	7	0
		2018	3	6	4	9	5
	旅游服务与管理（中专）	2016	12	22	0	34	0
		2017	3	7	7	10	0
		2018	22	28	0	50	0
	美容美体	2017	6	0	3	6	0
		2018	16	0	8	16	0
	农村医学	2016	37	26	23	20	5
		2017	8	28	18	36	6
		2018	14	23	20	37	2
	汽车车身修复	2018	0	47	22	47	1
	汽车美容与装潢	2018	0	10	5	10	1
	水电厂机电设备安装与运行	2016	1	12	5	11	2
		2017	0	10	7	10	0
	水利水电工程施工	2017	0	26	16	25	0

续表

学校	专业	2018—2019 学年					
		年级	女生人数	男生人数	建卡户人数	农村户口人数	外地州籍人数
怒江州民族中等专业学校	物流服务与管理	2018	6	12	5	18	0
	学前教育（中专）	2017	35	15	24	47	1
		2018	9	6	8	13	0
	园林技术	2018	11	9	12	17	0
	中餐烹饪与营养膳食	2016	29	15	22	43	
		2017	24	34	20	58	3
	助产（中专）	2017	6	0	2	5	1
	护理（大专）	2016	141	27	61	158	53
		2017	98	24	47	110	35
		2018	94	30	45	117	45
	会计电算化（大专）	2016	16	19	10	30	0
		2017	9	25	12	29	1
		2018	12	18	8	24	0
	旅游服务与管理（大专）	2018	11	6	8	16	9
	学前教育（大专）	2016	69	24	28	89	22
		2017	93	41	54	130	22
		2018	124	31	73	144	19
	助产（大专）	2017	36	0	14	35	12
		2018	53	0	23	49	23

续表

学校	专业	2018—2019 学年					
		年级	女生人数	男生人数	建卡户人数	农村户口人数	外地州籍人数
怒江州技工学校	汽车维修	2016	0	38	26	38	2
		2017	0	111	54	111	5
		2018	0	90	43	90	2
	烹饪	2016	11	13	16	24	1
		2017	8	46	23	50	5
		2018	25	65	40	84	1
	供用电技术	2017	3	43	30	45	1
		2018	2	64	45	66	1
	导游	2017	6	4	3	7	0
	会计	2017	18	25	22	42	9
	计算机网络应用	2018	4	21	13	22	0
开放学院	护理	2017	146	19	78		
		2018	147	16	57		
	农村医学	2017	23	13	18		
		2018	18	6	13		

资料来源：刘苏荣《"三区三州"深度贫困地区职业教育的困境与出路——以云南省怒江州为例》，《职业技术教育》2019 年第 15 期，第 58 页。

例如，兰坪县当前大力发展的是高山杂粮、特色经济作物、山地畜牧、生态林业等特色农业，加快光伏资源开发利用，建设澜沧江 300 万千瓦水电开发带，优化升级铅锌产业，培育银、铁、铜、锑等新的矿冶产业。但是，兰坪县中等职业技术学校目前仅有汽车使用与维修、中餐烹饪与营养膳食、高星级饭店运营与管理、电子电工 4 个专业，明显与当地的特色产业发展相去甚远。①

（二）当地群众对职业教育的认可度很低

贫困地区民众由于长期经受着劳动的艰辛及传统思想的浸润，对职业教育往往持轻视态度，认为其低人一等，一般初中毕业考不上高中的学生才会进入职业技术学校。②尽管从中央到地方一直都强调要彻底转变鄙薄职业教育的传统观念，但要改变贫困地区群众对职业教育的不认可态度，无疑是一项长期而艰巨的任务。课题组在贡山县的独龙江乡、丙中洛镇、捧当乡等地开展调研时与部分村民进行了交谈，发现当地一些家长对职业教育存在很大的偏见。有的家长认为读高中、上大学才是真正意义上的读书，把读职业技术学校视为旁门左道，算不得真正意义上的读书求知；有的家长则认为自己的孩子初中毕业后，有了一定的文化基础，可以直接外出打工，没有必要再去读职业技术学校，因为那纯属浪费时间和金钱。

田野调查数据显示，对于"孩子初中毕业以后希望他们去干什么"这个问题，在259户少数民族学生家庭中，选择"读高中"的有217户，所占比例为83.78%；选择"读职业技术学校"的有20人，占7.72%；选择"打工"的有21人，所占比例为8.11%；选择"回家务农"的有1人，所占比例为0.39%（见第二章表2—11）。仅有不到8%的学生家长希望自己的孩子在初中毕业后去职业技术学校，这一数字甚至低于希望孩子初中毕业后直接去打工的比例。这充分说明了怒江州当地群众对于职业技术教育的极度不认可，这是导致当地职业教育举步维艰的重要原因。课题组在对兰坪县职业技术学校的校长进行访谈时，他就谈到：

> 本校学生的整体文化层次比较低，他们的中考成绩基本上都是班上的倒数。社会上很多人误认为成绩差的人才去读职业技术

---

① 刘苏荣：《"三区三州"深度贫困地区职业教育的困境与出路——以云南省怒江州为例》，《职业技术教育》2019年第15期，第57页。
② 郑小春、曾会华：《职业教育对接精准扶贫的关联、羁绊与出路》，《职教论坛》2019年第4期，第132页。

学校，甚至没有读过书的人也可以去读。很多学生家长思想落后，认为学技术只是获得谋生的手段，部分家长还认为怒江州以外的职业技术学校办学条件更好，师资力量更雄厚，自己的孩子到了那里才能真正学到有用的技术。怒江州本地的学生外出学到技术后，往往就在外地寻找工作，不会再回到怒江州来就业了。

（三）职业技术学校教师对于当地职业教育的评价不高

田野调查数据显示，在53名职业技术学校教师当中，对当地教育扶贫政策的实施效果给予"比较好"评价的不到被调查教师总数的一半（见第二章表2—69），其满意度低于农村学校教师和乡镇学校教师，仅仅略高于县城普通学校教师。

与此同时，对于"当地的教育扶贫存在的问题"（此为多选题），职业技术学校53名教师对于"优秀教师引进不力"的认可度达到了69.81%，这说明怒江州的职业技术教育非常欠缺高水平的师资力量。此外，对于"学校的配套设施建设不完善""教师的日常工作负担重""教师的工资低"这三个选项的认可度也都在50%以上（见第二章表2—73、表2—74、表2—75），因此，这些都是将来需要重点解决的现实问题。[①]

（四）职业技术学校学生对于当地职业教育的评价较低

田野调查数据显示，对于"你觉得自己所在学校的教育质量怎么样"这个问题，在165名职业技术学校学生中，有58人选择了"比较好"，所占比例仅为35.15%（见第二章表2—109）。对于"你觉得在职业技术学校学到的东西对于你将来找工作的帮助大不大"这个问题，在165名职业技术学校学生中，有78人选择了"会有很大的帮助"，有84人选择了"会有一点帮助"，有3人选择了"没有什么帮助"。总体来看，怒江州职业技术学校的学生对于当地职业教育的认可度是明显偏低的。

[①] 刘苏荣：《"三区三州"深度贫困地区职业教育的困境与出路——以云南省怒江州为例》，《职业技术教育》2019年第15期，第59页。

对于"你所在班级的课堂气氛是否活跃"这个问题,在 165 名职业技术学校学生中,有 69 人选择了"比较活跃",有 74 人选择了"一般",有 22 人选择"比较沉闷"(见第二章表 2—110)。对于"你在学习中面临的困难主要有哪些"这个问题(此为多选题),在 165 名职业技术学校学生中,有 85 人选择了"老师的教学方式太单一",有 88 人选择了"学校的教学设备太落后",有 68 人选择了"学习效率低下",有 66 人选择了"对读书提不起兴趣"(见第二章表 2—115)。田野调查数据充分说明,怒江州职业技术学校的教育质量不高的主要原因在于教师的教学方式和教学设备都比较落后。

(五)职业技术学校师资队伍的整体素质偏低

职业教育要肩负起推进我国脱贫攻坚的使命,不能仅仅依赖于外部政策引导和环境建设与支持,关键还在于其自身内部建设的优化和加强。其中,加强职教师资队伍建设,尤其是"双师型"专业课教师队伍建设是重中之重。[①] 但是,课题组在调研时发现,怒江州的职业技术学校比较缺乏专业课教师,教师队伍中文化课教师多、专业课教师少的现象比较突出,而在专业课教师中,又存在理论课教师多、技能型教师少的现象,"双师型"教师的数量严重不足。总的来看,怒江州职业技术学校师资队伍的整体素质明显偏低。

例如,兰坪县中等职业技术学校现有在编教职工 43 人,其中专任教师 40 名,但仅有 10 名教师属于"双师型"教师(占 25%),"双师型"教师比例严重偏低,而且学校专任教师的平均年龄明显偏大(达到 45.2 岁)。在 40 名专任教师中,有 12 人是从普通乡镇中学调入的,完全没有职业教育的工作经历和专业背景。兰坪县中等职业技术学校开办了汽车使用与维修、中餐烹饪与营养膳食、高星级饭店运营与管理、电子电工 4 个专业,从任课教师的专业背景来看,学旅游管理专业的有 2 人、学计算机专业的有 2 人、学园艺专业的有 1 人、学经济管理专业的有 1 人,合计仅占教师总数的 15%,其余均为

---

① 王文静、李兴洲:《中国教育扶贫报告(2017)》,社会科学文献出版社 2018 年版,第 181—182 页。

学术型专业（汉语言文学、英语、数学、化学、生物、教育学等）背景，教师的专业背景与学校所开办专业的关联度非常低。①

田野调查数据显示，对于"你觉得本校教师的实践教学（指导实训、实习等）水平怎么样"这个问题，在165名职业技术学校学生中，仅有65人选择"整体比较高"，另有5人选择"整体一般"，有95人选择"整体比较差"（见第二章表2—112）。从统计数据来看，怒江州职业技术学校的学生对于本校教师的实践教学水平是很不认同的，对于偏重实践教学的职业教育来说，这无疑是一个非常致命的问题。

对于"你觉得老师的课堂教学是否具有启发性"这个问题，在165名职业技术学校学生中，有79人选择"有一定的启发性"，所占比例仅为47.88%；另有32人选择"没有启发性"，有54人选择"感觉一般"（见第二章表2—113）。总体来看，怒江州职业技术学校教师的教学方式比较单一，因而课堂教学效果很不理想。

对于"你对所在学校教师的教学水平的总体看法是怎样的"这个问题，在165名职业技术学校学生中，有73人选择"大部分认真负责，教学水平较高"，有54人选择"大部分认真负责，教学水平一般"，另有36人选择"大部分不认真负责，教学水平一般"，有2人选择"大部分不认真负责，教学水平差"（见第二章表2—111）。也就是说，学生对于本校教师教学水平的好评率不到50%，而且还有接近四分之一的学生认为本校教师的教学态度不认真，这无疑是一组令人尴尬的数据。

二 非学历职业教育存在的问题

在非学历职业教育方面，课题组重点了解怒江州的农村劳动力转移培训工作。农村劳动力转移培训属于职业教育的一个组成部分，它是指农村劳动力在政府部门和社会力量举办的各类职业院校、培训基

---

① 刘苏荣：《"三区三州"深度贫困地区职业教育的困境与出路——以云南省怒江州为例》，《职业技术教育》2019年第15期，第59页。

地和职业技能培训机构所接受的引导性培训、职业技能培训以及岗位培训，培训的形式以短期培训为主，属于非学历职业教育。转移培训有利于提高农村劳动力的综合素质，帮助其掌握至少一门专业技能，从而更好地向非农产业领域转移就业并且获得更多的收益。[①] 因此，对于我国深度贫困地区来说，农村劳动力转移培训无疑具有重要的现实意义。通过实地调查，课题组发现怒江州的农村劳动力转移培训目前存在以下几个方面的问题。

（一）组织培训的政府部门过多且彼此之间缺乏协调性，乡（镇）政府推进工作的速度比较慢

当前，在农村层面，人力资源与社会保障、教育、农业、扶贫、科技等部门都在开展实用技术培训和职业技能培训，这些培训确实对农村劳动力转移起到了积极的推动作用。但是，因为培训资金投入的渠道多而杂，分属农业、人力资源与社会保障、扶贫等多个部门，其结果就是各部门间的培训专业设置雷同，培训场地及设备重复建设；培训课程偏重理论，实操性不够，存在重复培训和无效培训等问题。由于各部门间条块分割，各自规划，培训的侧重点和培训目标不同，培训资源、补贴标准、培训时间以及培训补贴支出渠道等方面的规定和要求不同，且资金定向定期使用，导致行业部门间的培训资金难以整合使用，培训资源未能实现共享互补。[②] 而在怒江州，这种现象表现得尤其明显。

例如，2017年怒江州承担农村劳动力转移培训任务较多的政府部门有三个，分别是农业局、林业局和扶贫办，这三个部门所组织的农村劳动力转移培训均在10000人次以上。此外人社局、商务局、残联、妇联、民宗委、工会、民政局、旅发委、水务局、科技局、团委等部门也承担了相应的农村劳动力转移培训任务。承担培训任务的政府部门如此众多，但其实它们在实施培训项目时往往各自为政，彼此

[①] 冯明放：《西部地区农村剩余劳动力转移培训实效研究》，西南交通大学出版社2015年版，第18页。
[②] 李娟、韩永江：《连片特困地区就业扶贫问题研究》，中国劳动社会保障出版社2018年版，第67—69页。

之间缺乏足够的协调沟通，并未很好地形成合力，导致重复培训现象时有发生。而且，所组织的培训项目基本上都是以农产品种植和养殖技术的培训为主，培训的层次较低。①

此外，怒江州的部分乡镇对农村劳动力劳动技能培训的组织和协调进度比较缓慢。每年年初，怒江州县级政府的相关部门都会将技能培训需求表以及培训职业目录发到各个乡镇，但是很多乡（镇）政府上报材料的进度却十分缓慢。在贡山县调研时，课题组了解到：有时候到了年中，有的乡（镇）政府还没有向该县人力资源与社会保障局上报该年度本乡（镇）的农村劳动力技能培训需求表，从而导致农村劳动力转移培训的整体进度比较迟缓，其效果很不理想。

（二）主要以短期引导培训为主，培训层次较低

怒江州位于我国14个集中连片特困地区之一的滇西边境集中连片特困地区，而我国集中连片特困地区的人才基地、职业培训学校、职业技术学校等基础平台设施比较薄弱，建设经费投入不足，这在很大程度上限制了人才培训的层次和培训能力的提升。特别是贫困县的培训设备、设施、师资等培训条件不够充裕和完善，目前能够开设的培训专业有限，因此主要还是开展初级技能培训，开展中高级技能培训不具备相应的条件，不能全面满足职业培训的多样化需求。②

目前，怒江州当地部门所组织的农村劳动力转移培训项目主要是以7天以内的短期引导培训为主，培训层次低，技术含量不高。即便是培训时间稍长的实用技能培训，其培训时间也仅为1个月左右，基本上没有开办过培训时间为2—3个月的实用技能培训班。总的来看，怒江州农村劳动力转移培训主要以农产品种植、农产品养殖、餐饮服务等的短期引导培训为主，传授的主要是一些常识性知识，对于挖掘机、装载机、汽车维修、服装缝纫、电焊工、砌筑工等工种的长期技

---

① 刘苏荣：《深度贫困地区农村劳动力转移培训面临的困境——基于对云南省怒江州的调查》，《职业技术教育》2020年第3期，第55页。

② 李娟、韩永江：《连片特困地区就业扶贫问题研究》，中国劳动社会保障出版社2018年版，第69页。

能培训只是不定期地少量开展。①

例如，在兰坪县，2018年当地政府组织的引导培训一共有111期，共计涉及7492人（其中建档立卡户5766人），总体的技术含量比较低，培训人数最多的前5种工种依次是：家政服务（2027人）、中式烹调（1944人）、畜禽养殖与疾病预防（1400人）、中餐摆台（975人）、核桃种植（468人）。与此同时，技能培训仅有429人（其中建档立卡户412人），包括挖掘机4期173人、电焊工1期25人、服装缝纫1期20人、汽车维修1期34人、装载机2期82人、砌筑工2期95人。在福贡县，2018年当地政府共计培训了4893名建档立卡贫困人口，其中，禽畜疾病防控1867人，农作物种植1289人，烹饪893人，中草药种植191人。②

（三）台账不健全，培训的覆盖面不够广

课题组在调研中还发现，怒江州当地的农村劳动力转移培训工作还存在台账不健全的问题。例如，2018年9月，怒江州人力资源和社会保障局曾经抽查了贡山县的乡镇就业扶贫相关台账，发现基础数据台账不健全的问题十分突出，劳动力信息平台数据更新不及时，并且未建立相关台账。贡山县的部分乡镇未对本地的农村劳动力信息平台的数据进行按月、按季度更新，所上报的相关的报表缺少纸质材料，村委会一级的汇总上报表格缺乏具体的台账材料。而台账不健全，必然会影响农村劳动力转移培训的覆盖面。

田野调查数据显示，在259户少数民族学生家庭中，关于"家庭主要劳动力接受职业技能培训情况"这一问题，选择"没有接受过"的有93户，占35.91%；选择"很少且有效果"的有114户，占44.02%；选择"很少且无效果"的有18户，占6.95%；选择"经常且有效果"的有32户，占12.36%；选择"经常且无效果"的仅有2户，占0.77%（见第二章表2—8）。也就是说，在259户被调查

---

① 刘苏荣：《深度贫困地区农村劳动力转移培训面临的困境——基于对云南省怒江州的调查》，《职业技术教育》2020年第3期，第55页。

② 刘苏荣：《深度贫困地区农村劳动力转移培训面临的困境——基于对云南省怒江州的调查》，《职业技术教育》2020年第3期，第55—56页。

家庭中，有三分之一家庭的主要劳动力从来没有接受过农村劳动力转移培训，这说明怒江州的农村劳动力技能培训的覆盖面还比较有限。

（四）农村劳动力对培训缺乏足够的兴趣，组织难度较大

首先，由于怒江州当地部分群众的商品经济和市场竞争意识比较淡薄，自给自足的传统思想观念比较浓厚，部分群众认识不到职业技能对提高其家庭经济收入的重要性，反而认为参加培训是在浪费时间。

其次，在怒江州，由于大部分农村年纪较轻、文化层次相对较高的劳动力都已外出务工，目前在村子里从事生产劳动的主要是一些45岁以上的中老年人，文化层次普遍不高，他们接受外界信息、新鲜事物和先进理念的能力严重受限。部分农村劳动力没有将学好某项实用技能作为参加培训的目标，而仅仅是为了完成上级部门交办的任务，属于被动式地接受培训，因此组织培训的难度较大。

最后，怒江州当地居民以少数民族居多，在当地群众的日常语言交流方面，基本上都是以本民族语言为主，很少讲普通话。虽然怒江州已经在普及普通话方面做了很多的工作，但对于习惯了用少数民族语言进行日常交流的当地群众来说，在短时间内还无法掌握及运用好普通话。而农村劳动力转移培训的教师大多是用普通话进行教学，导致很多少数民族群众在培训过程中听不懂授课内容，从而影响了他们的学习积极性，导致培训的实际效果很不理想。[1]

（五）本地就业市场非常狭小而很多农村劳动力又不愿意外出就业，导致培训的实际效果打了折扣

作为"三区三州"深度贫困地区之一，怒江州境内企业的数量和规模都极为有限，除了兰坪县金鼎锌业有限公司属于中等规模以上企业之外，其余登记注册的所有怒江州本地企业均属于小微企业，其所能提供的就业岗位少之又少。当地群众的经济收入主要依靠传统农业，增收渠道十分缺乏，农村集体经济非常薄弱，与农民增收直接相

---

[1] 刘苏荣：《深度贫困地区农村劳动力转移培训面临的困境——基于对云南省怒江州的调查》，《职业技术教育》2020年第3期，第57页。

关的地方民族特色产业规模太小,开发深度也严重不足,很难有效地吸纳当地的农村劳动力。与此同时,怒江州相当一部分农村劳动力觉得东部沿海城市路途遥远,不愿出去打工,而且东部沿海城市很多企业的招聘岗位是以专业技术为主的,而怒江州农村劳动力的文化素质普遍较低,因此很多时候只能应聘技术含量较低的普通工人岗位,其职业发展前景非常有限,导致当地部分农村劳动力对外出务工持比较消极的态度。

当前,怒江州很多农村劳动力宁愿在家从事收入微薄的临时工、村民小组长及护林员等工作,或者偶尔就近打打散工、零工,也不愿离开家乡去寻求收入更高的工作岗位。而且,目前怒江州以外的大部分招聘企业对劳动力的文化程度要求比较高,而需要转移出去的怒江州农村劳动力,学历基本上是小学以下,即使暂时转移出去就业了,因为适应不了工作岗位的要求,而最终返家的人其实为数不少。①

课题组在调研时发现,近几年来怒江州大部分农村劳动力的转移就业范围都没有超出本县。统计数据显示,在2017年、2018年和2019年1—5月,在本县范围内实现转移就业的农村劳动力所占的比重分别为61.77%、69.11%、67.14%。在这种情况下,怒江州农村劳动力转移培训的效果必然大打折扣。

表3—22　　怒江州历年农村劳动力转移就业情况　　　　　（人）

	县内转移就业	县外省内转移就业	省外转移就业	境外转移就业	合计
2017年	53498	11480	21583	51	86612
2018年	60851	8648	18441	113	88053
2019年1—5月	35449	4496	12818	38	52801

(六) 创业培训的效果不佳

首先,群众创业意识淡薄。近年来,根据脱贫攻坚"五个一批"

---

① 刘苏荣:《深度贫困地区农村劳动力转移培训面临的困境——基于对云南省怒江州的调查》,《职业技术教育》2020年第3期,第57页。

的战略部署，怒江州地方政府开发出一批数量可观的生态护林员、地质灾害监测员、河道管理员、城乡保洁员、巡边护边员等城乡公益性公共服务岗位，当地贫困群众通过提供这些公益服务获得了一定数量的工资性收入，所以其创业意愿严重不足。与此同时，一些贫困户还未能从根本上转变观念，"等、靠、要"的依赖思想还很严重，观念守旧，缺乏自主创业的信心和意识。

其次，创业培训项目开展较少，而且缺乏针对性。例如，2016年贡山县通过创业培训46人，但是2017年和2018年该县再未开展过创业培训。由于环境等客观因素的制约，怒江州当地开展的都是一般性的创业培训，缺乏针对性，而且培训方式为脱产培训，所以部分当地群众并不愿意参加。

再次，创业者缺乏经营管理经验，而且很难获得创业担保贷款。怒江州的部分农村创业者虽然在外打工时积累了一定的经验，但受教育程度和知识的限制，思维方式比较传统，缺乏现代营销知识，家族式管理居多，企业又以劳动密集型和手工操作为主，产品的科技含量偏低，缺乏市场竞争力，企业的发展后劲明显不足。怒江州当地创业担保贷款的担保人，主要以机关公务员和事业单位在职在编工作人员为主，大部分农村的创业贷款需求户经常找不到担保人，因而无法申请到创业所急需的贷款。课题组了解了近几年来怒江州的创业贷款情况：2014年创业担保贷款扶持创业467人，贷款总额2690万元；2015年创业担保贷款扶持420人，贷款总额3416万元；2016年创业担保贷款扶持528人，贷款总额4807万元；2017年创业担保贷款扶持582人，贷款总额5565万元。2018年上半年，共计通过创业担保贷款扶持创业46人，平均扶持资金为10万元/人。总的来看，怒江州的创业担保贷款的发放金额是严重偏少的，难以为农村创业者提供有力的资金支持，在这种情况下，创业培训的实际意义也就不大了。

第四章　怒江州教育扶贫工作的完善策略

教育具有长期性、滞后性、间接性，不同于经济发展追求"效率优先""收益优先"。人才培养的周期远长于技术更新和产业发展，如不优先发展教育，将无法应对民族地区未来社会生产与经济发展的需求。① 从短期来看，教育扶贫能帮助"三区三州"深度贫困地区在2020年底以前实现教育脱贫攻坚的目标；从长期来看，教育扶贫能帮助"三区三州"深度贫困地区早日实现教育现代化的目标，从而为当地在2035年以前基本实现社会主义现代化奠定坚实的基础。特别是对于像怒江州这样的"三区三州"深度贫困地区来说，由于教育事业的底子太薄，历史欠账太多，注定了当地的教育扶贫是一项耗时耗力的长期工程。

基于此，本章所提出的怒江州教育扶贫工作的完善策略，既着眼于怒江州短期的教育脱贫攻坚目标，也着眼于其长期的经济社会发展目标——在2035年之前基本实现社会主义现代化。在促进"三区三州"深度贫困地区短期脱贫和长期发展的视角下，结合1623份调查问卷和一些个案访谈资料，课题组就如何完善怒江州的教育扶贫工作提出了一系列策略，主要包括：转变教育扶贫的工作理念并完善工作机制、实施一定的教育扶贫倾斜政策、把提升教育质量作为教育扶贫工作的重点、加强乡村学校的师资队伍建设、努力通过学校培养少数

---

① 王学男：《同构：现代化进程中少数民族地区教育发展与经济发展的一种关联》，《民族教育研究》2019年第3期，第104页。

民族文化传承人、职业教育与当地的产业扶贫相互衔接、教育扶贫与就业扶贫相互衔接。

第一节 转变教育扶贫工作的理念并完善工作机制

课题组的田野调查数据显示,如果不改变旧有的"重硬件建设不重视软件建设"工作理念和"一刀切"的粗放式工作作风,不完善教育扶贫工作的工作机制特别是考核评价机制的话,那么,怒江州的教育扶贫工作将很难取得理想的效果。因此,要完善怒江州的教育扶贫工作,就要转变工作理念并完善工作机制。

一 树立"以教育质量为核心"的教育扶贫理念

上学读书的价值和意义,在普通百姓看来,就是要通过教育改变命运,过一种更体面、更有尊严的生活。倘若教育不能满足他们的这一需求,当他们看不到上学读书的"好处"时,学校教育即使"免费",甚至"补贴",也无法保证民族群众对学校教育价值的认同。舍此,少数民族群众送子女读书的积极性和学生勤奋苦读的动力都无法得到保障。① 也就是说,只有学校的教育质量上去了,教育扶贫政策才能算是取得了预期的效果。

基于此,怒江州要牢固树立"以教育质量为核心"的教育扶贫观念,对教育硬件设施的建设固然要重视,但是更要重视教育软件的建设,应该把提升师资队伍整体素质、转变教育理念和创新教学方式等作为教育扶贫工作的核心内容,而不是仅仅满足于建设教学楼、运动场、学生宿舍和食堂之类的基础设施。

关于如何提升怒江州的教育质量问题,将在本章的第三节进行深入的探讨,这里就不做展开了。

---

① 张诗亚主编:《中国民族教育发展报告》(第3辑),科学出版社2017年版,第29页。

二 完善教育扶贫工作的协同机制

怒江州要明确相关部门在教育扶贫工作中的主要职责，各个相关部门要积极履行工作职责，教育局、财政局及扶贫办等部门要强化在教育扶贫工作中的沟通协调，不断完善协同机制。

首先，通过完善各个县（市）教育局与扶贫办、残联、妇联等相关部门之间的协同机制，对全县（市）所有经济困难家庭中目前正在接受教育（含学前教育、义务教育、高中教育、职业教育、高等教育）的学生逐一进行登记造册，开展辍学学生、残疾儿童、留守儿童"一生一案"档案建立工作。通过深入开展数据信息比对工作，为怒江州的教育精准扶贫提供可靠的依据。

其次，怒江州各个县（市）的教育局要加强与当地扶贫办的工作联系，及时掌握建档立卡户学生的变动情况，第一时间梳理变动人数，并及时上报至县（市）财政局备案。

最后，教育行政管理部门要加强与扶贫部门的工作衔接，实现信息互通共享。对建档立卡户学生实行动态管理（至少半年更新一次），及时根据相关要求对教育扶贫数据进行核查比对；对因灾、因病、因学返贫的非建档立卡户学生，经专门申请审批后，可以纳入贫困生资助范围。

三 教育扶贫工作要更加精细化

教育扶贫作为精准扶贫的关键要素，应该在学前教育、义务教育、高中教育、职业教育、高等教育等不同的投入对象、阶段和类型上实行按需补缺。[①] 所以，精细化是怒江州今后教育扶贫工作的努力方向之一，而且课题组的田野调查数据也充分证明了这一点。

例如，对于"当地的教育扶贫需要完善哪些策略"这个问题（此为多选题），在怒江州的681名普通中学生当中，有342人选择

---

① 吴霓：《教育扶贫是实现民族地区精准扶贫的根本措施》，《当代教育与文化》2017年第6期，第2页。

"让更多的学生获得资助",有 372 人选择"家庭经济状况不同的学生,其资助金额也应不同"(见第二章表 2—103、表 2—104),其所占比例均超过了 50%。在 165 名职业技术学校学生中,有 109 人选择"让尽可能多的学生获得资助",有 66 人选择"家庭经济状况不同的学生,资助金额也要不同"(见第二章表 2—129)。

基于此,课题组建议从以下几个方面实现怒江州教育扶贫工作的精细化:

第一,优化教育精准扶贫的识别机制。要逐步改变单一的以家庭经济收入作为主要依据的识别标准,政府部门不仅要关注一般性贫困家庭的子女,也要关注那些存在学习困难、言语障碍、多动、体弱、自闭、心理健康等问题的农村特殊儿童和留守儿童。要及时构建整合户籍、学籍及建档立卡相融合的信息平台,精准掌握困难儿童的数量、分布、家庭情况和就学信息,以实现动态化监测和持续帮扶。[①]

第二,精准把握致贫原因和脱贫需求。必须深度剖析贫困地区的致贫机理和制约教育发展的瓶颈因素和关键领域,区分不同学段、不同类型教育发展的"短板"和现实情况,精准把脉贫困家庭子女的困难和需求,并以此为基础实施分类指导、精准施策、多措并举与综合帮扶,从而切实保障教育精准扶贫治理效能的发挥。[②]

第三,对于家庭贫困程度不同的学生,其获得的资助金额也应该有所不同,而不能搞"一刀切",特别是对于来自低保户或残疾人家庭的贫困学生,对其资助力度应该比其他贫困学生更大一些,这样才能充分体现公平的原则。

第四,加强教育扶贫资金的管理。以 14 年免费教育政策为例,建议由云南省教育厅联合财政厅有针对性地制定操作细则,设立"云南省迪庆怒江实施 14 年免费教育省级专项资金管理办法",明确资金补助对象、使用范围、拨付、资金清算等各个实施环节,为下级部门

---

① 姚松:《教育精准扶贫中的政策阻滞问题及其治理策略》,《中国教育学刊》2018 年第 4 期,第 40 页。

② 代蕊华、于璇:《教育精准扶贫:困境与治理路径》,《教育发展研究》2017 年第 7 期,第 14 页。

的资金使用提供指导性意见。与此同时，怒江州应结合当地实际，制定更为具体的本地管理办法，从而进一步规范14年免费教育补助资金的管理工作。

第五，完善和优化贫困学生统计工作，精准测算受资助学生的人数。首先，合理编制预算测算人数表，教育扶贫项目实施单位要根据各学校统计上报的人数进行核实并汇总，编制准确的预算测算人数表；其次，优化统计工作，对在教育扶贫项目实施过程中发生的人数变更事项，各级教育局应及时统计各学校的在校人数变动情况，由怒江州教育局汇总人数变动情况表并上报至省教育厅，以提升预算编制的准确性；最后，怒江州各级教育局应该对各所学校进行及时的培训，对学校项目负责人进行业务指导，从而加强项目的精细化管理。

四 完善考核评价机制

传统教育扶贫的"帮扶"和"资助"特征以及教育评估主体、评估方式与绩效认定的单一性极易造成贫困对象事实上的文化弱势地位与实践中的被动局面。因而，需要从弱势方的心理获得感和满意度出发，重构教育扶贫绩效评估的内在逻辑，确立教育公共资源供给、建档立卡家庭学生入学保障、适龄儿童义务教育普及率和县域义务教育均衡发展等方面的主位评价体系。[①] 因此，建议怒江州要对教育扶贫工作的考核评价机制进行完善，从而确保各项教育扶贫政策在当地的实施效果。

首先，建议怒江州完善现有的考核评价指标体系，突出对"教育软件"指标的考核评价。怒江州现有的教育扶贫工作考核评价体系过于偏重一些容易量化的"教育硬件"指标（教学楼、学生宿舍、运动场等），对于一些不好量化的"教育软件"（师资队伍、教育质量、教学方式等）则有所忽视。因此，怒江州需要逐步完善教育扶贫项目的考核评价指标体系，加大"教育软件"指标在考核中所占的权重。

---

① 何志魁：《主客位视角下民族地区教育扶贫的对策研究》，《民族教育研究》2020年第1期，第41页。

其次，完善教育扶贫工作的考核评价机制，尤其要多听取群众的意见和建议。在考核内容上，要侧重围绕教育精准扶贫成效、精准识别、帮扶策略及教育扶贫资金使用等维度，通过贫困地区学前和基础教育发展情况、贫困生入学及辍学情况、贫困户新增劳动力学历培训和职业技术培训等完成情况、专项资金使用情况等具体指标来考察教育扶贫工作的成效。在考核程序上，要坚持客观公正、科学规范和群众认可的原则，规范考核方式和程序，通过基层政府总结、第三方评估、数据汇总、中央及省级政府综合评价、沟通反馈等具体步骤，完成考核工作。①

最后，要改革学校教育评价制度，突出学校传承少数民族文化的功能。第一，要将民族文化课程教育纳入中小学的教学计划和教学体系，明确民族文化教育是中小学素质教育的重要内容，规定相应的教学时数，制定规范的考核标准和办法。第二，教育主管部门应将民族文化教育纳入教学评估和督导的内容，作为对学校教学工作的考核内容之一，并建立相应的检查、督导和评估机制。第三，定期表彰民族文化教育的先进集体和个人，定期展示民族文化教育成果，进一步激励学校教育在民族文化的保护、传承和发展中发挥更大的作用。②

第二节　对怒江州实施一定的教育倾斜政策

《中国教育现代化2035》明确指出："各级教育高水平高质量普及是实现教育现代化的重要基础。要根据各地实际，强化分类指导，重点关注中西部地区和农村地区，聚焦偏远地区、贫困地区和民族地区等困难的地方，不断完善发展机制，精准施策，补齐短板，全面扩大人民群众受教育机会。"我国民族地区由于历史发展水平低且生态环境脆弱，往往通过经济投入也难以改善民族地区现有的教育水平，

---

① 姚松：《教育精准扶贫中的政策阻滞问题及其治理策略》，《中国教育学刊》2018年第4期，第41页。

② 金海燕：《辽宁城乡少数民族基础教育现状调查与对策研究》，《满族研究》2015年第3期，第28页。

需要有相关的政策倾斜作为保障来推动民族教育扶贫的实施和执行。所以，保证国家对民族地区的资金投入和优惠政策是民族地区教育扶贫的重中之重。①

怒江州的教育事业主要面向占当地人口总数90%以上的少数民族，承担着为22个世居少数民族培养高层次优秀人才的重任。我国的少数民族教育肩负着培养人、传承本民族文化、国家层面的现代文化和世界性的普适文化等多重使命，少数民族教育具有一定的特殊性。自然环境的恶劣和经济社会发展的整体滞后，使得民族地区文化教育的发展失去基础。基于此，必须通过"优先发展"和"补偿"的政策加以解决。唯有这样，才能真正缩小主流社会与少数民族社会之间的差距，也才能真正维护和加强我国的民族团结。② 鉴于怒江州较为落后的经济社会发展水平以及数量较多的贫困人口，为了补齐当地教育事业的短板，使教育扶贫政策惠及当地所有需要资助的学生，杜绝"因教致贫"现象，课题组建议对怒江州实施一定的教育倾斜政策。

一 优先发展农村学前教育

《中国教育现代化2035》提出："要以农村为重点提升学前教育普及水平，建立更为完善的学前教育管理体制、办园体制和投入体制，大力发展公办幼儿园，加快发展普惠性民办幼儿园。"学前教育是学校基础教育的起始阶段，学前教育公平是基础教育公平的起点和保障。为切实保障适龄儿童，特别是弱势儿童平等享有优质基础教育的权利，世界上许多国家和地区的政府都把积极推行免费学前教育政策作为重要举措，着力推进学前教育的普及。在当前和今后一个时期里，加强学前教育与义务教育的有效衔接，大力发展学前教育，是弥补民族地区家庭教育缺失、民族文化差异等制约义务教育普及成效的

---

① 羌洲、曹宇新：《民族地区教育扶贫的经验启示》，《甘肃社会科学》2019年第3期，第149—150页。

② 张诗亚：《民族地区教育优先发展研究》，经济科学出版社2014年版，第32页。

诸多现实问题的有效手段。① 田野调查数据显示，农村学前教育是当前怒江州教育体系中一个非常大的短板，因此必须保障其优先发展。

对于"你觉得本地的教育扶贫需要完善哪些策略"这个问题（此为多选题），在681名普通中学生当中，有362人选择"让更多的农村儿童能接受幼儿园教育"（见第二章表2—104）。由此可见，怒江州当地学生已经充分认识到发展农村学前教育的紧迫性。

与此同时，对于"当地的教育扶贫所取得的成效"这个问题（此为多选题），在204名县城学校教师中，仅有49人选择了"发展了学前教育"（见第二章表2—18）；在151名乡镇学校教师中，仅有63人选择了"发展了学前教育"（见第二章表2—31）；在110名农村学校教师中，有59人选择了"发展了学前教育"（见第二章表2—59）；在53名职业技术学校教师中，仅有15人选择"发展了学前教育"（见第二章表2—71）。由此可见，怒江州的大部分教师对于怒江州学前教育的发展水平是非常不认可的。

即便是对于怒江州当地学前教育发展的认可度较高的农村学校教师（主要是因为近几年来当地学校新建了很多农村幼儿园），他们也认为怒江州的农村学前教育面临着重重困难，而首当其冲的问题就是当地农村群众普遍不重视学前教育。比如，对于"你在日常工作和生活中主要面临哪些客观困难"这个问题（此为多选题），在110名农村学校教师中，有65人选择"部分家长不重视学前教育"（见第二章表2—53）。对于"你对于怒江州的农村小学或幼儿园有什么建议"这个问题（此为多选题），在110名农村学校教师中，认可度较高（认可度在50%及以上）的选项有5个，其中就包括了"改变当地农村群众不重视学前教育的观念"（见第二章表2—65）。

因此，课题组建议从三个方面着手优先发展怒江州的农村学前教育：

首先，优先保障农村学前教育的办学经费。因为学前教育不属于义务教育，办学经费就成为"三区三州"深度贫困地区发展农村学

---

① 张诗亚主编：《中国民族教育发展报告》（第3辑），科学出版社2017年版，第28页。

前教育的一大障碍,在怒江州地方财政力不从心的情况下,中央和省级财政需要提供更多的专项转移支付,以优先保障当地农村学前教育的办学经费。

其次,提高学前教育经费的拨款标准。根据民族地区学前教育的特殊需求,怒江州应该在生均公用经费、教师津补贴等方面适当提高拨款标准。要尽快确定学前教育生均拨款机制,制定学前教育生均公用经费标准,保障公办和公办性质幼儿园的保育管理、教师培训、设备购置等,确保幼儿园的可持续发展。① 例如,当前怒江州正在实施"一村一幼"计划,以兴办村级幼儿园为重点,推进村级幼儿园的建设,但是,当前项目建设的预算标准太低。例如,到2020底,贡山县将新增20个农村学前教育教学点,但目前的项目预算标准实在太低,每个教学点仅有50万元,完全难以确保建设质量。因此,课题组建议把每个农村学前教育教学点的项目建设预算提高到100万—200万元。

最后,加强农村学前教育师资队伍建设。毫不客气地说,怒江州当地的农村学前教育的状态是"只有硬件没有软件"。目前怒江州农村学前教育的师资力量基本上都是学前教育志愿者,他们中的很多人都不是师范院校毕业的,更没有学前教育的专业背景,而且他们的工资待遇很低(每月仅有2000元左右),也没有编制。在这种情况下,当前怒江州的农村学前教育其实只是解决了"有"的问题,而没有解决"好"的问题,其发展模式完全是粗放式的,有"数量"而无"质量"。因此,为了确保教育质量,加强怒江州农村学前教育师资队伍的建设刻不容缓,具体来说需要从教师编制、教师工资福利待遇、教师专业发展等方面入手。关于加强怒江州农村学前教育师资队伍建设的具体策略,将在本章的第四节进行详细的分析,这里就不做展开了。

---

① 陈立鹏、马挺、羌洲:《我国民族地区教育扶贫的主要模式、存在问题与对策建议——以内蒙古、广西为例》,《民族教育研究》2017年第6期,第40页。

二 在学生资助方面实施一定的倾斜政策

《中国教育现代化 2035》明确指出:"要实现困难群体帮扶精准化,健全家庭经济困难学生资助体系,推进教育精准脱贫。"对于"三区三州"深度贫困地区来说,需要完善贫困家庭子女的教育资助体系,给予贫困家庭子女更多更实惠的教育资源支持,保证从学前教育到高等教育各阶段的基本覆盖,适当给予学费减免、奖学金、助学金、助学贷款、勤工俭学、顶岗实习等优惠政策。比如,考虑到物价上涨的因素,应适度提高贫困地区营养餐补助的标准。①

到 2020 年底,全国范围内的脱贫攻坚战役即已结束,但是因为当地较为落后的经济社会发展水平,所以在 2020 年 12 月之后,怒江州仍然会存在大量的低收入人口。例如,截至 2019 年底,兰坪县共有农村低保对象 21492 人,占该县农村总人口的 12%;截至 2019 年底,福贡县共有城乡低保对象 39145 人,占全县总人口的比例更是高达 33%;截至 2019 年 6 月,泸水市还有 9669 名 7—18 周岁的少年儿童属于农村低保对象。因此,为了巩固脱贫攻坚战役的成效,在今后很长一段时间内,有必要在学生资助方面对怒江州实施一定的倾斜政策,而且课题组的田野调查数据也充分证明了这一点。

在 259 户少数民族学生家庭中,认为"当地的教育扶贫工作存在的不足"是"对贫困学生的资助力度不够"的有 69 户,占 26.64%;认为是"一些政策的覆盖面不够广"的有 50 户,占 19.31%(见第二章表 2—12)。对于"当地的教育扶贫需要完善哪些策略"这个问题(此为多选题),在 681 名普通中学生当中,有 367 人选择了"增加对贫困学生的资助金额",有 342 人选择了"让更多的学生获得资助",所占比例均超过了 50%(见第二章表 2—103)。在 165 名职业技术学校学生中,有 99 人选择了"增加对贫困学生的资助金额",有 109 人选择了"让尽可能多的学生获得资助",所占比例均超过了 50%(见第二章表 2—129)。

---

① 史志乐:《走进贫困的教育》,经济日报出版社 2019 年版,第 171 页。

第四章　怒江州教育扶贫工作的完善策略

课题组的田野调查数据显示，很多怒江州的家长和学生认为当地存在对贫困学生的资助力度不够和覆盖面不够广的问题。基于此，课题组建议对怒江州的学生资助工作实施一定的倾斜政策，具体内容如下：

第一，建议只要是考上全日制本科院校（含民办院校）的怒江州建档立卡户学生或者属于城乡低保对象的学生，都能享受学费奖励政策。因为整体的高考成绩严重偏低，怒江州当地学生所能考取的本科院校大多是民办院校，其学费标准基本上是公办本科院校的3—5倍，因此建议把建档立卡户大学生每年获得的学费奖励在以往5000元的基础上适当上调。[①]

第二，提高义务教育寄宿制学生补助的标准。例如，贡山县自2012年以来一直未提高寄宿制学生补助标准，原补助标准为：县级财政补助寄宿制学生生活费，对独龙江乡寄宿制学生每生每年补助600元生活费，其他乡（镇）学生每生每年补助450元生活费；由中央和省级资金补助寄宿制学生生活费，初中每生每年补助1250元，小学每生每年补助1000元。由于当地物价上涨较快，建议在原标准的基础上，每年每生的补助标准至少再提高1000元。

第三，建议在一段时间内继续保留易地扶贫搬迁学生的寄宿生生活补助待遇。对于怒江州易地扶贫搬迁安置点的建档立卡户学生来说，在搬迁前他们绝大部分都住校并享受寄宿生生活补助待遇，但在搬迁后就不再住校了，按照政策规定就不能再享受寄宿生生活补助待遇。为确保当地易地扶贫搬迁工作的实施效果，建议让怒江州的易地搬迁建档立卡户学生在一段时间内可以继续保留享受寄宿生生活补助的待遇。

第四，提高农村小规模学校的生活费标准。怒江州的各个乡镇广泛存在学生人数不足100人的农村小规模学校，各个学校的寄宿生人数普遍较少，所以生活补助费资金自然也就比较少，而当地农村学校

[①] 刘苏荣：《深度贫困地区教育扶贫面临的问题及政策建议——基于云南省怒江州的565份调查问卷》，《西南民族大学学报》（人文社会科学版）2020年第2期，第86页。

食材采购的成本却比较高,因而有限的资金难以保证学生的营养,不利于学生的身体健康。因此,课题组建议:对于怒江州当地学生人数不足50人的农村学校,要按照100人的标准下发生活补助费;而对于学生人数超过50人但不足100人的农村学校,则按照150人的标准下达生活补助费。

第五,受制于当地极低的经济社会发展水平,怒江州建档立卡户与非建档立卡户的家庭经济收入差距实际上是非常小的,因此建议对非建档立卡户在读大学生给予与建档立卡户大学生同等的资助待遇,以防止"因学致贫"现象的发生。同时,在2020年12月以后,要继续给予属于城乡低保对象的大学生与当前的建档立卡户大学生同等的资助待遇。

第六,取消怒江州大学生生源地贷款指标的限额,以最大限度地让尽可能多的怒江籍学生接受高等教育,从而改变他们及所在家庭的命运,更重要的是能为怒江州未来的经济社会发展培养更多的高级人才。

三 在教师队伍建设方面给予一定的政策倾斜

《中国教育现代化2035》明确指出:"要加大教职工统筹配置和跨区域调整力度,切实解决教师结构性、阶段性、区域性短缺问题。"鉴于当地的师资队伍比较薄弱,课题组建议对于怒江州要在师资队伍建设方面给予一定的政策倾斜,具体来说,需要采取以下几个方面的措施:

首先,增加怒江州的教师编制并适当调整师生比。怒江州现行的师生比为:非寄宿制小学1:19,寄宿制小学1:17;县城幼儿园1:10,乡村幼儿园1:14;初中1:13.5;高中1:12.5。寄宿制学校的管理难度一般都比较大,教师除了教书之外,还要管理学生在校期间的所有事务,教师的工作压力很大。因此,课题组建议将怒江州寄宿制学校的师生比调整为小学1:15、初中1:12,农村小规模学校的班师比则调整为1:2。

其次,尽快出台农村寄宿制学校后勤管理人员标准。建议出台相关政策，明确怒江州农村中小学寄宿制学校后勤人员配备标准、管理标准、资金投入模式等相关内容。加大国家财政资金转移支付支持力度，增加寄宿制学校公用经费标准，在怒江州全面推行寄宿制学校后勤社会化服务。

再次，加大教师培训的力度。建议在怒江州继续加大力度开展"国培""省培"工作，实现每年一次全员轮训，努力提高城乡学校教师的专业水平，从而不断提升教育质量。

最后，加大教育发达地区对怒江州的教育帮扶力度。以三年为一周期，由教育发达地区安排一定规模的优秀教师团队到怒江州的乡村中小学校支教，以推动怒江州教育事业的跨越式发展。例如，从2015年起，云南大学研究生支教团每年选拔6名在读研究生到贡山县独龙江乡中心学校进行支教，每批支教期限为1年，截至2019年底，云南大学研究生支教团一共派出了30名研究生进行支教。

四 在高考招生政策方面给予更多的政策倾斜

鉴于怒江州当地的高中教育质量较为低下，能考上好大学的考生寥寥无几，为了能为怒江州培养地方经济社会发展所需的高级人才，为了怒江州的长远发展考虑，必须对怒江州在高考招生政策方面给予更多的倾斜。而且，课题组的田野调查数据也表明这样做的必要性，对于"本地的教育扶贫需要完善哪些策略"这个问题（此为多选题），在怒江州的681名普通中学生当中，选择"国内大学对怒江州学生进行定向招生"的有287人（见第二章表2—104）。

基于此，课题组提出如下建议：

首先，建议放宽怒江州高考考生报考国家专项计划的条件，在州内高中学校就读的所有考生均可报考国家专项计划。云南省教育厅的文件规定：具有云南省88个贫困县连续三年以上户籍和户籍所在县高中连续三年学籍，并实际就读的应（往）届高中毕业生，其父亲或母亲或法定监护人具有当地户籍的，才可报考国家专项计划。由于户籍和学籍的限制，兰坪、福贡和贡山三个县在怒江州民族中学就读的学生就不能报考国家专项计划，而怒江州民族中学恰恰又是怒江州最好的高中，这就让当地的学生家庭面临一种尴尬的局面。因此，课题组建议实施在怒江州高中学校就读的所有本地户籍考生均可报考国家专项计划的倾斜政策。

其次，建议国内双一流大学在怒江州实施定向招生。为了能为"三区三州"深度贫困地区培养更多的少数民族高层次人才，建议国内的双一流大学设立面向怒江州的定向招生计划，每年总的招生指标不低于50人，并视情况逐年增加。

再次，建议允许怒江州的汉族考生享受报考少数民族预科的政策。怒江州每年参加高考的汉族考生在全州所有考生中所占比例仅为3%左右，而且他们与当地的少数民族混居在一起，但其享受到的高考照顾政策很少，不利于民族团结。为了维护民族团结的政治局面，有必要允许怒江州的汉族考生享受报考少数民族预科的政策。

最后，加大免费师范生的培养力度。例如，自2014年起，贡山县教育局通过云南师范大学和楚雄师范学院培养定向免费师范生，截至2018年底，共计培养了18名定向免费师范生，但是这种培养力度是不够的。

五　在教育经费方面给予一定的政策倾斜

在"以县为主"投入体制的确立及其相应政策完善的过程中，虽然逐步确立了中央与地方财政分担责任的格局，但是由于没有明确地方各级政府义务教育财政所应该采取的统筹方式、统筹目标和分担比例，各级地方政府依旧忠实地执行"以县为主"的原则，这样就使得县级政府毫无悬念地成为责任分担主体，因而，导致市级、省级两级高层政府义务教育投入责任的弱化。比如，教师的绩效工资以及特困地区乡村教师生活补助等，责任主体依旧是县级政府。[①] 怒江州的办学环境比较恶劣，加上教育扶贫资金严重不足，从而影响了教育扶贫政策的实施效果。要使怒江州的教育事业真正贯彻"优先发展"

---

① 林云：《多民族地区义务教育均衡发展研究——以云南省为例》，中国社会科学出版社2019年版，第183页。

和"补偿"的政策，使其摆脱现有困境，就必须对怒江州的教育经费给予一定的政策倾斜。

根据《云南省全力推进迪庆州怒江州深度贫困脱贫攻坚实施方案（2018—2020年）》，其中怒江州教育脱贫攻坚工程共需投入资金29.18亿元，这就需要中央财政结合怒江州的实际困难，在教育扶贫项目资金上给予一定程度的倾斜。建议怒江州当地政府要积极争取上级部门、东部省份对口支援怒江州单位、本地企事业单位、社会群众团体和个人，多渠道地筹集教育经费，① 并由中央财政或者省级财政全额填补怒江州当前的教育基础设施建设资金缺口，以减轻怒江州地方财政的压力。与此同时，鉴于怒江州地方财政在提供教育扶贫配套资金方面显得力不从心，课题组建议加大中央财政转移支付的力度，减少乃至取消一些怒江州地方财政的教育扶贫配套资金。

第三节 把提升教育质量作为教育扶贫工作的重点

《中国教育现代化2035》指出："各级教育高水平高质量普及是实现教育现代化的重要基础。""要完善教育质量标准体系，制定覆盖全学段、体现世界先进水平、符合不同层次类型教育特点的教育质量标准，明确学生发展核心素养要求。"中西部地区和农村地区的教育经过多年的发展已经基本解决了有学上的问题，接下来的任务是如何实现教育的内涵式发展，努力提高教育质量。② 纵观我国教育发展和教育扶贫发展的历程可见，只有发展优质的教育，才能真正发挥教育扶贫的价值和功能，而落后的、低水平的教育和教育扶贫手段是无法取得预期效果的。在脱贫攻坚进入决胜时期，以及全面建成小康社会之后，相对贫困依然存在，减贫仍然是经济社会发展需要长期面对

---

① 刘苏荣：《深度贫困地区教育扶贫面临的问题及政策建议——基于云南省怒江州的565份调查问卷》，《西南民族大学学报》（人文社会科学版）2020年第2期，第86页。
② 顾明远：《让每个孩子都享有公平而有质量的教育》，《教育研究》2017年第11期，第5页。

的现实问题，要从根本上消除贫困，大力发展"公平优质的教育"依然是解决问题的根本着力点。① 因此，怒江州要把提高教育质量作为今后一段时间教育扶贫工作的重点，而不是只关注教育基础设施的建设、贫困生的资助、教学设备的完善等方面的工作。

一 建立严格的课堂教学质量管理体系

一般来说，课堂教学质量管理体系主要包括以下几个方面的内容：(1) 日常教学过程的常规检查制度，包括教案、作业、笔记等具体的内容。(2) 听课、评课制度。(3) 备课组集体备课和循环听课制度。(4) 学生评教制度。通过问卷调查、座谈会等多种形式，让学生对任课教师的教学质量进行客观的评估。(5) 期中、期末考试成绩分析制度，在学生、任课教师、班级、年级组乃至学校各个层面都进行反思和交流。② 怒江州的中小学需要制定课堂教学质量的量化考核办法、奖励性绩效工资分配办法、教学改革激励方案等管理文件并严格执行。同时，要在实践中不断完善教学工作量化考核机制，严格任课教师的待岗、下岗管理制度，制定严格的奖惩制度，以达到鼓舞士气的目的，让广大教师有一定的教学质量压力，形成"你追我赶"的工作氛围。

课题组的田野调查数据也证明了建立课堂教学质量管理体系的必要性。对于"你觉得自己所在的学校在哪些方面还需要改进"这个问题（此为多选题），在怒江州的681名普通中学生当中，有404人选择了"整顿学风以改变部分学生的不良习气"，有253人选择了"学校对老师的教学要有奖惩措施"，选择"采用多种教学方式"的有277人，选择"加强与省内外名校的交流"的有267人（见第二章表2—102）

为了敦促广大教师有各自具体的课堂教学质量目标，怒江州的各所学校需要定期组织开展期中期末考试质量分析工作，对于在考试质

---

① 李兴洲：《新中国70年教育扶贫的实践逻辑嬗变研究》，《教育与经济》2019年第5期，第6—7页。

② 徐辉：《高中教学质量监控的探索与思考》，《教学与管理》2010年第31期，第11页。

量分析过程中发现的问题,要提出有针对性的改进措施。例如,在平行班之间,教师学科平均成绩可设立相差3分、5分和10分的监控管理,分别采取教师反思、年级组长与教师共同反思、学校领导与教师共同反思的应对措施,对于连续两年教学质量都很差的教师,采取待岗、下岗等措施。

例如,作为一个乡镇学校,兰坪县河西乡中心学校的教学质量长期在怒江州名列前茅,这就得益于该校较为完善的教学质量管理体系。河西乡中心学校每年都会在每个年级平行分班一次,主要是为了解决教师接班起点的差异,便于教师的考评,以防止学生偏科和班级差异过大。与此同时,该校主要采取了标准差管理、增长率管理、考试管理和跟班管理的方式来对教学质量进行有效的管理:(1)标准差管理。在同年级、同学科间设定学年末平均分最大分差,如小学语文6分、小学数学9分、初中化学3分等。学年末检测成绩连续两年超过标准差的,被认定为"教学事故",对任课教师做出强化培训和调离学校、不参与年终绩效分配的处理。相反,检测成绩超过标准差的教师,学校按照分位系数进行奖励。标准差的确定,明确了教师的努力方向,极大地激发了教师的教学动力。(2)增长率管理。在平行分班过程中必然会出现班级平均分差异的情况。为了弥补考评中的瑕疵,该校实行平均分和增长率双向考评制度,学年初计算各班增长基数,每次考试用增长点来考评教师的教学成果。(3)考试管理:该校试卷主要通过每位教师出卷和从兄弟院校引进试卷为主,形成题库随机抽取,对考试成绩分析标准差和增长率,对超过标准差的学科,从备课、上课、作业批改、学生辅导等教学环节进行倒查,教研组对知识点和学生能力进行剖析,并研究相应的对策。(4)跟班管理:班级学科成绩属于年级倒数的,班主任跟班听课,学科成绩超出标准差的,教师跟班听课,从而让教师养成在日常工作中相互学习和交流的习惯。

同样地,教学质量在整个怒江州非常突出的怒江州实验小学,其提高课堂教学质量的有效途径就是日常管理的精细化和规范化。该校的具体做法,一是把每一次的考试成绩与教师的绩效考核结合起来,进行教学目标管理。二是坚持每学期两次的教学常规检查，包括备课、教案、作业布置批改、听课记录和教学反思等。三是学校领导坚持推门听课制度，经常深入课堂督查和指导。四是改革校本教研制度，把学校原有的语文、数学教研组打散成若干个小教研组，在每个年级均设立语文、数学教研组，定岗定责任，要求所有45岁以下教师每学期必须完成1节示范课和1节课改课的教学任务，各个教研组要有计划地组织以课堂教学任务为主的评课活动和专题研究。五是改革毕业班任课教师的"把关"制度，让每一位任课教师都有责任感和紧迫感，从而有利于年轻教师的快速成长。

二 消除师资培训的"两张皮"现象

怒江州的各级各类学校要杜绝照本宣科和填鸭式的教学方式，鼓励教师多采用启发式和问题导向式的教学方式，注重学生逻辑思维能力的培养，特别是要敦促参加过"国培计划""省培计划"、珠海市对口帮扶教师培训的老师"学以致用"，把自己参加培训所收获的先进教学理念和教学方式应用到自己的课堂教学当中，以消除师资培训"学、用两张皮"的现象。唯有通过学校层面的强势推动，才有可能改变怒江州很多教师长期养成的落后的教学方式和理念，从而提高人才培养的质量。

建议怒江州的全体教师都要参与课堂教学改革，利用寒暑假展开全员校本培训，人人都要进行考核（由校外专家实施）。杜绝"水课"，制定"金课"标准，并据此来规范课堂教学行为，成立教学督导组跟踪评估，将评估结果纳入教师本人的年度绩效考核中。学校的教研组活动也不能流于形式，仅仅是为了应付上级部门的检查和考核，而是必须真正领会新课改的内涵。县级教育行政管理部门要通过出台管理文件的形式，强烈督促任课教师不要沿用过去的旧模式进行日常教学，而是必须紧跟形势的发展进行有效的教学改革。

例如，当前我国正在逐步推进新高考改革，普通高校将逐步推行基于统一高考和高中学业水平考试成绩的综合评价、多元录取机制，高考改革对当前我国高中教育的教学管理制度、教学组织形式、师资队伍建设、教学硬件设施等提出了更高的要求，对于"三区三州"深度贫困地区来说，其高中教育所面临的形势尤为紧迫。云南省于2019年秋季学期启动新高考改革，但是怒江州高中学校大部分教师的课堂教学与新课程标准的要求依然存在很大的差距，他们对新高考改革明显缺乏必要的准备。例如，截止到2018年底，泸水一中外出参加过新高考改革培训的教师仅有4人，其准备工作明显不足，因此后期需要分批组织更多的教师参加相应的培训，以适应高考改革的新形势。

三 加强师资队伍尤其是数学等学科师资队伍的建设

《中国教育现代化2035》明确指出：

> 高素质专业化创新型教师队伍是加快教育现代化的关键。要坚持把教师队伍建设作为基础工作，完善教师管理和发展机制，吸引和汇集优秀人才从教，激发教师专业发展活动，努力建设一支有理想信念、有道德情操、有扎实学识、有仁爱之心的教师队伍，更好地承担起传播知识、传播思想、传播真理，塑造灵魂、塑造生命、塑造新人的时代重任。

基于此，有效提升怒江州的教育质量，加强师资队伍建设就势在必行。教师对于学生学业成就的进步往往发挥着重要的作用，尤其是在那些处境不利的群体（比如家庭经济水平较低的学生）中，教师的影响效应更为明显。[1] 教师对课堂教学质量的影响主要表现在以下六个方面：（1）教师个人特征。教师的学历水平、年龄和教龄，毕业专业以及投入程度，对课堂教学质量有较大影响。（2）教学工作态度。教师上课有没有责任心，备课是否充分，讲课是否熟练，直接影响着课堂教学方法的使用以及课堂互动交流，进而影响课堂教学质

---

[1] 梁文艳：《中小学教师教学质量评价及其影响因素研究》，北京师范大学出版社2017年版，第249页。

量。(3) 教师基本功。教师普通话不好，板书不工整，会影响课堂教学内容的讲授效果，使得学生失去学习热情，影响课堂教学质量。(4) 教学方法，需要灵活的教学方法，注重启发，能够因材施教，注重学生能力和素质的培养，充分利用教具和现代化教学手段，激发学生的学习兴趣，从而取得较好的教学效果。(5) 课堂互动交流。通过与学生进行课题交流，观察学生的反应，及时做出教学方法与内容的调整。(6) 教学内容设计。讲授内容清晰、准确，突出重点，突破难点，理论联系实际，善于吸收新的研究成果，提高学生的学习兴趣。[1]

鉴于怒江州高中教育质量问题特别突出，课题组建议采用到怒江州外乃至省外招聘紧缺学科教师的方式招聘优秀高中教师，不断扩大教师招聘的范围。例如，按怒江州当地的高中教育规划，怒江州民族中学2019年要扩招4个班200人，2020年再扩招2个班100人，根据云南省1∶12.5的师生比要求，仅2019年就至少需要增加25名高中教师。此外，还需要不断完善高中教师培训机制，切实提高教师工资和福利待遇，逐步提高怒江州高中教师队伍的整体素质，从而为提升当地高中的教育质量奠定坚实的基础。

结合怒江州近几年的高考情况来看，数学、英语等学科的成绩严重偏低，严重拖累了考生的总成绩。与此同时，田野调查数据也显示，对于怒江州的中学教育来说，尤其是要加强数学、英语、物理等学科师资队伍的建设。

对于"哪几门课程你感觉学起来比较吃力"这个问题（此为多选题），在怒江州的681名普通中学生当中，有426人选择了"数学"，有403人选择了"英语"，有345人选择了"物理"，选择这三项的学生所占比例均超过了50%（见第二章表2—89）。在贡山县独龙江乡中心学校的50名初中生中，就有39人认为数学课学起来很吃力，所占比例高达78%。在泸水、贡山和福贡这3个县（市），认为

---

[1] 廖伯琴等：《民族地区中小学理科教学质量监测研究》，科学出版社2018年版，第225—226页。

自己学习数学感觉比较吃力的乡镇初中生比例均明显高于县城初中生,在泸水市和贡山县,乡镇初中生的比例甚至还高于县城高中生。在贡山县独龙江乡中心学校的50名初中生中,就有43人认为英语课学起来很吃力,所占比例高达86%;在泸水市,泸水市民族中学初中生认为,英语课学起来很吃力的比例为64.29%,而怒江州民族中学初中生的这一比例为57.12%;在福贡县,福贡县民族中学初中生认为,英语课学起来很吃力的比例为79.59%,而福贡县第一中学初中生的这一比例为66%。

就怒江州来说,乡村学校师资是当地师资队伍建设的重点,课题组建议从以下几个方面加强乡村学校师资队伍建设:首先,要有计划地招聘教师,招聘名额向紧缺学科和乡村边远学校倾斜;其次,制定公平合理的教师流动机制,激发教师队伍的活力;再次,要不断加强乡村学校英语、音体美、计算机等专业教师的培训,不断提升教师知识水平和业务能力,着力解决学科结构不合理的问题;最后,要多招聘一些学前教育专业毕业的大学生充实农村学前教育师资队伍,从而不断提升学前教育师资队伍的专业化程度。①

对于怒江州乡村学校的教师,应该在工资待遇、住房保障、子女受教育优惠政策、职务职称晋升和培训机会等方面实施一定的倾斜照顾政策,通过一系列措施,使乡村学校教师既获得较好的物质待遇,也获得很好的专业技术发展机会。关于怒江州乡村学校师资队伍建设的问题,将在本章的第四节进行详细的论述,这里就不做展开了。

四 帮助学生养成良好的学习习惯

怒江州因为贫困面较广,所以外出打工的人相对比较多。由于父母外出打工,学龄儿童只能交给家里老人照管,也就出现了留守儿童问题。年幼的学龄儿童由于缺乏父母的照管,更容易养成各种不良习惯,这是造成民族地区义务教育阶段辍学、学业成绩低下的最现实、

---

① 刘苏荣:《深度贫困地区教育扶贫面临的问题及政策建议——基于云南省怒江州的565份调查问卷》,《西南民族大学学报》(人文社会科学版)2020年第2期,第88页。

最直接的原因。① 怒江州的教育质量之所以长期处于低水平，除了师资队伍整体水平不高外，在很大程度上也是因为当地很多学生没有养成良好的学习习惯，缺乏学习动力，对读书不感兴趣，而课题组的田野调查数据也充分证明了这一点。

首先，对于"自己所在学校在哪些方面还需要改进"这个问题（此为多选题），在681名普通中学生当中，认可度较高（50%及以上）选项的只有1个，即"整顿学风以改变部分学生的不良习气"，有404人选择了该选项，所占比例为59.32%（见第二章表2—102）。

其次，对于"导致本地学生辍学的原因都有哪些"这一问题（此为多选题），在681名普通中学生当中，有628人选择了"对读书不感兴趣"，所占比例为92.22%，而选择"学生家庭经济困难"的有448人，所占比例为65.79%。另外，有212人选择了"受读书无用论的影响"，有97人选择了"学校的教学质量差"（见第二章表2—100）。在165名职业技术学校学生中，有147人选择了"对读书不感兴趣"，有125人选择了"家庭经济困难"，选择"学校的教学质量差"的有50人，选择"受读书无用论的影响"的有54人（见第二章表2—127）。从田野调查的数据来看，怒江州本地学生辍学的首要原因并不是家庭经济问题，而是对于读书没有兴趣，缺乏学习的动力。

再次，对于"你在学习中面临的困难主要有哪些"这个问题（此为多选题），在681名普通中学生当中，有403人选择了"学习效率比较低下"，所占比例为59.18%，有238人选择了"对读书提不起兴趣"，所占比例为34.95%（见第二章表2—88）。

最后，对于"怒江州教育事业存在的不足"这一问题（此为多选题），在681名普通中学生当中，选择"学习动力不足"的学生高达529人，所占比例为77.68%（见第二章表2—101）。

此外，课题组在调研中还发现，怒江州2018年小学六年级毕业语文考试反映出来的主要问题是：学生平时缺乏大量的阅读训练，遇到稍微灵活一点的题目就手足无措，缺乏对知识的整合处理，写作基

---

① 张诗亚主编：《中国民族教育发展报告》（第3辑），科学出版社2017年版，第25页。

本功也不扎实，作文的语序比较散乱。怒江州2018年小学六年级毕业数学考试反映出来的主要问题则是：审题不认真，计算过程不细心，完成答题后不注意检验计算结果是否正确，导致无谓的丢分太多。总而言之，怒江州当地大部分小学生没有养成良好的学习习惯。

因此，帮助学生养成良好的学习习惯，增强其学习动力就成为当前怒江州在提高教育质量方面必须考虑的一个重点。具体来说，怒江州的中小学教师需要帮助学生养成以下五种良好的学习习惯：

第一，课前要预习，提高自学能力。教师在授课前要提出预习方面的明确要求，从而让学生带着问题去听课，提前弄清楚课文内容的重点和难点，有助于加强听课的针对性，快速消除学习中所遇到的障碍，提高自学能力和听课效率。

第二，课堂上要积极发言，改变在教学过程中的"被动"局面。多年的传统教育使学生习惯于成为教育过程中的被动角色，并由此养成上课不动脑、思考不积极、严重依赖老师等不良习惯，基本只满足于知道或记住事实，而忽略在发现问题、解决问题、得出结论的过程中培养自己的能力，这是当前学生学习行为方面的普遍现象。[①] 因此，这就要求教师注意培养学生在课堂上敢于大胆发言的习惯，使教师的课堂讲授激起学生的共鸣，从而使学生的学习积极性和主动性得到充分的发挥。

第三，经常归纳和梳理课本的知识点。老师讲得再好也代替不了学生的消化和吸收，这就要求老师在日常的教学活动中，注意培养学生定期自觉进行课本单元知识点的复习，经常梳理知识体系的习惯，让学生将一个个具体的知识点纳入体系，形成系统化的知识网络。[②]

第四，加强与其他同学的交流，经常进行自我反省。通过与其他同学进行学习方法的交流，可以达到取长补短的目的；同时，学生本人还要定期进行自我反省，查找自己学习方法的不足之处，最终达到不断完善学习方法的目的。

---

① 张颖：《关于当前学生学习习惯的调查与思考》，《化学教育》1999年第12期，第16页。

② 孙言高、孙汝智：《培养学生八种学习习惯》，《思想政治课教学》1996年第9期，第25页。

第五，多阅读多思考，培养创造性思维。除了课外获得知识以外，学生还可以通过大量的课外阅读，拓展自己的知识面，获得一些启发和灵感，提高形象思维和逻辑思维能力，丰富自己的想象力，培养创造性思维。

课题组在调研中发现，怒江州实验小学在这个方面就提供了一个很好的示范。怒江州实验小学专门设立"阅读课"，在课程表中予以明确，语文教师或辅导员负责下班指导和组织活动，取得了非常好的效果，其具体做法是：（1）一、二年级的阅读课在本班教室上课，由家长从学校推荐的30本《阅读书籍目录》中购买2—5本，作为家庭藏书并自行保管，在上"阅读课"时学生从中自选1本书带到学校，由语文教师或者辅导员指导阅读。（2）三至六年级阅读课在学校图书阅览室上课，学校图书阅览室实行开放式管理，学校为各个班级指定班级存书柜，用于存放学生自选阅读书籍，由语文老师或辅导员组织学生根据个人爱好自行选出阅读书籍并指导学生阅读。（3）要求每位学生认真做好《读书记录卡》，内容可以是摘抄精美词句、内容摘要，也可以是自己的读书体会，一、二年级每次不少于10个字，三、四年级每次不少于100个字，五、六年级每次不少于200个字，同时认真记录每一位学生的阅读完成情况。

五 加快教育信息化进程

《中国教育现代化2035》明确指出："要建设智能化校园，统筹建设一体化智能化教学、管理与服务平台。利用现代技术加快推动人才培养模式改革，实现规模化教育与个性化培养的有机结合。"信息化是教育现代化的重要标志，教育扶贫网络先行，有助于缩小"数字鸿沟"，推广使用新的教育信息技术，确保广大贫困地区的学校和师生从中受益，低成本享受优质教育资源，拥有大体平等的教育机会，实现"从数字鸿沟走向数字机遇"[①]。教育信息化可有效缩小数字鸿

[①] 曾天山、吴景松、崔吉芳：《滇西智力扶贫开发精准有效策略研究》，《西北师大学报》（社会科学版）2018年第3期，第14页。

沟，从根本上阻断造成贫困的生存观念和生活方式的代际传递，并最终帮助贫困人口实现脱贫。[①] 因此，怒江州的广大教师应该多使用多媒体教学方式，充分利用学校现有的功能室、实验室和计算机网络教室，而不是把它们当作应付上级检查的摆设，从而有效缩小怒江州与发达地区在教育质量上的差距。

（一）充分利用多媒体设备和网络资源开展教学活动

田野调查数据显示，怒江州本地学生对于开展教学改革、充分利用多媒体设备进行教学是持一种比较欢迎的态度的。对于"你觉得自己所在的学校在哪些方面还需要改进"这个问题（此为多选题），在怒江州的681名普通中学生当中，选择"采用多种教学方式"的有277人（第二章表2—102）。对于"你希望老师大量使用多媒体设备进行教学吗"这个问题，在681名普通中学生当中，有445人选择"希望"，所占比例为65.35%，这个数字让人感到十分欣慰。

但是，田野调查数据也显示，怒江州的部分乡村学校尤其是农村学校缺乏多媒体设备，或者没有接入高速网络宽带，因而不具备广泛开展多媒体教学的条件。例如，福贡县子里甲乡和匹河乡的农村学校就比较缺乏多媒体设备。对于本校的网络宽带接入情况，在110名农村学校教师中，仅有21人选择"有网络宽带且网速快"，有60人选择"有网络宽带但网速慢"，有29人则选择"没有接入网络宽带"（见第二章表2—50）。其中，贡山县独龙江乡、福贡县子里甲乡、福贡县匹河乡、泸水市秤杆乡的农村学校均不同程度地存在着没有接入高速网络宽带的情况。所以，下一步怒江州需要尽快在农村学校普及多媒体设备和高速网络宽带，为教师充分利用网络资源进行多媒体教学提供便利的条件。

（二）积极开展远程教学

全日制远程教学是在我国西部许多贫困地区学校得到应用的一种新型教学模式，通过卫星、网络等技术将城市优秀教师的智慧辐射到

[①] 任友群、郑旭东、冯仰存：《教育信息化：推进贫困县域教育精准扶贫的一种有效途径》，《中国远程教育》2017年第5期，第54页。

偏远地区，将城乡学校师生的学习、教学融为一体，为贫困地区学生创造出"第二学习空间"，从而为贫困地区教育实现快速发展提供了现实可能。全日制远程教学依靠全新的"四个同时、四位一体"教学模式，实现了跨区域的城乡学校一体化教学和管理。"四个同时"即"同时备课、同时上课、同时作业、同时考试"，在备课环节，实行前端教师与远端教师每周一次同时备课，共同进行教法与学法的探讨；在上课环节，采用"双师制"，远端教师（贫困地区教师）协同前端教师（名校教师）共同进行课堂教学，远端学生和前端学生实行同一作息时间表、同一课程表、聆听同一位老师授课；在作业和考试环节，远端学生和前端学生完成同一份作业，参加同一份试卷考试。"四位一体"则是指由把关教师、前端授课教师、远端教师和技术教师组成的教师协作团队，在相同的时间完成授课和教学质量把关工作。"四个同时、四位一体"教学模式保证了将优质学校的教学与管理要求原汁原味地融入每一所远端学校，确保了高质量教学目标的实现。①

对于地理位置偏僻、交通很不便利、自然环境极其恶劣、教师整体素质偏低的怒江州来说，改革传统的教学模式、积极开展远程教育是迅速缩小其与发达地区教育质量差距的最佳途径，所以必须大力加强。但是，遗憾的是，课题组的田野调查数据显示，无论是怒江州的教师还是学生，他们对于远程教育模式实际上都持有一种比较淡漠的态度。

田野调查数据显示，对于"当地教育扶贫工作需要完善哪些策略"这一问题（此为多选题），在204名县城普通学校教师中，有77人选择"改革教学模式"（见第二章表2—23）；在151名乡镇学校教师中，有65人选择"改革教学模式"（见第二章表2—36）；在110名农村学校教师中，有51人选择"改革教学模式"（见第二章表2—62）；在53名职业技术学校教师中，有20人选择"改革教学模式"（见第二章表2—76）。总体来看，除了乡镇学校教师以外，怒江州的

---

① 张杰夫：《"第二学习空间"破解教育扶贫低效难题》，《人民教育》2016年第17期，第55—57页。

县城普通学校教师、农村学校教师和职业技术学校教师均对改革教学模式持有一种较为消极的态度。

对于"你觉得学校有必要开展远程教学（通过互联网上国内名校教师的课）吗"这个问题，在681名普通中学生当中，选择"有必要"的仅有309人，占45.37%（见第二章表2—90）；在165名职业技术学校学生中，仅有60人选择"很有必要"，占36.36%（见第二章表2—116）。总的来看，怒江州当地学生对于教育信息化的认可度并不高。

课题组在调研中发现，整个怒江州还缺乏开展远程教学的氛围，目前只有福贡县第一中学开展了远程教学活动（与四川省成都市第七中学协同），因此怒江州发展远程教学的空间实际上是非常大的。怒江州需要把各个乡（镇）初级中学和中心学校的教室都建设成为多媒体教室，条件好的学校还要建设一定数量的计算机网络教室，并将本乡、镇中心学校管辖范围内的所有小学（含教学点）建成播放点学校，条件好的小学（含教学点）也要建成一批多媒体教室；县城里条件较好的中小学的教室则要普遍建成计算机网络教室，并与教育信息网连接，从而达到优质教育资源共享的目的，创建提高教师信息素养与教育教学专业能力的舞台。[①] 在此基础上，怒江州本地学校应该与省内外的名校（尤其是对口帮扶怒江州的学校）共同建立"四个同时、四位一体"的教学模式，引入名校的优质教育资源，以实现怒江州城乡学校教育质量的快速提升。

（三）建立州级教育信息化管理平台及教育资源中心

当前，怒江州的教育信息化2.0规划一直难以深入推进，其主要原因是当地还没有建立起州级教育信息化管理平台及教育资源中心，因而无法满足当地学校教育信息化的发展需求，特别是当地教育行政管理部门目前还没有购置专业的教育信息存储设备，导致数据信息的管理存在很大的安全隐患。因此，怒江州必须尽快建立州级教育信息

[①] 龚道敏：《远程教育推进民族贫困地区基础教育跨越式发展的探索与实践》，《中国远程教育》2005年第9期，第59页。

化管理平台及教育资源中心,从而为推进当地的教育信息化奠定基础。

六 加大发达地区对口教育帮扶的力度

在教育事业短板突出、历史欠账太多、底子太薄的情况下,要有效提升怒江州的教育质量,完全依靠当地学校的自力更生显然是不行的,必须有发达地区的对口教育帮扶才行,而且课题组的田野调查数据也充分证明了这一点。例如,对于"你觉得自己所在学校在哪些方面还需要改进"这个问题(此为多选题),在681名普通中学生当中,选择"加强与省内外名校的交流"的有267人(见第二章表2—102)。

而在对口教育帮扶方面,广东省珠海市是一个很好的榜样。从2017年到2019年,广东省珠海市连续三年帮扶怒江州教育事业的发展,教育帮扶工作一共涉及六个方面的内容:一是建立普通中小学结对帮扶合作关系;二是建立结对学校"珠海班"试点帮扶合作关系;三是建立普通教育人才队伍建设对口帮扶合作关系;四是建立职业教育中心专业对口帮扶合作关系;五是建立职业教育"1+2"培养方式合作办学关系;六是建立教育信息化对口帮扶合作关系。

在普通教育方面,教育帮扶的主要内容有:(1)校长培训。每年珠海市都要帮助怒江州培训校长(园长)40名,培训时间为每期2周,三年共计培训120人。(2)教师培训。每年珠海市都要帮助怒江州培训学科带头人和骨干教师100人,三年共计300人。(3)珠海市帮助怒江州创建名师工作室。每年创建5个,三年共计15个。(4)结对帮扶。珠海市安排8所优质学校与怒江州的8所学校结对帮扶,具体的结对学校包括:高中2所,兰坪县一中(珠海市第一中学)、福贡县一中(珠海市实验中学);初中2所,泸水市古登乡中学(珠海市第八中学)、贡山县独龙江乡九年一贯制学校(珠海市紫荆中学);小学4所:泸水市古登乡中心完小(珠海市香洲区第十九小学)、贡山县茨开镇中心学校(珠海市香洲区实验学校)、兰坪县城区第一完全小学(珠海市香洲区甄贤小学)、福贡县子里甲乡亚谷完小（珠海市香洲区香山学校）。帮扶形式为校对校签订帮扶协议，开展专家指导、教师交流和教学资源共享活动，采用"互联网+""请进来""送出去"等多种方式提高怒江州学校的管理水平和教师的专业水平。

但是，要有效提升怒江州的教育质量，仅依靠珠海这一个城市的帮扶显然是不够的，毕竟其所能提供的教育帮扶资源是比较有限的，怒江州其实也应该获得云南省一些教育发达城市的帮扶，从而有效扩大教育帮扶的资源，在短时间内尽快提升怒江州的教育质量。

第四节 加强乡村学校的师资队伍建设

加强乡村教师队伍建设，既是教育扶贫的重要目标，也是教育扶贫的有力支撑。要通过全面提高乡村教师思想政治素质和师德水平，拓展乡村教师补充渠道，提高乡村教师生活待遇，统一城乡教职工编制标准，职称（职务）评聘向乡村学校倾斜，全面提升乡村教师能力素质。① 对于像怒江州这样的"三区三州"深度贫困地区来说，乡村学校是当地教育体系的薄弱环节，因此加强乡村学校的师资队伍建设有着极其重要的现实意义。

一 积极推进"特岗计划"

在怒江州地方财政极其薄弱的情况下，通过"县招机制"（县级人力资源与社会保障部门组织的事业单位统一招考）来大量招聘乡村教师无疑是不现实的，因此"特岗计划"是补充当地乡村学校师资的一种较好选择。事实上，2016—2019年，怒江州通过"县招机制"招聘了175名新教师（主要分配到了县城高中），而通过"特岗计划"就招聘了500名新教师，可见"特岗计划"已经成为怒江州乡村学校补充师资的主要方式。

---

① 李兴洲、邢贞良：《攻坚阶段我国教育扶贫的理论与实践创新》，《教育与经济》2018年第1期，第46—47页。

"特岗计划"的全称是"农村义务教育阶段学校教师特设岗位计划",它是在"以县为主"的义务教育管理体制下,我国政府特别实施的教师输入支持计划。"县招机制"受到县域教育管理理念、教育财政压力、教师编制压力等因素的影响,不能有效地为农村补充高质量的教师。另外,城镇化的发展所带来的农村社区和农村教育的凋敝等问题,使得农村教师岗位已经与一般意义上的教师岗位有所区别,特别是在政策含义上,农村教师需要国家政策的特别支持,这就是"特岗计划"的特殊含义。①

表4—1 "特岗计划"与"县招机制"的招聘模式比较

	"县招机制"	"特岗计划"
招聘主体	县级人事部门	中央部门—省级—地市—县四级联动
招聘方式	人事部门主导,将学校教师招聘与一般事业单位统一招考	教育部门主导,区别于其他事业单位,单独为学校招聘
教师招聘对象来源	由县级人事部门、教育部门与人力资源市场对接,贫困县往往无力吸引教师任教	国家倡导,省、市协调形成政策范围,有利于教师候选人进入县域农村任教
教师待遇保障	县级财政负责,地区差异大,部分贫困县教师工资较低	中央支持+县级财政,三年服务期内基本补助全国统一
新教师分配	往往优先分配到城镇中小学	分配到农村学校,并逐步由村落小学负责
教师招聘积极性	由于财政、编制压力,县级部门容易发生缺编不补或者聘任代课教师的行为	省、市、县互相监督,设岗县要基于本县实际如实申报教师需求总数
教师学历	省际差异大,标准不统一	以本科为主,省际差异小,标准统一

① 王国明:《教育现代化与农村教师来源研究》,人民出版社2018年版,第195页。

续表

	"县招机制"	"特岗计划"
教师学科结构	完全由县级部门来选择，主要招聘"主科"教师	需求调研，省级调剂，覆盖比较全面
教师来源	以本县回乡毕业生为主	以本省毕业生为主，一定数量的跨省就业教师
教师培训	县级部门组织培训，培训与否、培训质量缺乏监督	国家—省—市—县相互监督，保证基本的岗前培训

资料来源：王国明《教育现代化与农村教师来源研究》，人民出版社2018年版，第200—201页。

"特岗计划"相比"县招机制"的优势，可以概括为三个方面：一是通过中央财政和省级财政的支持、教师编制的柔性管理等，消除了县域教师招聘的障碍。二是通过招聘权的部分上收，通过行政压力和督导，提升了县域农村教师招聘的积极性，并通过更具敏感性的政策调整机制，不断提升政策目标的瞄准性，得到基层政府和社会大众的广泛认可。三是通过县域教师国家招聘的方式，使农村教师可招聘范围与更大范围的人力资源市场进行对接，在缓解大学生就业难的同时，为农村学校补充了大量的教师。① 因此，在怒江州的地方财政极其薄弱的情况下，"特岗计划"无疑是解决当地乡村学校师资队伍问题的主要策略。

二 提高乡村教师工资和福利待遇

虽然国家现有政策三令五申地强调要确保中小学的平均工资收入水平不低于当地公务员的平均工资水平，但实际上，很多地方乡村教师的实际收入水平远远低于本地公务员。这就需要完善乡村教师待遇性政策措施，建立乡村教师工资与当地公务员工资联动机制，逐步提

---

① 王国明：《教育现代化与农村教师来源研究》，人民出版社2018年版，第201页。

升乡村教师的实际收入水平。① 课题组的田野调查数据显示，怒江州乡村学校的教师有着提高自身工资和福利待遇的强烈诉求。

对于"当地的教育扶贫需要完善哪些策略"这一问题（此为多选题），在110名农村学校教师中，认可度较高（在50%及以上）的选项有6个，其中就包含了"切实提高教师工资待遇"和"完善教师福利待遇"这两个选项（见第二章表2—62、表2—63）。在151名乡镇学校教师中，认可度较高（50%及以上）的选项也有6个，其中"提高教师工资"是认可度最高的，达到了71.53%（见第二章表2—36、表2—37、表2—38）。

怒江州制定的《怒江州落实集中连片特困地区乡村教师生活补助实施意见》于2016年开始实施，怒江州乡村教师生活补助差别化原则上划分为3—4个档次，最低补助标准不得低于每人每月500元，每个档次之间的差额不低于100元。兰坪县、贡山县制定的标准为500元、600元、800元和1000元4个档次，泸水县制定的标准为500元、600元、700元、1000元四个档次，福贡县制定的标准为500元、600元、700元三个档次。这是一个很好的开始，但是不同档次之间的差距并不大，特别是对于地理位置比较偏远的农村学校（或教学点）的老师来说并不公平。在县城周边的农村学校与离县城几十公里甚至上百公里的山区学校，交通、生活条件天差地别，但是待遇差别可能只有一百元至几百元。因此，要稳定乡村教师队伍，还需要进一步发挥经济杠杆的调节作用，加大"差别化补助"力度，拉大各层级学校教师的待遇差距，以保障不同层级学校的教师岗位具有相同或者相近的吸引力。②

与此同时，怒江州的乡村教师工作条件非常艰苦，为了完善乡村教师队伍的保障机制，就很有必要在福利待遇方面也给予适当的照顾，其中最为重要的就是住房保障。要通过对乡村中小学教师住房情

---

① 李玲、李伟：《乡村教师队伍建设政策协同性评价研究》，《南京师大学报》（社会科学版）2020年第1期，第54页。
② 王艳玲：《稳定乡村教师队伍的政策工具改进：以云南省为例》，《教育发展研究》2018年第2期，第31页。

况进行全面的调查摸底,结合本地区经济社会发展和学校布局调整等因素,科学地制定本区域内乡村中小学教师住房建设规划,杜绝盲目建设和随意建设,也可利用闲置校舍,通过改造建成小户型的教师周转房,资金来源主要由地方政府筹措,国家与省级政府以奖代补。国家和省级补助资金主要用于补助乡村中小学教师周转房建设、维修和改造,不得用于教师产权房建设和其他支出。[1]

课题组在调研时发现,截至2018年底,贡山县的捧当乡中心学校、丙中洛镇丙中洛中学、丙中洛镇中心学校这3所乡镇学校,平均每个学校有五分之一的教师在校外租房子住,对学校的日常教学管理产生了不利影响。为了改善教职工住宿条件,每个学校大概还需要建设1470平方米的教师住宿楼,3个学校共需投入建设资金1125万元,但目前只有捧当乡中心学校的教师周转宿舍的建设资金有了着落。乡镇中心学校尚且如此,村办小学和教学点的教师宿舍建设所面临的问题就更加严峻了,因此怒江州有必要提高乡村学校教师(尤其是农村学校教师)在住房保障等方面的福利待遇。

三 解决乡村教师尤其是农村学前教育教师的编制问题

对于像怒江州这样的"三区三州"深度贫困地区来说,教师编制严重不足是乡村教师尤其是农村学前教育教师队伍建设的重大障碍。因此,县级人民政府应发挥宏观调控职能,盘活编制存量,合理配置、灵活调整县域内事业单位编制,整合各行业编制,压缩各行业工勤岗位的编制,把其他事业单位富余编制向乡村教师倾斜;优化乡村教师编制核算标准和核算方式,从根本上解决乡村学校教师数量短缺和结构性缺编问题。[2] 乡村学校核编要采取"自上而下"和"自下而上"相结合的方法。"自下而上",即学校在考虑本校学生人数的基础上,兼顾本校所处地域和学校性质、班级数量和学科类别等因素,

---

[1] 周洪宇:《教育公平:维系社会公平正义的基石》,中国人民大学出版社2014年版,第259—260页。

[2] 王艳玲:《稳定乡村教师队伍的政策工具改进:以云南省为例》,《教育发展研究》2018年第2期,第33页。

综合考虑低龄寄宿生生活照料、农村留守儿童心理辅导、乡村教师外出培训和女教师生育所带来的暂时性空缺、小规模学校正常运转等各种复杂因素，结合教师的实际工作量，确定本校教师的编制数量。①

课题组的田野调查数据也充分证明了解决怒江州乡村教师编制问题的重要性与紧迫性，对于"你对于怒江州的农村小学或幼儿园有什么建议"这一问题（此为多选题），在110名参与问卷调查的农村学校教师中，认可度较高（认可度在50%及以上）的选项有5个，其中就包含了"解决农村教师编制不足的问题"（见第二章表2—64、表2—65）。

对于怒江州来说，尤其需要大幅增加怒江州农村学前教育教师的编制，多招聘一些学前教育专业的师范院校毕业生充实农村学前教育师资队伍，不断提升师资队伍的专业化程度，而不是一味地采用招聘志愿者的方式来弥补当地农村学前教育师资的巨大缺口。②

四 适当减轻乡村学校教师的工作负担

课题组的田野调查数据显示，为"三区三州"深度贫困地区的乡村学校教师"减负"已经是一个相当迫切的现实问题，否则当地乡村学校教师将会被教学以外的繁杂事务占用太多的时间，从而没有多少时间和精力来提升教学水平的问题，并最终导致当地乡村学校的教育质量长期在低水平徘徊。

对于"当地的教育扶贫需要完善哪些策略"这个问题（此为多选题），在怒江州的151名乡镇学校教师中，有101人选择了"减轻教师工作负担"，所占比例为66.89%，其比例仅低于"提高教师工资"的选项（见第二章表2—37）；在110名农村学校教师中，有71人选择了"减轻教师的工作负担"，其所占比例为64.55%（见第二

---

① 付卫东、范先佐：《〈乡村教师支持计划〉实施的成效、问题及对策——基于中西部6省12县（区）120余所农村中小学的调查》，《华中师范大学学报》（人文社会科学版）2018年第1期，第172页。

② 刘苏荣：《深度贫困地区教育扶贫面临的问题及政策建议——基于云南省怒江州的565份调查问卷》，《西南民族大学学报》（人文社会科学版）2020年第2期，第88页。

章表2—62)。

基于此,减轻怒江州乡村学校教师的工作负担是非常有必要的,具体来说,要做到两点:(1)尽快推行乡村学校后勤管理社会化,让乡村学校教师不再扮演"宿管员"甚至"保安"的角色,从而使其有更多的精力投入日常教学工作当中。(2)增加乡村教师编制,尽快消除"一师一校"或者"两师一校"现象,切实减轻乡村学校尤其是农村教学点教师的工作量。截至2019年底,怒江州还有乡村教学点90个,它们大部分都处于"教师缺编"的状态,导致教师们的日常工作负担比较沉重,这种现状必须得到改变。

五 加强乡村学校教师的本土化培养工作

怒江州既属于深度贫困地区,也属于边疆民族地区。当前,以乡村教师培养体制改革为龙头,立足边疆民族地区内在背景,有针对性地为边疆民族地区培养教师和储备适应性强的师资是一项意义重大、可行性强且具有可操作性的差异化政策;重点依托位于边疆民族地区的师范院校并联合周边区域知名师范大学,为边疆民族地区有针对性地培养和发展师资队伍提供支持与政策保障,通过定向培养、联合培养、有针对性的培养以及公费师范生等一些举措,着力提高师范生的综合素养、专业技能、生活适应性及热爱乡村、服务乡村、扎根乡村教育的意识、精神和情怀,切实培养一批适应民族地区教育发展诉求和教育实践需求的高质量乡村教师队伍。[①] 课题组的田野调查数据显示,怒江州乡村学校教师的培养力度还有待加强。

对于"当地的教育扶贫需要完善哪些策略"这个问题(此为多选题),在151名乡镇学校教师中,认可度较高(50%及以上)的选项有6个,其中就包括了"加强师资培训力度"(见第二章表2—36、表2—37、表2—38)。在110名农村学校教师中,认可度较高(认可度在50%及以上)的选项有6个,其中"加大对教师队伍的培训力

[①] 罗青、钱春富:《边疆民族地区县域内义务教育均衡发展研究》,云南大学出版社2018年版,第147页。

度"的认可度排在第二位（见第二章表2—62、表2—63）。

鉴于当前怒江州的农村小规模学校较多（截至2019年底怒江州还有90个农村教学点），且师资力量严重不足，因此当地需要积极培养农村小学全科教师。在现实中，乡村教师补充政策主要针对乡镇中小学及幼儿园，而农村学校（含教学点）和幼儿园往往难以得到优秀的师资，而农村小学全科教师培养适应了农村小学规模受限和编制紧缩的硬性要求，是解决农村小学教师队伍结构性突出矛盾的迫切需要，是开展农村教育改革和乡村文化建设的特殊要求。[1] 边远贫困地区乡村小学普遍因规模所限而采用"小班化""包班制"教学模式，因此对教师最大的能力要求就是具备全科教学能力。乡村小学教师应该对各科知识加以融会贯通，可胜任多门课程的教学，能透彻地分析每个学生的性格特点、能力倾向和兴趣爱好等，并据此因材施教。[2]

鉴于怒江州极低的经济社会发展水平很难吸引到外地大中专毕业生来农村学校任教，建议怒江州对农村学校教师要更多地采取本土化的定向培养模式。农村教师最重要的能力是"留下来的能力"，本土教师因文化背景、血缘关系、生活习惯等皆根植于当地，其地域认同和身份认同与外地选择"过渡岗位"的教师有很大不同，他们扎根家乡服务教育的选择没有太多其他考虑，因而是农村教师队伍的主体力量。[3] 当然，乡村教师的本土化并非意味着排斥外来教师、限制本土教师的流动，而是通过本土化过程，提高乡村教师岗位的吸引力，缓解当前乡村教师大量向城镇流失、乡村教师空缺难以及时补充的单向流动态势。[4]

具体来说，怒江州乡村教师的本土化定向培养模式主要包括三个方面的内容：（1）定向招生，招生对象为怒江州本地户籍参加高考

---

[1] 肖其勇、郑华：《农村小学全科教师培养供给侧改革研究》，《中国教育学刊》2016年第12期，第69页。

[2] 庞丽娟、金志峰、吕武：《全科教师本土化定向培养——乡村小学教师补充的现实路径探析》，《教师教育研究》2017年第6期，第43页。

[3] 廖德凯：《稳定乡村教师队伍还应靠本土化培养》，《中国教育报》2015年9月23日。

[4] 钟海青、江玲丽：《本土化：边境民族地区乡村教师队伍建设的重要途径——基于广西边境民族地区的教育调查》，《民族教育研究》2017年第6期，第6页。

的优秀高中应届毕业生；（2）定向培养，以云南省内的定点师范院校为主承担培养任务，并且是全科培养；（3）定向就业，学生毕业后到怒江州的乡村学校尤其是农村学校任教。

六 对农村学校教师实施特殊照顾政策

农村学校教师在怒江州的所有教师群体里，其工作生活环境是最艰苦的，工作压力也是最大的，为了提升教师的工作积极性、留住人才，提高农村学校的教育质量，就有必要对怒江州的农村学校教师在职称评聘、住房、交通等方面实施一定的特殊照顾政策。

首先，对于农村学校教师在职称评聘方面给予特殊照顾。尽管怒江州的乡村教师在评聘高级职称时，当地人力资源和社会保障部门已经取消对论文发表的考核要求，但对参与教研课题、教学实绩、教学获奖等方面的考核要求却是一项都不少，对于那些在农村学校和幼儿园任教的教师来说，与乡镇学校教师相比，他们在评高级职称时就处于明显的劣势地位了。因此，有必要在职称评聘上对怒江州的农村学校教师进行必要的倾斜。

乡镇中心学校的办学条件、教师发展平台相对优于农村小规模学校，乡镇中心学校教师参加各种学习培训、研修的机会也相对较多，参加教学竞赛获奖的概率明显高于农村小规模学校教师，因而在职称评审时中心学校教师更具竞争力，这会造成中高级职称多数被中心学校教师包揽的局面，加剧乡镇中心学校与农村小规模学校之间教师职称结构比例的失衡。[①] 因此，乡村教师职称改革的政策倾斜点需进一步关注农村小学和教学点，从评聘机会上看，可将新增的乡村教师中高级职称指标直接分配一部分给农村小学和教学点教师，避免他们在与乡镇学校教师的竞争中完全失去评选机会；从评聘条件上看，应在同等条件下，优先晋升农村小学和教学点的教师，从而为其职业发展

---

① 王晓生、邹志辉：《乡村教师职称评聘的结构矛盾与改革方略》，《中国教育学刊》2019年第9期，第72页。

创造良好的政策环境。①

其次，向农村学校教师发放住房补助金。在云南省，乡村教师周转宿舍一般只建在乡镇中心学校，农村学校（含教学点）及幼儿园的教师都没有周转宿舍，他们要么住在闲置教室里，要么住在小而破旧的瓦房或者简易宿舍里，甚至有的老师还不得不租住当地村民的房子。从目前来看，短期内要为所有乡村教师配备周转宿舍显然是不现实的，但可以利用激励性政策工具——发放住房补助金来解决，即缺乏住房或住房条件差的教师可以享受住房补贴。② 怒江州可以考虑向上级财政争取专项经费，为当地的农村学校教师发放住房补助金。

最后，对于地处偏远的农村学校教师发放专项的交通补贴。在参与课题组的问卷调查的110名农村学校教师中，就有83名教师所在学校与乡（镇）政府驻地的路程超过了10公里（见第二章表2—48），同时有90名教师所在学校到乡（镇）政府驻地需要30分钟以上的车程。因此，对于怒江州地处偏远的农村学校教师来说，他们每年花在出行方面的支出要远远高于乡镇学校教师。为了稳定当地的农村学校师资队伍，就有必要对地处偏远的怒江州农村学校（距离乡政府驻地10公里或者15公里以上路程）的教师发放专项交通补贴。

第五节　通过学校积极培养少数民族文化传承人

一个多民族国家的教育，不仅要担负起传递本国主体优秀传统文化的功能，而且要担负起传递本国各少数民族优秀传统文化的功能。多元文化整合教育的对象不仅包括少数民族成员，而且包括主体民族成员。多元文化整合教育的内容，除了包括主体民族文化之外，还含有少数民族文化的内容。③ 少数民族内生动力的激发，首先源于对自

---

① 王红、邬志辉：《乡村教师职称改革的政策创新与实践检视》，《中国教育学刊》2019年第2期，第46—47页。
② 王艳玲：《稳定乡村教师队伍的政策工具改进：以云南省为例》，《教育发展研究》2018年第2期，第31页。
③ 哈经雄、腾星等：《民族教育学通论》，教育科学出版社2001年版，第7页。

身文化的正确认识。少数民族对自身传统文化有着强烈的依赖性,视其为个人存在的精神支柱。在教育扶贫的过程中要充分尊重少数民族这种心理需求,极力避免以文化本质化、类型化的大写文化观念看待少数民族贫困问题,突破一元文化范式的思维定式。① 因此,作为一个有着22个世居少数民族的深度贫困地区,怒江州的教育扶贫除了要关注常规的教学工作以外,还需要特别关注通过学校培养少数民族文化传承人的问题。而且,课题组的田野调查数据也充分证明了通过学校培养少数民族文化传承人的必要性。

田野调查数据显示,对于"学校是否应该承担培养本地少数民族文化传承人的任务"这个问题,在681名普通中学生当中,有483人选择了"应该",所占比例为70.93%(见第二章表2—95);在165名职业技术学校学生中,有96人选择了"应该",所占比例为58.18%(见第二章表2—121)。这无疑是一件让人感到欣慰的事情,说明通过学校来培养少数民族文化传承人获得了怒江州当地青少年的高度认同。

一 教育行政管理部门要增强对少数民族文化的敏感性

中国是一个由56个民族组成的中华民族大家庭,每个民族都有其由历史形成的独特的文化背景,包括不同的语言、文字、风俗习惯、宗教、建筑艺术、服饰、音乐、舞蹈、戏剧、绘画、医学、生活方式、体育、节日庆典等。保护好我国民族文化多样性,在我国的政治、经济、文化、社会生活中具有极其重要的意义:(1)从政治角度来看,可以反击西方某些媒体的政客所鼓吹的汉族正在同化少数民族的谬论。(2)从经济角度来看,旅游将成为一项巨大的产业,民族文化多样性正是开发国内外旅游产业的丰富资源。(3)从法律角度来看,可以真正落实《中华人民共和国民族区域自治法》,形成各民族政治上平等、文化上繁荣、经济上共同进步、和睦相处的社会政

---

① 肖时花、吴本健:《民族地区教育扶贫的内在机理与实现条件》,《黑龙江民族丛刊》(双月刊)2018年第5期,第102—104页。

治局面。(4) 从文化上看，每个民族独具特色的传统文化都经历了上千年的历史时期，人类文化多样性的丧失和生物多样性的丧失一样，是很难加以复制的。因此，保护好中华民族大家庭中的各族群文化的多样性，不仅是对中华民族的贡献，而且是对整个人类社会的贡献。① 因此，在少数民族众多的"三区三州"深度贫困地区开展教育扶贫工作，教育行政管理部门就需要增强文化敏感性，充分尊重当地的少数民族文化，让主流文化与少数民族文化并行发展，注重保护文化的多样性。

要增强地方教育行政管理部门的文化敏感性，就需要加强在基层的沟通调研，尊重不同民族的文化差异，并根据不同的文化现象、关系、场合、事态调整策略和方式，灵活地顺应各种变化，使各种不同的文化价值、做事风格、思想观念、行为准则能够和谐共存，维护本民族和其他民族的文化、社会生活的认同感和归属感。② 只有这样，怒江州的教育行政管理部门才能充分认识到民族地区教育所存在的语言、民族文化传承和民族文化性格的差异，从而能够依据实际情况有针对性地开展教育扶贫工作。

要促使"三区三州"深度贫困地区的教育事业从外源式发展转向内源式发展，地方政府就必须充分尊重当地少数民族群众的传统文化，积极引导他们参与到各种教育扶贫工作中来。因此，怒江州理应敞开学校的大门，让当地少数民族文化进入校园，使其在校园这块土壤上传承和发展，而负责教育扶贫工作的相关部门要把少数民族传统文化进校园工作明确纳入整体的教育扶贫规划当中。③

二 积极开展双语教育

鉴于少数民族人口占了当地总人口的90%以上，在怒江州的学校里开展双语教育有着重要的现实意义。双语教育是少数民族教育的重

---

① 腾星：《族群、文化与教育》，民族出版社2002年版，第349—350页。
② 邓楠：《全球化语境下的民族文化身份认同》，浙江大学出版社2004年版，第103页。
③ 刘苏荣：《深度贫困地区教育扶贫面临的问题及政策建议——基于云南省怒江州的565份调查问卷》，《西南民族大学学报》（人文社会科学版）2020年第2期，第89页。

要组成部分，它在少数民族教育中扮演着十分重要的角色。实施双语教育是提高民族地区教育质量、促进民族团结、培养少数民族人才和促进少数民族地区现代化的重要途径。在少数民族聚居地区，民族学生在入学之前，大都生活在以民族语言或者地方民族方言为母语的环境中，其母语语言系统已经基本成形，汉语水平几乎为零。由于各少数民族语言与现代学校教育推行的普通话存在着不同程度的差异，以民族语言为母语的少数民族学生，在接受现代学校教育的过程中，不可避免地会遇到各种语言障碍。"听不懂、学不会"，是当地学生厌学、学业成绩不良的重要原因之一，而语言障碍又是其中最普遍的因素。因此，在低年级采用双语教育成为不可回避的现实需求。[①]

鉴于怒江州乃至整个云南省都缺乏关于双语教学的规范性文件，建议云南省出台关于双语教学发展的指导性文件，形成可操作性强的政策体系，把双语教育经费纳入财政预算，从而为怒江州双语教育的发展提供政策保障。目前云南省开展双语教育的地区涉及14个民族（彝族、藏族、白族、壮族、苗族、佤族、拉祜族、哈尼族、景颇族、瑶族、纳西族、傣族、独龙族和傈僳族）。在怒江州范围内，本民族总人口在5000人以上的少数民族有6个，依次是傈僳族、白族、怒族、普米族、彝族和独龙族，除了独龙族之外，另外5个少数民族的本民族人口总数都在1万人以上。在怒江州，双语教学主要涉及傈僳族、白族、彝族和独龙族这4个世居少数民族。

民族贫困地区推进双语教育应坚持科学稳妥、因地制宜、因校制宜的原则，重在提高双语教学的质量和效果。结合实际，深入研究民族语言与汉语学习的关系，避免盲目推行民族语言的学习。要积极开展双语教学探讨与研究，强化双语教学管理，继续利用民族语言教学功能提高民族地区基础教育教学质量，通过民汉双语教育形式有效地传承民族文化。[②]建议在云南省出台关于双语教学发展的指导性文件的前提下，怒江州再制定更为具体的、切合怒江州实际的双语教学实

---

① 张诗亚主编：《中国民族教育发展报告》（第3辑），科学出版社2017年版，第27页。
② 陈立鹏、马挺、羌洲：《我国民族地区教育扶贫的主要模式、存在问题与对策建议——以内蒙古、广西为例》，《民族教育研究》2017年第6期，第40—41页。

施方案,从而有效地推动当地双语教学工作的开展。

三 开设地方少数民族文化课程

多元文化教育理论告诉我们,在教育过程中,不仅要传递主体民族的优秀文化,同时也要传递各少数民族的文化,而民族文化的传承主要是通过教育实现的。一旦离开了教育,文化传承就会受到影响。学校课程是文化传播的主要手段,但长期以来所实行的国家课程不能很好地顾及地域、文化和民族的差异性,三级课程管理制度的确立为民族文化的传承提供了广阔的空间。在民族地区,地方民族文化课程就应该成为多元文化教育实现途径之一。① 课题组的田野调查数据显示,怒江州当地的中学生对于在学校里开设反映本地少数民族文化的课程持一种比较欢迎的态度。对于"你觉得所在的学校是否有必要开设反映本地少数民族文化的课程"这一问题,在681名普通中学生当中,选择"有必要"的有494人,所占比例超过70%(见第二章表2—94),这无疑让人倍感欣慰。

多元文化的课程设计是推进多民族地区义务教育均衡发展的必经路径之一,只有在课程设计中尊重不同的民族语言、民族文化,真正地体现民族文化的多样性,才能激发少数民族地区学生的学习兴趣,满足少数民族学生的文化需求,进而培养他们对自己民族文化的自豪感,从而才能真正地走上教育质量均衡发展的道路。多民族地区多元文化课程设计的突破口依旧在地方课程与校本课程方面。地方课程、校本课程的开发设计,需要从民族地区的实际出发,从校本出发,科学而合理地处理好课程开发、试用、评价以及改进四个环节的关系,有效地将民族文化融入课程设计中,彰显民族特色。而地方课程与校本课程的实施,各级地方政府的教育行政管理部门与学校需要将之落到实处,以制度的形式充分保证地方课程与校本课程的授课时间,不允许出现任何形式、任何理由的挤占。与此同时,各级地方政府的教

---

① 安富海:《地方性知识与民族地区地方课程开发研究》,中国社会科学出版社2016年版,第198—199页。

育行政管理部门与学校需要改变课程评价模式,实施评价主体、评价方式的多元化。唯有如此,才能使得多民族地区的少数民族学生在这些课程中找到归属感。①

地方少数民族文化课程在价值取向上是一种学生本位的课程,这种课程应该具备两个方面的特征:第一,与国家课程目标相一致,必须有利于培养学生将来积极主动地学习、交流和参与社会活动的能力,而不是用"地方性"来限制学生的发展。第二,通过地方课程对地方性知识的整合和有效利用,使地方课程的学习者既具有较为系统的学科知识,又具有分析解决实际问题的能力;在社会心理和文化认同上,既具有共同的中华民族自豪感,又具有不同地区以及民族的认同感。②因此,怒江州应该充分挖掘当地的地方性知识,把傈僳族、怒族、独龙族、白族、普米族等当地少数民族的传统文化融入地方少数民族文化课程当中。

四 建立少数民族文化进校园工作的长效机制

少数民族文化进校园政策在实施过程中之所以会存在资金不足、师资缺乏、开发校本教材困难等问题,是因为教育行政管理部门官员、学校校长和教师对该项政策理解不一致,同时他们对该项政策的热情不同,缺少稳定的资金投入和保障措施。该项政策虽然有一定的执行组织,但是没有形成保障其长期稳定实施的机制,无法保证资金的到位。在这种情况下,部门领导个人的决定更容易影响该项政策实施的力度。③因此,怒江州建立少数民族文化进校园工作的长效机制势在必行。

怒江州的4个县(市)都有着丰富的少数民族文化资源,例如,

---

① 林云:《多民族地区义务教育均衡发展研究——以云南省为例》,中国社会科学出版社2019年版,第257—259页。

② 安富海:《地方性知识与民族地区地方课程开发研究》,中国社会科学出版社2016年版,第205页。

③ 苏德等:《民族教育政策:行动反思与理论分析》,教育科学出版社2013年版,第108页。

福贡县境内神秘古朴的原始宗教礼仪习俗与图腾崇拜；多姿多彩的傈僳族和怒族民间歌舞，如哦得得、期奔乐、口弦乐、达比亚舞等；特色鲜明的少数民族传统服饰文化；实用简朴而独特的传统民间工艺；满含情韵的"同心酒"和"沙滩"文化；具有民间传统文化特色的"阔什节""如密期"等节日庆典活动。在当地的少数民族文化传承面临危机的情况下，怒江州很有必要建立少数民族文化进校园工作的长效机制，而课题组的田野调查数据也充分证明了这一点。

对于"你觉得学校需要经常开展少数民族文化活动吗"这个问题，在681名普通中学生当中，选择"很需要"的高达493人，所占比例为72.39%（见第二章表2—96）；在165名职业技术学校学生中，有117人选择"很需要"，所占比例为70.91%。对于"你愿意向外界宣传本民族的传统文化吗"这个问题，在165名职业技术学校学生中，有138人选择"愿意"，所占比例为83.64%（见第二章表2—119）。田野调查数据充分说明，怒江州的大多数学生认为学校很有必要经常开展少数民族文化活动。

但是，田野调查数据也显示，怒江州当地学校宣传少数民族文化的方式有点单一，即过于注重歌舞类的文化形式，对于手工艺制作、濒危民族语言与文字、民俗、民间文学等类别的文化形式则有所忽视，不利于学生对当地少数民族文化进行全面的认识。

对于"你们学校主要采取哪些方式来宣传当地的少数民族传统文化"这个问题（此为多选题），在681名普通中学生当中，高达603人选择了"学习少数民族歌舞"，所占比例为88.55%；有313人选择了"在少数民族节日开展宣传活动"，所占比例为45.96%；有188人选择了"学习制作少数民族工艺品和服饰等"，所占比例为27.61%。而选择"学习演奏少数民族乐器""组织学生诵读少数民族的民间故事"和"开设双语课程"的学生比例均不足15%（见第二章表2—93）；在165名职业技术学校学生中，有151人选择了"学习少数民族歌舞"，所占比例高达91.52%；有88人选择了"在少数民族节日开展宣传活动"，所占比例为53.33%；有55人选择了

"学习制作少数民族手工艺品、服饰等"(见第二章表2—118),而选择"开设双语课程""组织学生朗读少数民族的民间故事"和"学习演奏少数民族乐器"的学生非常少。

要有效建立少数民族文化进校园工作的长效机制,就应该做好三个方面的工作:首先,要以整合式逻辑构建民族文化进校园的政策层级体系,形成整体合力。探寻民族文化进校园政策与其他政策之间的契合点,统筹完善制度体系设计,有效协调民族文化进校园政策的顶层设计与底层回应之间的关系,以形成整体合力。其次,以保障性措施规范民族文化进校园政策的执行。需要明确规范各级政府、各相关部门、各级各类学校以及教师和家长等的主体职责,协调教育、财政、文化等相关部门的制度资源,规范资金的使用范围,健全监督与考核机制。[①] 最后,民族文化是多姿多彩的,所以引进学校的少数民族文化也应该是多种多样的,不能一味地只关注歌舞类的文化,而忽视了手工艺制作、濒危民族语言与文字、民俗、民间文学等类别的文化。

例如,在感受到独龙族文化所面临的传承危机之后,贡山县独龙江乡中心学校开始着手大胆地进行教育模式创新,将独龙族传统文化作为素质教育的重要内容引进了校园,其做法十分值得其他学校借鉴。为了培养学生的手工技能和传唱能力,学到更多的独龙族文化,独龙江中心学校组织了爱好独龙族文化的部分学生开班教学,辅导员每周抽取一定时间辅导学生开展少数民族文化传承活动,很多辅导员本身就是当地独龙族文化的传承人,开展的具体活动如下:

(1) 创编铓锣课间舞。该校主要以铓锣舞蹈为主,铓锣舞蹈一般在过年、剽牛祭天、结婚、获得猎物时跳、一般都用铓锣伴奏(独龙族的民间传统乐器有口弦、铓锣、铃铛、叶迪等)。独龙铓锣舞辅导员:木青林(独龙族民间文化传承人)。

(2) 编织"独龙毯"。独龙族人不仅勤劳勇敢,而且心灵手巧,

[①] 袁凤琴、胡美玲、李欢:《民族文化进校园40年:政策回溯与问题前瞻》,《民族教育研究》2018年第6期,第30页。

独龙族妇女用麻线编织而成的"独龙毯"十分具有有民族特色。独龙毯编织辅导员：余顺花、孔秀珍、孔莲花（独龙族民间文化传承人）。

（3）手工竹编。独龙族竹编的主要材料是"秋""日肯""咔姆""腊柏"等竹子。编篮子一般要用到10根长度2米左右的竹子；编簸箕一般要用到30根长度80厘米的竹子；编鱼篮一般要用到5根长度50—100厘米的竹子。编制出的制品主要有篮子（用于背东西）、簸箕（用于筛东西）、鱼篮（用于捕鱼）、撮箕（用于晒各种杂物）。竹制编织辅导员：腊学华、李忠青（独龙族民间文化传承人）。

（4）组建了独龙族百人民歌合唱团。传统民歌展示了独龙族人民在生产、生活中所抒发的淳朴情感。独龙民歌辅导员：肯国青（独龙族民间文化传承人）。

（5）在课表中安排独龙语课程，让学生学习新编的本民族文字。

（6）由音乐教师根据独龙族民间舞蹈，创编了独龙族课间舞蹈，已在学校里全面普及，让学生受到独龙族民族文化的熏陶。

（7）各班利用课内外时间，由本土教师组织学生读独龙族民间故事、讲独龙族民间故事，让他们了解独龙族及传统节日的来历和纪念意义，增强民族认同感。

（8）利用独龙族节日开展宣传活动。充分利用学校的黑板报及校园广播，以"开昌哇"等节庆为契机，宣传独龙族传统文化。

五 加强相关师资的培训和培养

近年来，随着理论界和实践领域对传承民族文化的呼声不断高涨，少数民族地区学校传承民族文化的氛围正在形成，而这要走向实践则必须由少数民族地区的教师通过自己的教学活动来完成。从这个意义上说，传承民族文化是时代赋予少数民族地区教师的历史责任。[①] 对于在边境沿线一带从教的教师群体而言，要开展双（多）语教学

[①] 卢德生、冯玉梓：《民族文化传承与教师的文化自觉》，《教育探索》2010年第11期，第102页。

和校本课程开发,就必须对其进行民族语言和文字的培训。有时,尽管教师本身就是少数民族,也具备汉语和本民族语的表达能力,但是因为学生往往不止一个民族,而是涉及多个民族,这就需要对教师进行多语培训,只有教师掌握了多种民族语言才能满足不同民族学生的学习需求。①

一些少数民族地区的县级教育行政管理部门或者教师培训负责人的观念比较滞后,对民族地区教师专业发展的特殊性认识不足、关注不够,认为民族文化传承、教师开展民族教育的相关智能与学科教学无关,与升学率无关,因而并不重视。在他们看来,教师培训就是培训与"学生的分数"有关的内容,目的是"加深对教材的理解",提高学校的升学率。在他们看来,民族教育相关培训不属于提高"老师的教学能力与教学水平"的范畴,因为所谓的教学能力和教学水平是指对教材知识的掌握和传授能力。这种观念上的偏差和认识上的不到位,直接影响了民族教育培训的有效开展。同时,这种观念上的偏差,也是造成少数民族地区校本培训中没有或者很少涉及民族教育内容的根本原因。② 也就是说,我国少数民族地区存在基层教育主管部门缺乏根据当地教师的实际需求组织培训的动力,往往是上级主管部门要求培训什么就培训什么,要怎样培训就怎样培训。怒江州作为"三区三州"深度贫困地区,这种现象尤为明显,因此今后怒江州的教师培训应该加入地方少数民族文化的内容,以增强教师培训的针对性。

与此同时,建议怒江州在开展学校传承少数民族文化工作时,采取定向的方式进行民族文化课程师资的培养:首先,承担定向培养任务的地方师范类高校在课程设置上应该融入民族地区的人文自然优势,培养能够传承民族文化的本土教师。所谓"定向"培养不仅仅是未来职业"去向"的定向,也应该是教学意义上的"本土定向"培养。唯有对当地民族习俗与文化有着深入了解与研究的教师,才能

---

① 李孝川:《云南边境地区民族教育考察》,人民出版社2017年版,第176页。
② 王艳玲、苟顺明:《多元文化背景下的教师能力——以中国西南少数民族地区为例》,人民出版社2013年版,第260页。

更好地熟知当地儿童学习中的"原概念",也才能更好地实现教学中的"因材施教"原则。其次,关于多科教师的培养,在课程设置上同样应该将民族语言纳入培养方案,培养能熟练运用民族语言与汉语进行教学的多科教师。①

第六节 职业教育与当地的产业扶贫相互衔接

《中国教育现代化 2035》明确指出:"推动职业教育与产业发展有机衔接、深度融合,集中力量建成一批具有中国特色的高水平职业院校和专业。"职业教育扶贫是脱贫效果较为显著的扶贫方式之一,因此需要从与产业扶贫规划相互衔接、服务于民族和地方特色产业等方面探讨如何完善怒江州的职业教育。与普通中小学教育相比,职业教育无疑更能体现"通过教育实现脱贫"的功能,从"三区三州"深度贫困地区脱贫攻坚任务的完成时限(2020 年底以前完成)来看,在短期内,职业教育尤其是非学历职业教育无疑是怒江州教育扶贫工作的重点所在。而要最大限度地发挥怒江州职业教育的脱贫功能,就必须使其与当地的产业扶贫相互衔接,从而帮助怒江州剩余的贫困人口尽快在 2020 年底以前实现脱贫。

一 学历职业教育的发展建议
(一)紧扣地方民族特色产业发展职业教育

1990 年,习近平总书记在福建省宁德市工作期间就已经指出:"我们应建立新的教育观,不能仅仅就教育论教育,而是把教育同地区经济、社会发展联系起来,看这个地区的教育是不是适应并促进了本地区经济的发展。"② 2015 年 7 月,《教育部关于深化职业教育教学改革 全面提高人才培养质量的若干意见》提出"支持少数民族地区发展民族特色专业"。在怒江州所处的滇西边境山区,职业教育的专

---

① 林云:《多民族地区义务教育均衡发展研究——以云南省为例》,中国社会科学出版社 2019 年版,第 245 页。
② 习近平:《摆脱贫困》,福建人民出版社 2014 年版,第 128 页。

业设置要结合该地山林资源和旅游资源丰富的特点,加强与经济社会需求的切合度,增加中等职业教育对当地学生的吸引力,从而扩大就业,促进经济社会的发展。①

国务院发布的《"十三五"促进民族地区和人口较少民族发展规划》明确提出:发展特色优势产业是增强我国民族地区发展的内生动力和增加群众收入的重要途径。虽然经济社会发展水平较低,但是怒江州的4个县(市)都拥有很多发展潜力较大的地方特色产业。例如,贡山县依托优质的动植物资源,不断壮大中草药、特色畜禽养殖业和油料等优势产业,逐步形成了一批初具规模的产业基地。草果、漆树、重楼、贡山蜂蜜、山药、独龙牛、独龙鸡、黑山羊、高黎贡山猪等农产品的品牌培育和市场竞争力大大提升,其中普拉底草果、独龙牛、贡山蜂蜜等品牌在全省农产品市场上有一定的知名度。② 因此,怒江州的职业教育要紧密结合当地的特色产业进行发展,要突出地方特色和民族特色,而课题组的田野调查数据也充分证明了这一点。

对于"你觉得自己所在学校在哪些方面还需要改进"这个问题(此为多选题),在165名职业技术学校学生中,有73人选择了"专业设置要符合当地经济的特点"(见第二章表2—128)。由此可见,连本地职业技术学校的学生都认识到了职业教育的专业设置要符合怒江州当地经济的特点,这无疑是一个十分可喜的现象。

根据《云南省怒江傈僳族自治州全力推进深度贫困脱贫攻坚实施方案(2018—2020年)》,怒江州在2018—2020年都是以绿色产业的发展为重点,发展一批贫困人口参与度高、对贫困户脱贫带动能力强的规模化、标准化种植业、养殖业基地,并且要加强产业配套设施的建设;构建"一村一品、一乡一业、一县一特"的特色产业发展体系,重点发展好特色种植业和养殖业,配套建设特色农产品物流体

---

① 曾天山、吴景松、崔吉芳:《滇西智力扶贫开发精准有效策略研究》,《西北师大学报》(社会科学版)2018年第3期,第15页。
② 郑信哲:《中国民族地区经济社会调查报告·贡山独龙族怒族自治县卷》,中国社会科学出版社2017年版,第132页。

系、生产运输索道、扶贫车间、电子商务平台及旅游扶贫。因此，怒江州的2所职业技术学校需要及时调整现有的专业设置，重点培养与怒江州的特色产业发展相符的专业技术人才，以助力脱贫攻坚战役，同时也要积极培养少数民族文化、农村电子商务、农产品交易等方面的专业技术人才。

（二）通过职业教育培养少数民族文化传承人

在经济新常态背景下，民族地区的旅游、民族工艺、民族医药、民族食品加工等产业的发展越来越兴旺，从而加大了对民族文化类专业人才的需求。民族地区中等职业教育的专业设置应当充分融入本地的民族特色，以民族文化产业发展需求为导向设置专业，既能成为促进区域发展的强力推手，又能实现传承民族文化的目的。[①]

在当前情况下，怒江州要真正培养出新一代的民族文化传承人，就必须大力推动少数民族文化进校园工作，使当地少数民族文化在校园这块土壤上传承和发展。但在现实当中，怒江州的4个县（市）在具体实施民族文化进校园工作方面的差别比较大，基本上是由各个学校自主安排，没有相应的标准，少数民族文化进校园工作开展得还很不规范。因此，建议怒江州在当地的职业技术学校设置关于少数民族文化的相关专业，大力培养民族传统文化保护、传承及开发利用人才，并将其及时补充到民族文化工作部门，或者使其成为民族传统文化的新一代传承人。此外，还要出台相关优惠政策、优惠待遇，提高当地少数民族群众的"文化自觉"和"文化自信"意识，保护和激励怒江州的民族文化传承人自觉传承本民族的优秀传统文化。[②]

（三）通过各种手段改变当地群众对于职业教育的偏见

客观地说，当地群众对于职业教育的不认可乃至鄙视态度是怒江州职业教育发展的一大障碍，因此改变当地群众对职业教育的偏见是当务之急，而课题组的田野调查数据就很好地证明了这一点。

[①] 刘易霏：《中等职业学校传承发展区域民族文化的实践与研究——以广西百色市为例》，冶金工业出版社2019年版，第55页。

[②] 刘苏荣：《"三区三州"深度贫困地区职业教育的困境与出路——以云南省怒江州为例》，《职业技术教育》2019年第15期，第60页。

对于"当地的教育扶贫需要完善哪些策略"这个问题（此为多选题），在 165 名职业技术学校学生中，就有 85 人选择了"改变社会对职业教育的偏见"，所占比例为 51.52%（见第二章表 2—129）。

基于此，怒江州各级政府部门要加强对当地职业教育的扶持政策，努力改变职业教育招生难、办学难、社会认同度不高和影响力不大的现状。首先，在政策宣传上，当地政府要充分利用网站、微博、QQ 和微信等现代传媒手段开展宣传工作，让怒江州群众深入了解国家关于职业教育的政策，转变众多少数民族家长和学生的"非高中不读"的传统观念，走出对职业教育的认识误区。其次，在经费投入上，地方政府需要继续加大对怒江州职业教育基础能力建设投资和经费投入，改善职业技术学校的办学条件，改变学校实训室和实训基地不足的现状，持续推进职业技术学校的标准化建设，切实改变职业教育在广大少数民族学生和家长心目中的形象。[①]

（四）加强职业教育的师资队伍建设

师资队伍质量不高是当前制约怒江州职业教育发展的"瓶颈"，所以加强师资队伍建设是怒江州职业教育发展的重中之重，而课题组的田野调查数据也充分证明了这一点。

田野调查数据显示，对于"当地的教育扶贫需要完善哪些策略"这个问题（此为多选题），在 53 名参与问卷调查的职业技术学校教师中，有 40 人选择了"加大对教师队伍的培训力度"，有 37 人选择了"多引进高水平的优秀新教师"，有 34 人选择了"切实改善学校的办学条件"，有 30 人选择了"切实提高教师工资待遇"，有 29 人选择了"完善教师的福利待遇"（见第二章表 2—76、表 2—77、表 2—78）。在排名前 5 位的选项中，有 4 个都与师资队伍建设紧密相关，这充分显现出当地职业教育师资队伍建设的紧迫性。

基于此，课题组提出以下建议：一是加强职业教育师资培训。关于师资队伍建设，参与问卷调查的怒江州的职业技术学校教师提到最

[①] 刘苏荣：《"三区三州"深度贫困地区职业教育的困境与出路——以云南省怒江州为例》，《职业技术教育》2019 年第 15 期，第 60 页。

多的就是"加强专任教师的培训"。二是尽快引进优秀的青年专业教师。怒江州的职业技术学校普遍存在教师跨专业教学的现象，加上教师队伍的老龄化现象较为严重，出于优化年龄和专业结构的考虑，迫切需要引进高水平的年轻教师。三是加强"双师型"教师队伍建设。一方面，引导能工巧匠型专业技能人才进入怒江州的职业技术学校任教，以提升"双师型"教师的比例；另一方面，通过协调云南省属高校对怒江州实施单列招生计划，为怒江州定向培养"双师型"职业教育教师。①

二 非学历职业教育的发展建议

（一）优化整合农村劳动力转移培训资源，在每个县（市）建立一所职业教育中心

由于怒江州的农村劳动力转移培训工作"政出多门"，导致出现重复培训的现象，让广大农民无以应对，其结果往往就是培训证书领了一大摞，但真正管用的却没有几个，在造成培训资金浪费的同时，并没有发挥其应有的作用。

因此，要争取在县级层面统筹整合怒江州目前分散在人力资源与社会保障、扶贫、科技、教育、农业农村、工会、残联、妇联等部门的各类培训资源和资金，发挥整体效应，提高培训质量。具体建议如下：首先，按照培训资金"渠道不变、用途不变、各负其责、各计其功"的原则，由相关部门将其管理的培训资源整合归集，统一分配到县（市、区）。其次，按照"统一计划、统一任务、统一标准、统一考核、统一补贴"的原则，培训资金在县级层面实现整合，由县级政府根据各类培训规划和年度培训任务确定资金投向，捆绑集中使用各类培训资金，同时落实县级政府统筹培训项目、统一使用培训资金的主体责任。②

---

① 刘苏荣：《"三区三州"深度贫困地区职业教育的困境与出路——以云南省怒江州为例》，《职业技术教育》2019年第15期，第61页。

② 李娟、韩永江：《连片特困地区就业扶贫问题研究》，中国劳动社会保障出版社2018年版，第81页。

由于农村劳动力转移培训属于职业教育的一个组成部分,课题组建议将怒江州农村劳动力转移培训由当地县级教育行政管理部门统一组织安排,同时乡(镇)政府乃至村委会要为培训工作提供必要的协助,以提高资金使用效率,避免重复培训现象的出现。鉴于当前怒江州农村劳动力转移培训资源分散、多头管理、政出多门的现实,课题组建议对当地的农村劳动力转移培训资源进行跨部门整合,在每个县(市)建立一所职业教育中心,由职业教育中心统一开展转移培训工作,以改变目前培训资源过于分散的现状。

(二)努力提高培训的层次,并且改进培训的方法

当前,怒江州农村劳动力转移培训中的引导性培训时间较短,其培训内容主要是针对进城务工教育、基本权益维护、安全生产等方面,对于农村劳动力的职业技能没有起到实质性的提升作用。与此同时,新生代农民工稳定就业、体面就业、通过就业实现个人发展的动机逐渐增强。因此,政府部门所开展的低端培训、初级培训与当前农村劳动力转移的实际情况及其培训需求的不匹配问题开始凸显。[1] 显然,提高培训的层次将是怒江州今后农村劳动力转移培训工作的努力方向之一。

基于此,怒江州今后需要尽量多开展一些针对性较强的实用技能培训,培训时间在 1 个月以上,如果能达到 2—3 月则更好,要增加培训的技术含量,适当减少一些较为低端的引导性培训。鉴于怒江州的建档立卡贫困户与非建档立卡贫困户的家庭经济状况的差距并不大,建议实用技能培训的对象不要只局限于建档立卡贫困人口,而应扩大到所有有培训需求的怒江州农村劳动力。[2]

当前,传统的比较单一的培训方法已经不能完全适应农村劳动力转移培训的需求,所以需要积极探索适合农民特点的方式方法,这样才能取得较好的培训效果。比如,请农民到培训机构或者城里去听

---

[1] 王玉霞:《政府支持的农村劳动力转移培训供需研究》,经济管理出版社 2015 年版,第 57—58 页。

[2] 刘苏荣:《深度贫困地区农村劳动力转移培训面临的困境——基于对云南省怒江州的调查》,《职业技术教育》2020 年第 3 期,第 58 页。

课、参加培训，在目前农村劳动力成本普遍上升的情况下，即使是免费的培训，他们也会觉得这样的培训耽误时间、难以对学到的知识及时进行消化吸收，因而不会积极主动地参与。研究发现，农民最喜欢的学习方式是实践指导、现场示范解决问题，他们认为这样的培训很实在，培训效果也很明显，且容易学会。所以，通过邀请"示范户""科技致富能人"等典型进行现场集体示范和指导，这样既可以动手操作，又可以提出问题供集体统一讨论解决，可以营造良好的教育培训氛围，也易于为农民所接受。①

（三）紧扣地方的产业扶贫工作来开展相关培训

农村劳动力转移培训应该与地方产业经济的发展特点相适合，职业教育机构应根据地方经济发展的需要，在培训内容和培训方式等方面有针对性地开展职业技能教育与培训。② 虽然是深度贫困地区，其实，怒江州也有着一些拥有较大发展潜力的地方民族特色产业，但是当地的农村劳动力转移培训与地方民族特色产业的结合度并不高，从而导致当地农村劳动力参加培训的积极性不高，培训的效果不理想。

怒江州当地政府目前重点扶持的是草果、漆树、核桃、砂仁、中草药、特色养殖、花椒和蔬菜这八大产业。与此同时，作为一个少数民族众多的自治州，怒江州还有着丰富的旅游资源，但是当地旅游业的发展还处于滞后水平，怒江州尚无 A 级旅游景区，全部景区景点均处于无开发或初级开发状态，景区核心吸引力严重不足。不过，令人欣慰的是，目前怒江州正在建设 30 个旅游扶贫示范村，围绕少数民族服饰、少数民族手工艺品、特色种植养殖、少数民族非遗文化产品加工等内容打造劳动密集型旅游产业。③

根据《云南省怒江傈僳族自治州全力推进深度贫困脱贫攻坚实施

---

① 冯明放：《西部地区农村剩余劳动力转移培训实效研究》，西南交通大学出版社 2015 年版，第 198 页。

② 吴兆明、郑爱翔：《新型城镇化下农村转移劳动力职业教育与培训研究》，《成人教育》2015 年第 10 期，第 57 页。

③ 刘苏荣：《深度贫困地区农村劳动力转移培训面临的困境——基于对云南省怒江州的调查》，《职业技术教育》2020 年第 3 期，第 58 页。

方案（2018—2020 年）》，怒江州计划在 4 个县（市）实施核桃、草果、漆树、茶叶种植的提质增效，涉及种植面积 75.13 万亩，拟投资 188032.93 万元。新增食用菌、花卉、蔬菜、草果、构树、茶叶、砂仁、山胡椒、花椒、漆树、水果、中药材种植面积 58.13 万亩，计划投资 93289.86 万元。在 4 个县（市）发展牛、猪、山羊、鸡和中华蜂养殖，计划投资 59630.83 万元。与此同时，怒江州还计划以扶持乡村旅游、振兴乡村产业为目标，集中建设 30 个旅游特色村，培育 750 户从事农家乐、民俗客栈、特色旅游商品生产等的乡村旅游经营，计划投资 72802 万元，旅游特色村的补助标准为 2000 万元/村，旅游扶贫示范户的补助标准为 10 万元/户。泸水市树立旅游扶贫村 9 个（百花岭、丙舍坝 1 组、丙舍坝 2 组、维拉坝、托拖新村、上庄、下片马、滴水河、光罗），培育旅游扶贫示范户 200 户；福贡县树立旅游扶贫示范村 6 个（红旗、红卫、日马子、沙瓦、知子罗、亚乌都），培育旅游扶贫示范户 200 户；贡山县集中建设 7 个旅游扶贫示范村（雾里、秋那桶、重丁、茶腊、东风、纳依夺、孜当），培育旅游扶贫示范户 150 户；兰坪县建设 8 个旅游扶贫示范村（德胜沟、罗古箐、大羊场、三岔河、梅树坪、来龙、石登、通甸），培育旅游扶贫示范户 200 户。

基于此，怒江州需要紧密结合当地的地方民族特色产业，突出培训的实用性，围绕 8 大地方产业展开相关培训，同时在文化旅游服务、少数民族手工艺、少数民族歌舞、建筑工、家政、汽车修理、电气焊、挖掘机等多个领域也积极开展相关的培训工作。与此同时，建议相关组织机构在培训过程中要充分听取少数民族群众的意见和建议，及时总结相关经验教训，适时调整培训内容，以提升当地少数民族农村劳动力的学习积极性，确保培训取得实效。[①]

（四）积极宣传相关政策并建立培训经费的保障机制，以不断扩大培训的覆盖面

农村劳动力自身的培训意愿是影响农村劳动力转移培训覆盖面的

---

① 刘苏荣：《深度贫困地区农村劳动力转移培训面临的困境——基于对云南省怒江州的调查》，《职业技术教育》2020 年第 3 期，第 58 页。

关键因素，因此怒江州的各级政府部门需要通过积极的政策宣传，广泛运用微信、QQ、政府官网、短信、电视等现代传媒手段，让广大少数民族群众（特别是易地扶贫搬迁对象）明白农村劳动力转移培训的重要意义，从而有效提升当地少数民族农村劳动力的学习积极性，不断扩大农村劳动力转移培训的覆盖面，以确保怒江州的每一个农村劳动力都至少掌握一门实用技术。①

要扩大农村劳动力转移培训的覆盖面，除了广泛地进行政策宣传之外，建立培训经费的保障机制也是至关重要的。由于怒江州有待进行转移培训的农村劳动力基数相对较大，而怒江州下辖的4个县（市）都是国家级扶贫开发重点县，地方财政的配套能力非常弱，因此农村劳动力转移培训的资金严重不足，从而限制了培训的覆盖面。例如，怒江州在农村劳动力实用技能培训方面，2018年计划投入资金975万元，实际到位资金688.14万元；在贫困群众素质提升培训方面，2018年计划投入资金5000万元，实际到位资金1993.63万元；在省内转移就业培训方面，2018年计划投入资金800万元，实际到位资金365.48万元；在省外转移就业培训方面，2018年计划投入资金300万元，实际到位资金76.34万元。

因此，怒江州很有必要建立农村劳动力转移培训经费的保障机制，这样才能为不断扩大培训的覆盖面提供强有力的支撑。笔者建议，首先，中央财政和云南省财政要在农村劳动力转移培训经费方面给予怒江州大力支持，实施一定的倾斜政策。鉴于怒江州在提供农村劳动力转移培训项目的配套资金问题上力不从心，因此，加大中央财政转移支付的力度，减少乃至取消怒江州地方财政的农村劳动力转移培训项目的配套资金已经势在必行。其次，怒江州地方政府要建立农村劳动力转移培训的专项基金，各级财政要把培训经费纳入预算。与此同时，要在确保农村劳动力转移培训经费专款专用的前提下，尽早下发经费，以确保培训工作的及时开展。最后，鉴于怒江州地方政府

---

① 刘苏荣：《深度贫困地区农村劳动力转移培训面临的困境——基于对云南省怒江州的调查》，《职业技术教育》2020年第3期，第58页。

的财力极其薄弱,因此,怒江州应积极争取东部省份对口支援怒江州单位、本地企事业单位、社会团体和个人,多渠道地筹集农村劳动力转移培训经费。①

(五) 在少数民族群众中推广普通话,以提升他们参加培训的积极性

鉴于怒江州相当一部分少数民族群众在农村劳动力转移培训过程中因听不懂普通话而影响了学习积极性,进而导致培训的实际效果很不理想的现实,因此,在怒江州少数民族群众中大力推广普通话以确保当地农村劳动力转移培训的实际效果,就显得非常有必要了。怒江州需要重点强化对45岁以下少数民族群众的汉语(普通话)培训,在当地营造和谐的国家通用语言使用环境。怒江州计划在2018—2020年完成"直过民族"(在怒江州主要包括傈僳族、怒族和独龙族)普通话培训共计32478人次,其中,泸水市10614人次,福贡县15666人次,贡山县2851人次,兰坪县3347人次。但是,鉴于到2018年底怒江州的少数民族中还有40%以上的群众不识汉字、不会讲国家通用语言这一现实,怒江州"直过民族"普通话培训的力度还需进一步加大,这样才能确保当地的农村劳动力转移培训工作取得实效。

第七节 教育扶贫与当地的就业扶贫相互衔接

就业是最大的民生,这对于像怒江州这样的深度贫困地区来说更是如此。因此,要加大对怒江籍高校定向生的培养力度,要确保高等院校、中职学校怒江籍贫困学生的就业质量,而不是只关注贫困学生能否获得良好的教育。只有实现怒江州的教育扶贫工作与当地的就业扶贫工作的联动,深入推进当地贫困学生的就业服务工作,确保贫困毕业生的就业质量,才能帮助怒江州真正发挥教育扶贫政策在阻断贫

---

① 刘苏荣:《深度贫困地区农村劳动力转移培训面临的困境——基于对云南省怒江州的调查》,《职业技术教育》2020年第3期,第58—59页。

困代际传递中的作用,从而实现教育扶贫的最终政策目标,即"依靠教育脱贫"①。而且,课题组的田野调查数据也充分证明了怒江州的教育扶贫与就业扶贫相衔接的必要性。

课题组的田野调查数据显示,在怒江州的 259 户少数民族学生家庭中,认为当地教育扶贫工作存在的最大不足是"对毕业生的就业问题不够重视"的高达 91 户,所占比例为 35.14%,在所有选项里排名第一(见第二章表 2—12)。这就充分说明了教育扶贫如果不能帮助毕业生或者参与技能培训的农村劳动力实现相对质量较高的就业,那么其"依靠教育实现脱贫"的政策目标就很难实现。所以,怒江州的教育扶贫必须与当地的就业扶贫相互衔接。

一 多渠道开发农村劳动力的就业岗位

因为就业质量不高是导致贫困的重要诱因之一,所以需要注重提高农村贫困人口的就业质量。就业扶贫不等于就业可以脱贫,非正式工作、低平均工资等就业不具备长期扶贫效用,因而如不关注就业质量问题,就极有可能发生"工作贫困"的现象。②

怒江州在地理上位于国家 14 个集中连片特困地区之一的滇西边境集中连片特困地区,而我国连片特困地区就业扶贫面临的一个重要问题就是当地的产业发展落后,不能提供足够的就业岗位吸纳贫困劳动力。因此,建议各地结合产业梯度转移战略,依托东西扶贫协作机制,引导和支持劳动密集型企业到贫困县投资办厂或者实施生产加工项目分包,着力帮扶贫困县发展产业,提供更多的就业岗位以吸纳贫困劳动力,使得他们离土不离乡就能实现就业。与此同时,要大力挖掘农业就业潜力,依托贫困地区特色种植和养殖业、休闲农业、农村电商等农村产业发展,鼓励家庭农场、农业合作社、地方龙头企业等农业经营实体更多地吸纳贫困劳动力就业。鼓励居家灵活就业,结合

---

① 刘苏荣:《深度贫困地区教育扶贫面临的问题及政策建议——基于云南省怒江州的 565 份调查问卷》,《西南民族大学学报》(人文社会科学版)2020 年第 2 期,第 86—87 页。
② 李长安:《乡村振兴战略背景下就业扶贫的机制与措施》,《中国高校社会科学》2018 年第 6 期,第 36 页。

当地传统文化、自然生态和产业基础等情况，引导留守农村的妇女、残疾人等贫困群体从事手工编织、民族刺绣以及地方农产品加工等职业。①

为确保当地农村劳动力转移就业培训的实施效果，建议怒江州从以下几个方面多渠道地开发就业岗位：（1）怒江州目前针对当地农村劳动力（特别是易地扶贫搬迁对象）的公益性岗位主要有生态护林员、河道管理员、地质灾害监测管理员和乡村公共服务岗位（截至2018年12月，怒江州累计从当地建档立卡贫困人口中选聘生态护林员13889名、地质灾害监测员2279名、护边员891名），今后还需加大对公益性岗位种类及数量的开发。（2）在特色农产品开发、小商品批发、民办教育、特色产品加工等产业领域吸引各类企业到当地从事产业开发，积极开拓就业岗位，发展超市、酒店、宾馆、餐饮服务等行业，以增强吸纳劳动力的能力。（3）要进一步利用中国交通建设集团有限公司、中国大唐集团公司、中国长江三峡集团公司等企业和社会力量帮扶怒江州的机遇，完善沟通交流机制，为当地少数民族农村劳动力开辟更多的就业岗位。②

二 加强劳务输出工作

当前，外出务工已经成为我国农民增收的主要来源。因此，引导贫困劳动力有序输出，是扶贫开发直接而有效的手段之一。针对劳动力无序输出的问题。建议贫困地区与发达地区建立健全劳务输出对接协调机制，有效推进区域间的劳务协作，提高劳务输出脱贫的组织化程度，把解决贫困劳动力就业作为劳务协作的首要目标任务。③

---

① 李娟、韩永江：《连片特困地区就业扶贫问题研究》，中国劳动社会保障出版社2018年版，第82页。
② 刘苏荣：《深度贫困地区农村劳动力转移培训面临的困境——基于对云南省怒江州的调查》，《职业技术教育》2020年第3期，第59页。
③ 李娟、韩永江：《连片特困地区就业扶贫问题研究》，中国劳动社会保障出版社2018年版，第85—86页。

在当前已经建立了珠海市对口怒江州扶贫协作机制的情况下,怒江州特别需要深入推进与珠海市的劳务协作,具体来说,需要做到以下两点:首先,联合开展少数民族农村劳动力转移就业培训。通过签订人才培养协议或制订技能培训计划等方式,有针对性地开展挖掘机、装载机、蔬菜种植、畜禽饲养、旅游服务等实用技能培训。其次,联合开展创业培训。例如,2018年,珠海市和怒江州已经联合开展了8期劳务经纪人培训班,共计培训504人,基本做到了全州农村劳务经纪人村级全覆盖;珠海市相关部门还在兰坪县、泸水市和福贡县举办了5期"GYB+网商运营"创业培训班,培训人数达150人。今后,创业致富带头人培训的规模还可以扩大,培训内容还需要进一步多样化,以满足不同的培训需求。①

例如,2018年,怒江州组织珠海市企业深入怒江州开展招聘对接活动22场次,合作开展各类劳动力培训4012人次,其中建档立卡贫困劳动力2304人次;帮助转移2438人赴广东省就业(其中珠海市转移就业1918人),其中建档立卡贫困劳动力1516人(其中珠海市转移就业994人),通过产业帮扶带动和政策激励就近就地就业626人,通过政策扶持帮助贫困人口到其他省市就业1551人,转移至珠海市就业的稳定率为90%,比2017年的40%有很大的提升。在资金支持方面,2018年珠海市共计投入劳动力转移就业帮扶资金544.75万元,给予奖补资金306万元。

三 加强农民工创业工作

首先,解决资金筹措难问题。资金筹措困难是民族地区农民工返乡创业发展中最大的困难,是民族地区农民工返乡创业企业持续发展的主要瓶颈之一。正规金融机构支持力度不够,银行等金融机构为民族地区农民工返乡创业提供服务的意识不够、主动性不强,民间筹资发展滞后,是造成民族地区返乡创业农民工资金困难以及持续支持能

---

① 刘苏荣:《深度贫困地区农村劳动力转移培训面临的困境——基于对云南省怒江州的调查》,《职业技术教育》2020年第3期,第59页。

第四章 怒江州教育扶贫工作的完善策略

力不足的主要原因。[①]

基于此，需要从以下几个方面缓解怒江州农民工的创业资金筹措难问题：（1）加强民族地区农村政策性金融的扶持力度，放宽政策性金融的扶持对象和地方范围，为民族地区农民工返乡创业提供贷款额度不大但是期限长、利息低、覆盖范围广的创业贷款支持。（2）放宽民族地区农村银行业金融机构准入政策，培育新型金融机构，积极发展服务于民族地区农村的中小银行，推进村镇银行、贷款公司、农村资金互助社三类农村新型金融机构的培育进程，有效填补民族地区农村金融服务的空白。[②]（3）放宽农村地区抵押物的范围，允许使用集体所有土地的使用权、农村宅基地、自留山的使用权、房屋产权做抵押，还可以探索试行农村土地承包经营权的贷款抵押事项，多渠道解决农民工返乡创业的贷款需求。[③]

其次，认真贯彻落实创业扶持政策。例如，兰坪县加大力度鼓励农民工返乡创业，营造了良好的创业环境并制定了一系列减免税收、创业担保贴息贷款、免费创业培训等优惠政策，有效地激发了农民工返乡创业的愿望。例如，在该县的兔峨乡，石坪村委会打必咱村民小组的褚智兰成立健雄养殖农民专业合作社，年产值达到60余万元，带动就业十余人。

再次，搭建好创业发展平台。例如，兰坪县通过政府引导、企业参与的形式，建成了怒江州首个青年创业孵化园，总建筑面积约2000平方米。一共提供创业孵化室16间，创业大厅工作室18间，截至2018年底，先后入驻创业项目42个，带动就业400多人。其开展的主要业务内容是：（1）提供生产经营场地、基本办公条件和后勤保障服务，落实入园企业和创业者的各项优惠政策；（2）免费提供

[①] 姚上海：《民族地区农民工返乡创业行为理论及实证研究》，世界图书出版广东有限公司2013年版，第87—91页。

[②] 辜胜阻、武兢：《扶持农民工以创业带动就业的对策研究》，《中国人口科学》2009年第3期，第10页。

[③] 韩俊、崔传义：《我国农民工回乡创业面临的困难及对策》，《经济纵横》2008年第11期，第8页。

创业培训、创业能力测评、创业指导、政策咨询和创业信息等服务；（3）提供创业项目推荐、技能培训和企业经营培训等服务；（4）指导和协助创业企业办理相关手续；（5）帮助创业企业建立经营管理和技术开发专业队伍，扶持创业企业更好发展。

最后，加强宣传工作。怒江州要大力宣传鼓励创业的方针政策，宣传返乡创业者的成功经验。鼓励农民工回乡创业，对带动一定数量的本省户籍人员就业且坚持一年以上的返乡创业人员发放一次性补贴。

四 完善残疾人就业创业的扶持工作

残疾人是就业创业工作的一个特殊对象，本应该享受一些照顾政策。但是，怒江州当前在扶持残疾人就业创业方面存在扶持面窄、扶持资金少的问题，严重影响了就业创业扶持政策的实施效果，同时也使得当地的残疾人技能培训工作在一定程度上失去了现实意义。

2017年，泸水市残联为5户残疾人个体创业户争取到怒江州残联创业扶持补助金7.6万元；为残疾人李志兴创办的水稻种植专业合作社争取到怒江州残联扶贫示范基地项目，扶持资金为5万元。扶持残疾人自谋职业、自主创业36户，其中包括12户享受2017年云南省"助残就业同奔小康百企千人创业就业行动"项目的残疾人自主创业户，扶持资金总额为27.2万元。

2018年，贡山县残联扶持了7户残疾自助创业户，扶持资金为6.6万元。此外，还专门扶持了1户残疾人创业典型户，扶持资金为5万元。

2017年，兰坪县残联投入23.6万元资金，扶持9名残疾人进行创业；2018年，投入14万元资金，扶持14名残疾人进行创业。2019年，投入41万元资金，完成了对38名残疾人的创业扶持。

2019年上半年，福贡县残联对16名残疾人给予了创业扶持。

表4—2　　　　2019年上半年福贡县残疾人创业扶持情况

	性别	残疾类别	经营类型	扶持资金（万元）	辐射带动残疾人人数（人）	家庭住址
1	男	听力	养殖场	1	2	匹河乡果科村果科一组
2	男	肢体	养鸡场	1	5	匹河乡瓦娃村一组
3	男	肢体	歌舞厅	1	3	马吉乡马吉村阿夺底小组
4	男	肢体	个体户	1	3	马吉乡布腊村嘎竹底组
5	男	视力	个体户	1	1	福贡县上帕镇腊竹底村
6	男	肢体	个体户	1	1	石月亮米俄洛村
7	女	视力	小卖铺	1	3	石月亮米俄洛村
8	女	视力	修理店	1	1	石月亮乡资古朵村资古朵小组
9	男	智力	修理店	1	1	石月亮乡石月亮街
10	男	肢体	个体户	1	1	石月亮乡米俄洛村
11	男	肢体	摩托车修理店	1	3	石月亮乡资古朵村资古朵小组
12	男	视力	盲人按摩店	2	4	石月亮乡亚朵村亚朵小组
13	男	视力	个体户	1	1	石月亮乡亚朵村托底小组
14	女	肢体	个体户	2	4	匹河乡匹河街
15	女	肢体	个体户	1	1	匹河乡沙瓦村委会托克扒五组
16	男	肢体	个体户	1	1	匹河乡沙瓦村委会托克扒六组
	合计			18	35	

从上述资料可以看出，怒江州大部分残疾人获得的创业扶持资金仅有1万元，极少数人能获得2万—5万元的资金扶持，可谓是"杯水车薪"，所扶持的创业项目往往只能勉强停留在"养家糊口""小打小闹"的水平，与其要实现帮助残疾人家庭真正脱贫甚至带动一批人脱贫的目标，显然还有着一段不小的距离。因此，怒江州今后一方面需要不断扩大对残疾人创业扶持的覆盖面，另一方面则需要提升扶

持资金的标准,帮助残疾人真正把创业项目做大做强。

五 完善大中专毕业生的就业创业工作

在推进教育扶贫工作时,要格外重视教育为脱贫工作提供人才支撑和智力保障的作用,加强学业指导和职业指导的联系,打开孩子们通过学习成长、青壮年通过多渠道就业改变命运的扎实通道,坚决阻止贫困现象的代际传递。① 因此,要通过教育扶贫实现阻止贫困现象代际传递的战略目标,就必须完善怒江州大中专毕业生的就业创业工作。

课题组的田野调查数据显示,对于"当地的教育扶贫需要完善哪些策略"这个问题(此为多选题),在怒江州的681名普通中学生当中,有215人选择了"对大中专毕业生进行就业帮扶"(见第二章表2—104)。在165名职业技术学校学生中,有90人选择了"对大中专毕业生进行就业帮扶",有81人选择了"政府要加强对毕业生自主创业的扶持"(见第二章表2—129)。虽然与当地职业技术学校的学生相比,怒江州的普通中学生对于大中专毕业生就业帮扶工作的认可度并不高(其中一个重要原因是他们还没有面临较为紧迫的就业问题),但是课题组的田野调查数据至少证明了怒江州加强大中专毕业生就业创业工作的必要性。

(一)怒江州大中专毕业生就业创业的困境

云南跨境民族地区返乡就业大学生往往更加趋向于并且实际就业率最高的是以下三种岗位:一是政府机关公务员、事业单位工作人员;二是医务人员;三是教育行业从业人员。这三种岗位共同的性质就是稳定且有一定的上升空间。而对于偏远地区,除了这三类岗位以外,就业选择的余地太小,在大学生看来剩下的都是不太稳定、没有多少发展空间的岗位。② 而在怒江州,这种现象表现得尤为明显。正是因为当地大中专毕业生的就业质量普遍不高,造成了当地群众对于

---

① 曾天山:《教育扶贫的力量》,教育科学出版社2018年版,第61页。
② 韦颖:《云南跨境民族地区大学生返乡就业研究》,科学出版社2018年版,第95—96页。

教育扶贫政策满意度不高的局面。

田野调查数据显示,在怒江州的259户少数民族学生家庭中,对于"当地教育扶贫存在的最大不足"这个问题,选择"对毕业生的就业问题不重视"的家庭是最多的,共有91户,占被调查家庭总数的35.14%(见第二章表2—12)。对于"你对自己的就业前景感到乐观吗"这个问题,在165名职业技术学校学生中,仅有61人选择"很乐观",所占比例为36.97%(见第二章表2—114)。

在怒江州,公务员和事业单位等吸纳就业的主渠道作用并不明显,而企业吸纳就业的能力还比较弱。怒江州当地政府部门的统计数据显示,从2013年至2017年,回怒江州报到注册的本地户籍大中专毕业生累计8233人,截至2018年6月,当地人力资源和社会保障部门存有大中专毕业生档案5422份,其中,本科及以上2359人、专科生1977人、中专生1086人。有部分高校毕业生因继续升学,将档案托管到学校或有关人才中心后到外地找工作,或是已考取省级公务员或省属事业单位、入伍等原因未回乡报到。怒江州内相关企业因经济下行压力和人员饱和等因素,能吸纳的高校生人数寥寥无几,作为怒江州最大企业的兰坪金鼎锌业公司也只是在2013年吸纳了大学毕业生62人,此后就再也没有招聘过大学毕业生;2013—2017年怒江州共招录普通公务员860人、事业单位共招聘1447人、"三支一扶"60人、人才引进248人。2018年回怒江州报到的应届大中专毕业生有1200余人,而当年怒江州公务员招录59人、事业单位招聘382人、人才引进前期签约68人、"三支一扶"29人,共计538人,二者之间存在较大差距。

受传统就业观念的影响,怒江州大学生倾向于公务员招录、事业单位招聘、"三支一扶"等跟国家财政挂钩的就业岗位,其自主创业意识淡薄,创业能力弱,这在怒江州历年大学生所获得的创业担保贷款数量上得到了集中反映:2014年,创业担保贷款扶持创业467人,贷款总额2690万元,其中大学生136人(贷款649万元),人数占比29.12%;2015年贷款扶持创业420人,贷款总额3416万元,其中大学生53人(贷款472万元),人数占比12.62%;2016年贷款扶持创业528人，贷款总额4807万元，其中大学生72人（贷款616万元），人数占比13.64%；2017年贷款扶持创业582人，贷款总额5565万元，其中大学生51人（贷款510万元），人数占比8.76%。2018年1—5月贷款扶持创业46人，其中大学生9人，人数占比19.57%。

正是因为对于当地的就业状况不乐观，所以愿意回到怒江州就业的本地大中专毕业生比较少，这在课题组的田野调查数据中得到了证明。对于"你毕业后希望去哪里工作"这个问题，在165名职业技术学校学生中，有48人选择"到外省工作"，有46人选择"到其他地州工作"，只有27人选择"在怒江州本地工作"（见第二章表2—124）。

（二）加强大中专毕业生的就业帮扶

2015年12月，中共中央国务院《关于打赢脱贫攻坚战的决定》，将"发展教育脱贫一批"定为脱贫的"五个一批"之一。教育扶贫政策除了让贫困人口获得良好的教育外，还要确保贫困学生获得较高质量的就业，从而实现"依靠教育实现脱贫"的政策目标，如果贫困毕业生不能获得较高质量的就业，贫困家庭在子女教育方面的投入不能获得相应的回报，那么教育扶贫的政策目标就必然会落空。[①]

教育脱贫是一个系统工程，在解决了贫困家庭的增收问题和子女"有学上"问题后，面临的就是贫困家庭子女的就业问题。贫困家庭教育收益或者回报会通过子女的就业反映出来。这就需要政府制定适度倾斜政策，对于积极解决贫困学生就业的企业或单位可给予一定的政策支持，通过多样化政策，向贫困家庭子女就业适度倾斜，减少贫困学生就业的阻力。[②] 就云南跨境民族地区而言，应该着眼于本地区的经济社会发展状况，全力构建一个"四位一体"的就业网络，以优化大学毕业生的就业环境，帮助其实现就业。所谓"四位一体"

[①] 刘苏荣：《深度贫困地区教育扶贫面临的问题及政策建议——基于云南省怒江州的565份调查问卷》，《西南民族大学学报》（人文社会科学版）2020年第2期，第86页。

[②] 史志乐：《走进贫困的教育》，经济日报出版社2019年版，第171—172页。

的就业网络，就是由政府、高校、社区组织、行业协会共同参与构建的一个系统而全面的就业网络。就业服务网络的服务内容有岗位技能培训、就业定向指导、职业发展规划、就业心理辅导等。在这个网络中，政府作为就业服务最大的提供者，还要负责对一些帮助大学生实现就业的企业或部门提供财政专项补贴等优惠性政策。[①]

当前，怒江州大中专毕业生的就业服务工作跟进很不及时，2014年至2017年，在怒江州人社系统内能查询到的有就业服务记录的大中专毕业生仅3108人，其中兰坪县1365人、贡山县150人、福贡县244人、泸水市1349人。

基于此，怒江州的各级地方政府部门应该搜集整理基层社会管理和公共服务单位、中小企业等用人单位的最新动态信息，积极鼓励大中专毕业生转变就业观念，到基层和中小企业工作，并有针对性地推出新的补贴岗位目录，引导毕业生向基层地区流动。基层社会管理和公共服务岗位包括支教、支农、支医、乡村扶贫，以及城市社区的法律援助、就业援助、社会保障协理、文化科技服务、养老服务、残疾人居家服务、廉租房配套服务等岗位。具体来说，包括在街道（乡镇）、社区（村）等基层单位从事公共就业服务、社会保障、劳动关系协调、劳动监察、农业、扶贫开发、医疗、卫生、保健、防疫、文化、科技、体育、普法宣传、民事调解、托老、养老、托幼、助残、公共设施设备管理养护等相关事务管理服务工作岗位。

（三）加强对大中专毕业生的创业扶持力度

经过改革开放、西部大开发、民族地区发展优惠政策和精准脱贫方略的施行，民族地区的基础设施和信息条件日益改善。与此同时，民族地区依托自身的资源优势、产业基础和支撑条件，加快了特色优势产业的发展。民族地区丰富的资源和不断壮大的产业基础，为具有创新意识和创新精神的大学生提供了资源开发与整合的基础。而大学生在少数民族贫困地区的创业实践活动，不仅有助于加快国家创新体系建设，而且有助于缓解严峻的就业形势，推进少数民族贫困地区的

[①] 韦颖：《云南跨境民族地区大学生返乡就业研究》，科学出版社2018年版，第128页。

产业结构调整，促进当地经济的转型发展。①

民族地区的大学生创业模式主要有三种：（1）自然资源开发型。自然资源可以分为生物资源、农业资源、森林资源、国土资源、矿产资源、海洋资源、水资源等。科技和基础设施落后的民族地区拥有大量的自然资源，而当地群众因为缺少资金、知识和技术，没法利用这些资源来创造财富。（2）人文资源开发型。民族地区有大量宝贵的文化遗产，是少数民族的文化地理标志。民族地区独特的人文景观、山寨、村落、歌舞、民风民俗在当下的旅游市场上具有强大的吸引力，在"互联网+"和自驾游时代，如何开发这些"养在深闺人不识"的人文资源，是一个创业课题。（3）农特产品开发型。民族地区的农特产品极其丰富，具有强烈的地域特色。但是目前这些农特产品往往散落于村寨，不成体系，没有形成规模生产，产品没有被开发，处于原生态状态，缺少文化包装、宣传和品牌价值提升。②

受怒江州区域经济发展特点的限制，且投资创业环境欠佳，除极少数当地国有企业外，怒江州从事电商、民族文化产品、境内特色农林产品、旅游、物流等行业创业的大中专毕业生人数很少，即便是为数不多的创业项目，也几乎千篇一律地选择了服装和餐饮，其创业效果大打折扣。因此，课题组建议怒江州从以下几个方面加强对大中专毕业生创业扶持的力度：

首先，充分发挥创业园的作用。截至2018年底，位于泸水市区、兰坪县城、贡山县独龙江乡的一个大学生创业中心以及两个省级创业园已经投入使用，已有65家企业成功入驻。创业园为创业大学生提供了办公桌、椅等办公设备，而且水、电、网络一应俱全，将其免费提供给符合资质的大学生创业者使用1—2年，为高校毕业生提供相应的创业服务。下一步，这些创业园需要积极为入驻企业落实"贷免扶补"创业担保贷款、"两个十万元"微型企业培育工程等政府扶持

---

① 黄昕、王江生、姚茂华主编：《民族地区大学生创新创业教育务实》，西南交通大学出版社2016年版，第14页。

② 黄昕、王江生、姚茂华主编：《民族地区大学生创新创业教育务实》，西南交通大学出版社2016年版，第107—108页。

政策，主动为入驻的大中专毕业生创业者提供资金等方面的扶持。

其次，调整相关补贴政策，促进创业就业。建议将原"大学生创业引领计划"中对高校毕业生进行创业扶持的"无偿资金资助""场租补贴"和"网店补贴"等政策统一调整为"创业补贴"政策，对毕业之后 3 年内在怒江州创办经营情况良好、带动脱贫效果明显、创新示范作用显著的大学生创业实体给予创业补贴，以引导大中专毕业生积极创业。

最后，积极开展创业担保贷款工作。通过加强宣传，提高怒江州大中专毕业生对于创业担保贷款扶持创业政策的认知度。针对大中专毕业生群体对网络的熟悉程度，通过微信公众号、微博、官方网站等手段对创业担保贷款政策进行广泛宣传，同时针对怒江州没有高校的现实，根据高校毕业生回生源地报到的时间，有针对性地展开相关宣传，以提高创业担保贷款政策在毕业生群体中的认知度。

参考文献

（一）国内专著

安富海：《地方性知识与民族地区地方课程开发研究》，中国社会科学出版社2016年版。

邓楠：《全球化语境下的民族文化身份认同》，浙江大学出版社2004年版。

冯明放：《西部地区农村剩余劳动力转移培训实效研究》，西南交通大学出版社2015年版。

哈经雄、腾星等：《民族教育学通论》，教育科学出版社2001年版。

胡邦永、罗甫章：《贫困地区教育均衡发展研究》，西南交通大学出版社2016年版。

黄昕、王江生、姚茂华主编：《民族地区大学生创新创业教育务实》，西南交通大学出版社2016年版。

李慧勤、李孝轩：《教育治理能力现代化》，社会科学文献出版社2019年版。

李娟、韩永江：《连片特困地区就业扶贫问题研究》，中国劳动社会保障出版社2018年版。

李孝川：《云南边境地区民族教育考察》，人民出版社2017年版。

梁文艳：《中小学教师教学质量评价及其影响因素研究》，北京师范大学出版社2017年版。

廖伯琴等：《民族地区中小学理科教学质量监测研究》，科学出版社2018年版。

林云：《多民族地区义务教育均衡发展研究——以云南省为例》，中国社会科学出版社2019年版。

刘精明等：《教育公平与社会分层》，中国人民大学出版社2016年版，第12页。

刘易霏：《中等职业学校传承发展区域民族文化的实践与研究——以广西百色市为例》，冶金工业出版社2019年版。

罗青、钱春富：《边疆民族地区县域内义务教育均衡发展研究》，云南大学出版社2018年版。

史志乐：《走进贫困的教育》，经济日报出版社2019年版。

司树杰、王文静、李兴洲主编：《中国教育扶贫报告（2016）》，社会科学出版社2016年版。

苏德：《民族教育政策：行动反思与理论分析》，教育科学出版社2013年版。

苏德主编：《民族教育政策：文化思考与本土构建》，教育科学出版社2014年版。

腾星：《族群、文化与教育》，民族出版社2002年版。

王国明：《教育现代化与农村教师来源研究》，人民出版社2018年版。

王鉴：《中国少数民族教育政策体系研究》，民族出版社2011年版。

王文静、李兴洲：《中国教育扶贫报告（2017）》，社会科学文献出版社2018年版。

王艳玲、苟顺明：《多元文化背景下的教师能力——以中国西南少数民族地区为例》，人民出版社2013年版。

王玉霞：《政府支持的农村劳动力转移培训供需研究》，经济管理出版社2015年版。

韦颖：《云南跨境民族地区大学生返乡就业研究》，科学出版社2018年版。

习近平：《摆脱贫困》，福建人民出版社1992年版。

习近平：《决胜全面建成小康社会 夺取新时代中国特色社会主义伟大胜利——在中国共产党第十九次全国代表大会上的报告》，人民出版社2017年版。

姚上海：《民族地区农民工返乡创业行为理论及实证研究》，世界图书出版广东有限公司2013年版。

曾天山：《教育扶贫的力量》，教育科学出版社2018年版。

张诗亚：《民族地区教育优先发展研究》，经济科学出版社2014年版。

张诗亚主编：《中国民族教育发展报告》（第3辑），科学出版社2017年版。

郑信哲：《中国民族地区经济社会调查报告·贡山独龙族怒族自治县卷》，中国社会科学出版社2017年版。

周洪宇：《教育公平：维系社会公平正义的基石》，中国人民大学出版社2014年版。

（二）国内论文

曹能秀、王凌：《论民族文化传承与教育的关系》，《云南民族大学学报》（哲学社会科学版）2009年第5期。

陈立鹏、马挺、羌洲：《我国民族地区教育扶贫的主要模式、存在问题与对策建议——以内蒙古、广西为例》，《民族教育研究》2017年第6期。

褚宏启：《〈中国教育现代化2035〉的关键词与问题域》，《中小学管理》2019年第4期。

褚宏启：《新时代需要什么样的教育公平：研究问题域与政策工具箱》，《教育研究》2020年第2期。

代蕊华、于璇：《教育精准扶贫：困境与治理路径》，《教育发展研究》2017年第7期。

单丽卿：《教育差距与权利贫困——基于连片特困地区扶贫开发实践困境的讨论》，《中共福建省委党校学报》2015年第3期。

单丽卿：《教育差距与权利贫困——基于连片特困地区扶贫开发实践困境的讨论》，《中共福建省委党校学报》2015年第3期。

董云川、林苗羽：《非物质文化遗产的教育传承责任探究——以"坡芽歌书"为例》，《教育科学》2020年第1期。

付卫东、曾新:《十八大以来我国教育扶贫实施的成效、问题及展望——基于中西部6省18个扶贫开发重点县(区)的调查》,《华中师范大学学报》(人文社会科学版)2019年第5期。

龚道敏:《远程教育推进民族贫困地区基础教育跨越式发展的探索与实践》,《中国远程教育》2005年第9期。

辜胜阻、武兢:《扶持农民工以创业带动就业的对策研究》,《中国人口科学》2009年第3期。

顾明远:《让每个孩子都享有公平而有质量的教育》,《教育研究》2017年第11期。

郭晓娜:《教育阻隔代际贫困传递的价值和机制研究——基于可行能力理论的分析框架》,《西南民族大学学报》(人文社会科学版)2017年第3期。

韩俊、崔传义:《我国农民工回乡创业面临的困难及对策》,《经济纵横》2008年第11期。

郝文武、李明:《教育扶贫必须杜绝因学致贫》,《教育与经济》2017年第5期。

何家理、查芳、陈绪敖:《人力资本理论教育扶贫效果实证分析——基于陕西7地市18个贫困县教育扶贫效果调查》,《唐都学刊》2015年第3期。

何志魁:《主客位视角下民族地区教育扶贫的对策研究》,《民族教育研究》2020年第1期。

金海燕:《辽宁城乡少数民族基础教育现状调查与对策研究》,《满族研究》2015年第3期。

李长安:《乡村振兴战略背景下就业扶贫的机制与措施》,《中国高校社会科学》2018年第6期。

李俊杰、宋来胜:《教育助推"三区三州"跨越贫困陷阱的对策研究》,《民族教育研究》2020年第1期。

李玲、李伟:《乡村教师队伍建设政策协同性评价研究》,《南京师大学报》(社会科学版)2020年第1期。

李玲、余麒麟、李璧初:《深度贫困地区小学教育脱贫攻坚与教育现代化面临的挑战——以 M 地区资源配置为例》,《中国电化教育》2019 年第 9 期。

李梦鸽:《浅析贫困的代际传递与教育扶贫》,《新西部》2016 年第 18 期。

李祥、曾瑜、宋璞:《民族地区教育精准扶贫:内在机理与机制创新》,《广西社会科学》2017 年第 2 期。

李兴洲:《新中国 70 年教育扶贫的实践逻辑嬗变研究》,《教育与经济》2019 年第 5 期。

李兴洲、邢贞良:《攻坚阶段我国教育扶贫的理论与实践创新》,《教育与经济》2018 年第 1 期。

廖德凯:《稳定乡村教师队伍还应靠本土化培养》,《中国教育报》2015 年 9 月 23 日。

刘军豪、许华锋:《教育扶贫:从"扶教育之贫"到"依靠教育扶贫"》,《中国人民大学教育学刊》2016 年第 2 期。

刘苏荣:《"三区三州"深度贫困地区职业教育的困境与出路——以云南省怒江州为例》,《职业技术教育》2019 年第 15 期。

刘苏荣:《深度贫困地区教育扶贫面临的问题及政策建议——基于云南省怒江州的 565 份调查问卷》,《西南民族大学学报》(人文社会科学版)2020 年第 2 期。

刘苏荣:《深度贫困地区农村劳动力转移培训面临的困境——基于对云南省怒江州的调查》,《职业技术教育》2020 年第 3 期。

刘晓红:《教育扶贫的多元投入机制研究》,《西南民族大学学报》(人文社会科学版)2018 年第 12 期。

卢德生、冯玉梓:《民族文化传承与教师的文化自觉》,《教育探索》2010 年第 11 期。

马良灿:《项目制背景下农村扶贫工作及其限度》,《社会科学战线》2013 年第 4 期。

庞丽娟、金志峰、吕武:《全科教师本土化定向培养——乡村小学教师补充的现实路径探析》,《教师教育研究》2017 年第 6 期。

普丽春、袁飞:《少数民族非物质文化遗产教育传承的主体及其作用》,《民族教育研究》2012年第1期。

羌洲、曹宇新:《民族地区教育扶贫的经验启示》,《甘肃社会科学》2019年第3期。

任友群、郑旭东、冯仰存:《教育信息化:推进贫困县域教育精准扶贫的一种有效途径》,《中国远程教育》2017年第5期。

史志乐:《教育扶贫与社会分层——兼论阻断贫困代际传递的可能性》,《教育理论与实践》2019年第4期。

孙言高、孙汝智:《培养学生八种学习习惯》,《思想政治课教学》1996年第9期。

王红、邬志辉:《乡村教师职称改革的政策创新与实践检视》,《中国教育学刊》2019年第2期。

王嘉毅、封清云、张金:《教育与精准扶贫精准脱贫》,《教育研究》2016年第7期。

王鉴:《我国少数民族教育跨越式发展战略研究》,《西北师大学报》2004年第1期。

王晓生、邬志辉:《乡村教师职称评聘的结构矛盾与改革方略》,《中国教育学刊》2019年第9期。

王艳玲:《稳定乡村教师队伍的政策工具改进:以云南省为例》,《教育发展研究》2018年第2期。

邬志辉、王海英:《农村义务教育的战略转型:由数量关注走向质量关注》,《教育理论与实践》2008年第1期。

吴本健、罗玲、王蕾:《深度贫困民族地区的教育扶贫:机理与路径》,《西北民族研究》2019年第3期。

吴霓:《教育扶贫是实现民族地区精准扶贫的根本措施》,《当代教育与文化》2017年第6期。

吴霓:《教育扶贫是实现民族地区精准扶贫的根本措施》,《当代教育与文化》2017年第6期。

吴愈晓:《中国城乡居民的教育机会不平等及其演变(1978—2008)》,《中国社会科学》2013年第3期。

吴兆明、郑爱翔:《新型城镇化下农村转移劳动力职业教育与培训研究》,《成人教育》2015年第10期。

肖其勇、郑华:《农村小学全科教师培养供给侧改革研究》,《中国教育学刊》2016年第12期。

肖时花、吴本健:《民族地区教育扶贫的内在机理与实现条件》,《黑龙江民族丛刊》(双月刊)2018年第5期。

徐辉:《高中教学质量监控的探索与思考》,《教学与管理》2010年第31期。

许长青、周丽萍:《教育公平与经济增长的关系研究——基于中国1978—2014年数据的经验分析》,《经济问题探索》2017年第10期。

杨东平:《教育公平是一个独立的发展目标——辨析教育的公平与效率》,《教育研究》2004年第7期。

姚松:《教育精准扶贫中的政策阻滞问题及其治理策略》,《中国教育学刊》2018年第4期。

余秀兰:《关注质量与结果:我国教育公平的新追求》,《南京师大学报》(社会科学版)2019年第1期。

袁凤琴、胡美玲、李欢:《民族文化进校园40年:政策回溯与问题前瞻》,《民族教育研究》2018年第6期。

曾天山:《以新理念新机制精准提升教育扶贫成效——以教育部滇西扶贫实践为例》,《教育研究》2016年第12期。

曾天山、吴景松、崔吉芳:《滇西智力扶贫开发精准有效策略研究》,《西北师大学报》(社会科学版)2018年第3期。

张杰夫:《"第二学习空间"破解教育扶贫低效难题》,《人民教育》2016年第17期。

张嫚嫚、魏春梅:《乡村教师培训存在的问题分析及对策思考》,《教师教育研究》2016年第5期。

张琦、史志乐:《我国教育扶贫政策创新及实践研究》,《贵州社会科学》2017年第4期。

张学敏、王爱青:《中小学教育传承民族非物质文化遗产问题探微》,《民族教育研究》2009年第4期。

张颖：《关于当前学生学习习惯的调查与思考》，《化学教育》1999年第12期。

张振洋：《当代中国项目制的核心机制和逻辑困境——兼论整体性公共政策困境的消解》，《上海交通大学学报》（哲学社会科学版）2017年第1期。

郑长德：《"三区""三州"深度贫困地区脱贫奔康与可持续发展研究》，《民族学刊》2017年第6期。

郑小春、曾会华：《职业教育对接精准扶贫的关联、羁绊与出路》，《职教论坛》2019年第4期。

钟海青、江玲丽：《本土化：边境民族地区乡村教师队伍建设的重要途径——基于广西边境民族地区的教育调查》，《民族教育研究》2017年第6期。

周丽莎：《基于阿玛蒂亚·森理论下的少数民族地区教育扶贫模式研究——以新疆克孜勒苏柯尔克孜自治州为例》，《民族教育研究》2011年第2期。

邹薇、郑浩：《贫困家庭的孩子为什么不读书：风险、人力资本代际传递和贫困陷阱》，《经济学动态》2014年第6期。

（三）国外论著

[美] 苏珊·纽曼：《学前教育改革与国家反贫困战略——美国的经验》，李敏谊、霍力岩等译，教育科学出版社2011年版。

[美] 西奥多·舒尔茨：《教育的经济价值》，曹延亭译，吉林人民出版社1982年版。

[印] 阿马蒂亚·森：《以自由看待发展》，中国人民大学出版社2013年版。

[英] Stephen Gorard，Emma Smith：《教育公平——基于学生视角的国际比较研究》，窦卫霖等译，华东师范大学出版社2018年版。

[美] 鲍尔斯、金蒂斯：《美国：经济生活与教育改革》，王佩雄等译，上海教育出版社1990年版。

联合国教科文组织编：《反思教育：向"全球共同利益"的理念转

变?》,联合国教科文组织总部中文科译,教育科学出版社 2017 年版。

联合国教科文组织编著:《学会生存——教育世界的今天和明天》,教育科学出版社 1996 年版。

世界银行:《2006 年世界发展报告:公平与发展》,清华大学出版社 2006 年版。

James S. Coleman, *Equality and Achievement*. Boulder: Westview Press, 1990.

Linda Darling-Hammond. "Unequal Opportunity: Race and Education." *The Brookings Review*, 1998, 16 (1): 32.

Paul Goodman. *Growing up Absurd*. New York: Random House, Inc., 1960.

UNDP. *Human Development Report* 1997. New York: Oxford University Press, 1997.

UNDP. *Human Development Report* 2003. New York: Oxford University Press, 2003.

World Bank. Early Childhood Development and Education in China: Breaking the Cycle of Poverty and Improving Future Competitiveness. 2011, No. 53746 - CN.

附录一　少数民族学生家庭调查问卷

你所在的村委会：

1. 你家属于建档立卡户吗？（　　）

   A. 属于　B. 不属于

2. 你的性别是：（　　）

   A. 男　B. 女

3. 你的年龄是：（　　）

   A. 18—30 岁　B. 31—40 岁　C. 41—50 岁

   D. 51—60 岁　E. 61 岁及以上

4. 你的文化程度是：（　　）

   A. 没有上过学　B. 小学　C. 初中

   D. 高中（中职）　E. 大专及以上

5. 你属于哪个民族？（　　）

   A. 傈僳族　B. 白族　C. 怒族　D. 普米族

   E. 独龙族　F. 彝族　G. 汉族　H. 其他

6. 家里目前的年人均可支配收入是多少？（　　）

   A. 不到 3000 元　B. 3000—3499 元

   C. 3500—3999 元　D. 4000 元及以上

7. 家里的主要收入来源是什么？（　　）

   A. 种植粮食　B. 种植经济作物　C. 养殖业

   D. 外出务工　E. 其他

8. 家里每年用于孩子上学的支出费用大概是多少？（　　）

   A. 3000 元以下　B. 3000—4999 元　C. 5000—6999 元

D. 7000—9999 元　　E. 10000—14999 元　　F. 15000 元及以上

9. 家里承担孩子上学的费用是否有困难？（　）

A. 承担不起　　B. 勉强能够承担　　C. 完全能承担

10. 你觉得当地学校的教育质量怎么样？（　）

A. 比较好　　B. 一般　　C. 比较差

11. 你觉得当地教育事业存在的最大不足是什么？（　）

A. 学校离家太远　　B. 教育质量差　　C. 教育基础设施差

D. 高中数量少　　E. 幼儿园数量少

12. 家里的劳动力是否接受过职业技能培训？（　）

A. 没有接受过　　B. 接受过很少几次且有效果

C. 接受过很少的几次且没什么效果

D. 经常接受且有效果　　E. 经常接受且没什么效果

13. 你了解哪些教育扶贫政策？（　）（此为多选题）

A. 学前教育资助政策　　B. 义务教育资助政策

C. 高中教育资助政策　　D. 中职教育资助政策

E. 高等教育资助政策

14. 你觉得当地的教育扶贫政策对减轻家里经济负担的效果怎样？（　）

A. 有显著的帮助　　B. 有一点帮助　　C. 没什么帮助

15. 你家孩子初中毕业后，你希望他（她）干什么？（　）

A. 读高中　　B. 读职业技术学校

C. 外出打工　　D. 回家务农

16. 你觉得当地教育扶贫工作存在的最大不足是什么？（　）

A. 对贫困学生的资助力度不够

B. 对毕业生的就业问题不够重视

C. 教育扶贫政策不够精准

D. 政策宣传不到位

E. 一些政策的覆盖面不够广

17. 你对于当地的教育扶贫工作有什么具体的意见或建议？

答：

附录二 县城及乡镇学校（含职校）教师调查问卷

你所在的学校：

1. 你的性别是：（ ）

A. 男　B. 女

2. 你的年龄是：（ ）

A. 25 岁及以下　B. 26—35 岁

C. 36—50 岁　D. 51 岁及以上

3. 你属于哪个民族？（ ）

A. 傈僳族　B. 白族　C. 怒族　D. 普米族

E. 独龙族　F. 彝族　G. 汉族　H. 其他

4. 你的学历是：（ ）

A. 高中　B. 专科　C. 本科　D. 研究生

5. 你所在的学校是：（ ）

A. 幼儿园　B. 小学　C. 初中

D. 高中　E. 职业技术学校

6. 你的职称是：（ ）

A. 初级或未定级　B. 中级　C. 高级

7. 你平均每个月的可支配收入大概是多少？（ ）

A. 不到 3000 元　B. 3000—3999 元　C. 4000—4999 元

D. 5000—5999 元　E. 6000 元及以上

8. 你觉得当地教育扶贫政策的实施效果是怎样的？（ ）

A. 比较好　B. 一般　C. 比较差

9. 你觉得当地教育扶贫所取得的成效是：（　　）（此为多选题）

A. 缩小了城乡学校的差距

B. 提高了学校的教学质量

C. 减轻了贫困学生家庭的经济负担

D. 改善了学校的基础设施

E. 提高了师资队伍的教学水平

F. 提高了学校教师的待遇

G. 有效地降低了辍学率

H. 发展了学前教育

I. 发展了高中教育

J. 发展了职业教育

K. 把少数民族文化引入了校园

L. 培养了一批双语教师

10. 你觉得当地的教育扶贫存在的问题有：（　　）（此为多选题）

A. 学校现有的教学基础设施较为落后

B. 学校的配套设施建设不完善（如校车、后勤保障、食堂、学生宿舍等）

C. 优秀教师引进不力

D. 学校现有教师队伍的教学水平较低

E. 学生上学路途仍然太远

F. 学校布局不合理

G. 学生家庭经济负担依然沉重

H. 教师的工作负担重

I. 学校的管理制度不健全（绩效工资制度等）

J. 教师的工资低

K. 教师的福利待遇差（住房、配偶、子女等）

L. 不重视少数民族文化进校园工作

M. 双语教师的培养工作不到位

N. 没有编写本地少数民族文化教材

11. 你认为当地的教育扶贫需要完善哪些策略？（　　）（此为多选题）

A. 改善学校的基础设施
B. 引进高水平的优秀教师
C. 加大对教师的培训力度
D. 改革教学模式（远程教学、多媒体教学等）
E. 优化学校布局
F. 提高学生的资助标准
G. 减轻教师的工作负担
H. 健全管理制度（绩效工资分配等）
I. 提高教师工资待遇
J. 完善教师的福利（配偶、住房、子女）
K. 加强少数民族文化进校园工作
L. 加强双语教师的培养工作
M. 编写本地少数民族文化教材

附录三　农村学校教师调查问卷

你所在的学校：

一、单项选择题

1. 你的性别是：（　）

A. 男　B. 女

2. 你的年龄是：（　）

A. 25 岁及以下　B. 26—35 岁　C. 36—50 岁　D. 51 岁及以上

3. 你属于哪个民族：（　）

A. 傈僳族　B. 白族　C. 怒族　D. 普米族

E. 独龙族　F. 彝族　G. 汉族　H. 其他民族

4. 你的学历是：（　）

A. 高中（中专）　B. 专科　C. 本科　D. 研究生

5. 你的职业是：（　）

A. 小学教师　B. 学前教育教师

6. 你的职称是：（　）

A. 初级或未定级　B. 中级　C. 高级

7. 你是怒江州本地人吗？（　）

A. 是　B. 不是

8. 你平均每个月的可支配收入大概是多少？（　）

A. 不到 3000 元　B. 3000—3999 元　C. 4000—4999 元

D. 5000—5999 元　E. 6000 元及以上

9. 你觉得当地教育扶贫政策的实施效果是怎样的？（　）

A. 比较好　B. 一般　C. 比较差

10. 你是通过什么方式来到这个学校当老师的？（　　）

A. 教育局组织的教师上岗考试（普岗）

B. 农村特岗教师上岗考试（特岗）

C. 支教大学生

D. 当地招募的学前教育志愿者

E. 学校招聘的代课教师

11. 你当老师已经有几年了？（　　）

A. 不满 3 年　B. 3—5 年　C. 6—10 年

D. 11—20 年　E. 20 年以上

12. 你毕业于什么学校？（　　）

A. 地州高校（含昆明学院）师范专业

B. 地州高校（含昆明学院）非师范专业

C. 云南师范大学

D. 昆明市的其他本科高校

E. 省外高校师范专业

F. 省外高校非师范专业

G. 怒江州本地的职业技术学校

H. 外地的职业技术学校（含高职高专、中专）

13. 你所在的农村学校（或教学点）是否存在教师编制不足的情况？（　　）

A. 存在　B. 不存在　C. 不清楚

14. 你一周的课时工作量是多少？（　　）

A. 不满 15 节　B. 15—20 节　C. 21—25 节

D. 26—30 节　E. 30 节以上

15. 你平均每天的工作时间大概是多少？（　　）

A. 不满 8 小时　B. 8—9 小时　C. 10—11 小时　D. 12—13 小时

E. 13—14 小时　F. 15—16 小时　G. 16 小时以上

16. 你本学期上着几门课？（　　）

A. 1 门　B. 2 门　C. 3 门　D. 4 门　E. 5 门及以上

17. 你所在的学校（或教学点）离乡政府有多少公里的路程？（　　）

A. 不到 5 公里　B. 5—10 公里　C. 11—20 公里　D. 21—30 公里　E. 30 公里以上

18. 从你所在的学校到乡政府，路途中至少需要花费多少时间？（　）

A. 不到 30 分钟　B. 30 分钟—1 个小时　C. 1—2 个小时　D. 2—3 个小时　E. 3—4 个小时　F. 4 个小时以上

19. 你所在学校（或教学点）的多媒体设备使用情况怎么样？（　）

A. 有，且用得比较多　B. 有，但很少使用　C. 本校没有多媒体设备

20. 你所在学校（或教学点）的网络宽带使用情况怎么样？（　）

A. 有网络宽带，网速快　B. 有网络宽带，网速慢　C. 没有接入网络宽带

21. 你是否会利用网络资源来进行日常教学？（　）

A. 经常利用　B. 偶尔利用　C. 没有利用过

22. 对于怒江州的"乡村教师生活补助"，你觉得补助的标准怎么样？（　）

A. 比较合适　B. 明显偏低　C. 明显偏高

23. 目前怒江州发放的乡村教师生活补助能否保障教师在农村安心教书？（　）

A. 能　B. 不能　C. 不确定

24. 你对于怒江州当前的乡村学校"拆点并校"怎么看？（　）

A. 应该继续大力推行　B. 不能盲目地追求"拆点并校"　C. 不确定

25. 你觉得怒江州现有农村教学点（含学前教育点）的布局是否合理？（　）

A. 合理　B. 不合理　C. 不确定

二、多项选择题

1. 你觉得当地的教育扶贫所取得的成效是：（　）

A. 缩小了城乡学校的差距

B. 提高了学校的教学质量

C. 减轻了贫困学生家庭的经济负担

D. 改善了学校的基础设施

E. 提高了师资队伍的教学水平

F. 提高了学校教师的工资和福利待遇

G. 有效地降低了辍学率

H. 发展了学前教育

I. 发展了高中教育

J. 提升了职业技术学校的办学水平

K. 把少数民族文化引入了校园

L. 培养了一批双语教师

2. 你觉得当地教育扶贫存在的问题有：（ ）

A. 学校现有教学基础设施较为落后

B. 学校的配套设施建设不完善（如校车、后勤保障、食堂、学生宿舍等）

C. 优秀教师引进不力

D. 教师队伍的整体教学水平较低

E. 学生上学路途仍然太远

F. 学校布局不合理

G. 学生家庭经济负担依然很重

H. 教师的工作负担重

I. 学校管理制度不健全（绩效工资制度等）

J. 教师工资低

K. 教师福利差（住房、配偶、子女等）

L. 不重视少数民族文化进校园工作

M. 双语教师的培养工作不到位

N. 没有编写本地少数民族文化教材

3. 你认为当地的教育扶贫工作需要采取哪些完善策略？（ ）

A. 改善学校的办学条件

B. 多引进高水平的优秀新教师

C. 加大对教师队伍的培训力度

D. 改革教学模式（远程教学、多媒体教学等）

E. 优化学校布局

G. 提高贫困学生的资助标准

H. 减轻教师的工作负担

I. 健全学校管理制度（绩效工资制度等）

J. 切实提高教师工资待遇

K. 完善教师的福利待遇（配偶、住房、子女等）

L. 加强少数民族文化进校园工作

M. 加强双语教师的培养工作

N. 编写本地少数民族文化教材

4. 你在日常工作和生活中面临哪些客观困难？（   ）

A. 学校的基础设施简陋

B. 生活条件艰苦

C. 娱乐方式单一

D. 对当地的饮食不习惯

E. 学生文化基础薄弱

F. 学生汉语基础差

G. 既要管教学，还要管寄宿生的生活

H. 要负责校园设施（水管、电线等）的日常维护

I. 要同时教几个年级的学生

J. 部分家长不重视学前教育

K. 环境闭塞，与外界交流少

5. 在工作和生活中你主要面临哪些方面的压力？（   ）

A. 经济收入太低

B. 职称晋升问题

C. 婚姻问题（找对象比较困难）

D. 家庭问题（没时间照顾孩子）

E. 学生太难教

F. 与家长的沟通比较困难

G. 对工作、生活的环境不适应

H. 对职业发展前景不乐观

I. 教学、生活、安全都要管，工作繁忙

J. 身份问题得不到解决（没有编制）

6. 你对于怒江州的农村小学和幼儿园有什么建议？（　　）

A. 加强农村学校的基础设施建设

B. 不要盲目地追求"拆点并校"

C. 教师招聘的门槛适当降低

D. 切实提高教师的工资待遇

E. 解决农村教师编制不足的问题

F. 改变当地群众不重视学前教育的观念

G. 学前教育教师必须招聘学前教育专业毕业的

H. 完善教师的福利

I. 利用互联网加快农村学校的教育信息化建设

J. 在职称评审等方面向农村学校教师倾斜

附录四　普通中学学生调查问卷

你所在的学校：

一、单项选择题

1. 你的性别是：（　）

A. 男　B. 女

2. 你属于哪个民族？（　）

A. 傈僳族　B. 白族　C. 怒族　D. 普米族

E. 独龙族　F. 彝族　G. 汉族　H. 其他

3. 你是哪个年级的学生？（　）

A. 初二　B. 初三　C. 高二　D. 高三

4. 你所在家庭属于建档立卡户吗？（　）

A. 属于　B. 不属于

5. 你的家位于：（　）

A. 县城　B. 乡（镇）政府所在地　C. 农村

6. 你所在家庭每年用于你上学的支出大概是多少？（　）

A. 3000 元以下　B. 3000—4999 元

C. 5000—6999 元　D. 7000—9999 元

E. 10000—14999 元　F. 15000 元及以上

7. 你所在家庭承担你的上学费用是否有困难？（　）

A. 有困难，负担不起　B. 有困难，但勉强能承担

C. 没有困难，完全能承担

8. 你觉得自己所在学校的教育质量怎么样？（　）

A. 比较好　B. 一般　C. 比较差

9. 你对所在学校老师的教学水平作何评价？（ ）

A. 大部分认真负责，教学水平高

B. 大部分认真负责，教学水平一般

C. 大部分不认真负责，教学水平一般

D. 大部分不认真负责，教学水平差

10. 班上的课堂气氛是否活跃？（ ）

A. 比较活跃   B. 比较沉闷   C. 一般

11. 你觉得所在学校老师的课堂教学是否具有启发性？（ ）

A. 有一定的启发性   B. 没有启发性   C. 感觉一般

12. 班上的老师会带领你们对月考、期中考、期末考的考试结果进行分析吗？（ ）

A. 经常分析   B. 偶尔分析   C. 不分析

13. 你对自己未来的中考（或高考）前景感到乐观吗？（ ）

A. 很乐观   B. 感觉一般   C. 很不乐观

14. 你们的老师平时经常使用多媒体设备来讲课吗？（ ）

A. 很少使用，还是以在黑板上写字为主   B. 偶尔使用

C. 经常使用

15. 你们的老师平时使用多媒体设备主要用来做什么？（ ）

A. 播放 PPT   B. 播放关于课本内容的视频

C. 播放其他学校的课堂教学视频

16. 你希望老师大量使用多媒体设备来进行教学吗？（ ）

A. 希望   B. 不希望   C. 不确定

17. 你觉得学校有必要开展远程教育（通过互联网上国内名校教师的课）吗？（ ）

A. 有必要   B. 没有必要   C. 不确定

18. 你了解本民族的传统文化吗？（ ）

A. 非常了解   B. 了解一点点   C. 不了解

19. 你所在学校是否使用双语教学？（ ）

A. 使用   B. 没有使用   C. 不清楚

20. 你觉得自己所在学校是否有必要采用双语教学？（ ）

A. 有必要   B. 没有必要   C. 不清楚

21. 你觉得所在学校是否有必要开设反映本地少数民族文化的课程？（   ）

A. 有必要   B. 没有必要   C. 不清楚

22. 你觉得学校是否应该承担培养本地少数民族文化传承人的任务？（   ）

A. 应该   B. 不应该   C. 不确定

23. 你觉得学校需要经常开展少数民族文化活动吗？（   ）

A. 很需要   B. 不需要   C. 不确定

24. 你觉得当地的教育扶贫政策对减轻你家里的经济负担的效果怎么样？（   ）

A. 有显著的帮助   B. 有一点帮助   C. 没有帮助

25. 你所在学校是否缺乏音乐、体育和美术老师？（   ）

A. 不缺乏   B. 缺乏   C. 不清楚

26. 你对学校的教学基础设施（教室、学生电脑、体育运动设施等）满意吗？（   ）

A. 满意   B. 不满意   C. 感觉很一般

27. 你对学校的后勤服务满意吗？（   ）

A. 满意   B. 不满意   C. 感觉很一般

二、多项选择题

1. 就你所了解到的情况，导致本地学生辍学的原因都有哪些？（   ）

A. 学生的家庭经济比较困难   B. 学校的教学质量差
C. 学生本人对读书不感兴趣   D. 受读书无用论的影响

2. 你所在学校平时主要开展哪些课外活动？（   ）

A. 科技活动   B. 文学艺术活动
C. 体育活动   D. 社会实践活动

3. 你所在学校主要采取哪些方式来宣传当地的少数民族文化？（   ）

A. 学习少数民族歌舞

B. 学习制作少数民族手工艺品、服饰等

C. 在少数民族节日开展宣传活动

D. 组织学生诵读少数民族的民间故事

E. 学习演奏少数民族乐器

4. 你在学习中面临的困难主要有哪些？（   ）

A. 对读书提不起兴趣   B. 老师的教学方式太单一

C. 学校的教学设备太落后   D. 所在班级的学风不好

E. 学校对老师的考核不严格，教好教坏一个样

F. 学习效率比较低下，明明很努力，学习成绩却总是不好

5. 哪几门课程你感觉学起来比较吃力？（   ）

A. 语文   B. 数学   C. 英语   D. 政治   E. 历史

F. 物理   G. 化学   H. 地理   I. 生物

6. 你觉得当地教育事业存在的不足主要有哪些？（   ）

A. 城乡学校的教育质量差距很大

B. 城乡学校的基础设施存在较大差距

C. 学生的学习动力不足

D. 没有充分体现本地少数民族特色

E. 父母没有给孩子提供家庭教育

F. 社会上对教育不够重视

7. 你觉得自己所在学校在哪些方面还需要改进？（   ）

A. 努力提高教师的教学水平

B. 加强学校基础设施（多媒体设备等）建设

C. 学校对老师的教学要有奖惩措施

D. 培养少数民族文化的传承人

E. 整顿学风以改变部分学生的不良习气

F. 多引进高水平的新教师

G. 采用多种教学方式（多媒体教学、远程教学等）

H. 加强与省内外名校的交流

8. 你觉得怒江州当地的教育扶贫需要完善哪些策略？（   ）

A. 增加对贫困学生的资助金额

B. 多引进一些高水平的教师到农村学校
C. 家庭经济状况不同的学生，资助金额也应不同
D. 让更多的学生获得资助
E. 对大中专毕业生进行就业帮扶
F. 国内大学对怒江学生进行定向招生
G. 让更多的农村儿童能接受幼儿园教育
H. 加强农村学校基础设施建设

附录五 职业技术学校学生调查问卷

你所在的学校：

一、单项选择题

1. 你的性别是：（ ）

A. 男 B. 女

2. 你属于哪个民族？（ ）

A. 傈僳族 B. 白族 C. 怒族 D. 普米族

E. 独龙族 F. 彝族 G. 汉族 H. 其他

3. 你现在就读的是哪个年级？（ ）

A. 2017 级 B. 2018 级 C. 2019 级

4. 你的家庭属于建档立卡户吗？（ ）

A. 属于 B. 不属于

5. 你的家位于：（ ）

A. 县城 B. 乡（镇）政府所在地 C. 农村

6. 你到职业技术学校读书的主要原因是什么？（ ）

A. 为了将来好找工作而学习某项技能 B. 为了打发时间

C. 对职业技术教育比较感兴趣 D. 受父母所迫

7. 你选择现在所学专业的主要原因是什么？（ ）

A. 学这个专业将来好就业 B. 自己喜欢这个专业

C. 自己随便选的 D. 家人或朋友帮助选的

8. 你家每年用于你上学的支出大概是多少？（ ）

A. 3000 元以下 B. 3000—4999 元 C. 5000—6999 元

D. 7000—9999 元 E. 10000—14999 元 F. 15000 元及以上

9. 你所在家庭承担你的上学费用是否有困难？（　　）

A. 有困难且承担不起　B. 有困难但勉强能承担

C. 没有困难

10. 你觉得自己所在学校的教育质量怎么样？（　　）

A. 比较好　B. 一般　C. 比较差

11. 你所在班级的课堂气氛是否活跃？（　　）

A. 比较活跃　B. 比较沉闷　C. 一般

12. 你觉得在职业技术学校学到的东西对于你将来找工作的帮助大不大？（　　）

A. 会有很大的帮助　B. 会有一点帮助　C. 没有什么帮助

13. 你对所在学校老师的教学水平的总体看法是怎样的？（　　）

A. 大部分认真负责，教学水平高

B. 大部分认真负责，教学水平一般

C. 大部分不认真负责，教学水平一般

D. 大部分不认真负责，教学水平差

14. 你觉得本校教师的实践教学（指导实训、实习等）水平怎么样？（　　）

A. 整体比较高　B. 整体一般　C. 整体比较差

15. 你觉得所在学校老师的课堂教学是否具有启发性？（　　）

A. 有启发性　B. 没有启发性　C. 感觉一般

16. 你对自己的就业前景感到乐观吗？（　　）

A. 很乐观　B. 一般　C. 很不乐观

17. 你们的老师平时经常使用多媒体设备来讲课吗？（　　）

A. 很少使用，还是以在黑板上写字为主

B. 偶尔使用　C. 经常使用

18. 你们的老师平时使用多媒体设备主要用来做什么？（　　）

A. 播放 PPT　B. 播放关于课本内容的视频

C. 播放其他学校的教学视频

19. 你希望老师大量使用多媒体设备来进行教学吗？（　　）

A. 希望　B. 不希望　C. 不确定

20. 你觉得学校有必要开展远程教育（通过互联网上国内名校教师的课）吗？（ ）

　　A. 很有必要　B. 没有必要　C. 不确定

21. 你了解本民族的传统文化吗？（ ）

　　A. 非常了解　B. 了解一点点　C. 不了解

22. 你愿意向外界宣传本民族的传统文化吗？（ ）

　　A. 愿意　B. 不愿意　C. 不确定

23. 你觉得有必要在学校开设反映本地少数民族文化的课程吗？（ ）

　　A. 有必要　B. 没有必要　C. 不清楚

24. 你觉得本地的职业技术学校是否应该培养少数民族文化的传承人？（ ）

　　A. 应该　B. 不应该　C. 不确定

25. 你觉得学校需要经常开展少数民族文化活动吗？（ ）

　　A. 很需要　B. 不需要　C. 不确定

26. 你觉得当地的教育扶贫对减轻你家里的经济负担的效果是怎样的？（ ）

　　A. 有很大的帮助　B. 有一点帮助　C. 没有什么帮助

27. 你喜欢自己目前所学的专业吗？（ ）

　　A. 喜欢　B. 不喜欢　C. 感觉一般

28. 你毕业后希望去哪里工作？（ ）

　　A. 到外省工作　B. 到省内其他州市工作

　　C. 在怒江州本地工作　D. 自主创业

29. 你对学校里的实训场地和实训设备满意吗？（ ）

　　A. 满意　B. 不满意　C. 感觉一般

29. 你对学校的后勤服务满意吗？（ ）

　　A. 满意　B. 不满意　C. 感觉一般

二、多项选择题

1. 就你所了解到的情况，导致本地学生辍学的原因有哪些？（ ）

A. 学生家庭经济困难　B. 学校的教学质量差

C. 学生对读书不感兴趣　D. 受读书无用论的影响

2. 你所在学校平时主要开展哪些课外活动？（　）

A. 科技活动　B. 文学艺术活动

C. 体育活动　D. 社会实践活动

3. 你所在学校主要采取哪些方式来宣传当地的少数民族文化？（　）

A. 学习少数民族歌舞

B. 学习制作少数民族手工艺品、服饰等

C. 在少数民族节日开展宣传活动

D. 组织学生诵读少数民族的民间故事

E. 学习演奏少数民族乐器

4. 你在学习中面临的困难主要有哪些？（　）

A. 对读书提不起兴趣

B. 老师的教学方式太单一

C. 学校的教学设备太落后

D. 所在班级的学风不好

E. 学校对老师的考核不严格，教好教坏一个样

F. 老师的教学水平不高

G. 学习效率低下，明明很努力，学习成绩却总是不好

5. 你觉得自己所在学校在哪些方面还需要改进？（　）

A. 提高教师的教学水平

B. 加强学校基础设施（实训设备等）建设

C. 学校对老师的教学成绩要有奖惩措施

D. 专业设置要符合当地经济的特点

E. 加强与当地企业的合作

F. 努力培养当地少数民族文化的传承人

G. 整顿学风以改变部分学生的不良习气

H. 多引进高水平的新教师

6. 你觉得怒江州当地的教育扶贫需要完善哪些策略？（　）

A. 增加对贫困学生的资助金额
B. 让尽可能多的学生获得资助
C. 家庭经济状况不同的学生，资助金额也要不同
D. 对大中专毕业生进行就业帮扶
E. 改变社会对职业教育的偏见
F. 政府要加强对毕业生自主创业的扶持